JN448217

해석 매뉴얼

-성경해석법의 이론과 실제-

개정판

성경해석법의 이론과 실제 · **Bible Interpretation Manual**

해석매뉴얼

2003년 4월 7일 초 판 1쇄 발행
2006년 8월 30일 개정판 1쇄 발행

저 자 • 김 상 훈

발행인 • 조 경 혜
발행처 • 도서출판 그리심
156-763 서울시 동작구 사당동 200-1

등록번호 • 제 7-258호(1998. 4. 23)
출 판 사 • 전화 523-7589 팩스 523-7590
홈페이지 • http://grisim.biz
전자우편 • grisimcho@hanmail.net

• 저자와 협의하여 검인을 생략함.
• 이 책의 일부라도 저자나 출판사의 허락 없이
사용할 수 없습니다.

값: 표지 뒷면에.

ISBN 89-88291-70-0 93230

Korean Edition
Korean Copyright ⓒ 2004 by *Sang Hoon Kim*
Seoul, Korea
All right reserved.

해석 매뉴얼

-성경해석법의 이론과 실제-

개정판

김상훈 교수

서강대 영어영문학과 (B.A.)
총신대 신학대학원 (M. Div.)
스텔렌보쉬대 신학대학원
(M. Th., cum laude)
스텔렌보쉬대 신학대학원 (D. Th.)
전 평택대 신학전문대학원 교수
현 총신대 신학대학원 / 총회신학원 교수

그리심

머 리 말

그 어떤 책이라도 수고의 노력 없이 쓰여지진 않았을 것이다. 이 책에는 그 동안의 해석 관련 연구와 교수 사역의 실제적 경험이 녹아 있다. 하나도 버릴 수 없는 지난 세월의 투영이다. 수여 받은 지식의 정리된 종합이다. 주신 것을 내놓는 마음으로 책을 썼다. 그래서 부족한 부분이 있어도 감사하기로 했다. 그리고 그 다음 단계의 연구와 계발 노력으로 나아가기로 했다.

이 책에는 모두 세 방향의 해석학적 틀(방법론)이 담겨 있다. 이 세 개는 삼각형의 세 꼭지점을 이룬다. 꼭대기의 점에는 '마이크로(미시적)-매크로(거시적) 해석'이 자리 잡는다. 그 왼쪽 꼭지점에는 '영감 해석'이 있고 오른 편에는 '관계 해석'이 있다.

이 책에서 가장 많이 다루고 있는 해석 방법론은 마이크로-매크로 해석이다. 1부, 첫 9장은 이를 다루고 있다. 작은 단위의 본문을 세밀하게 분석하는 마이크로 분석(micro analysis)은 현대 언어학의 구문론(syntax)과 의미론(semantics)의 발전된 연구 성과를 성경 본문 해석에 반영한 것이다. 영미권의 해석학자인 Stuart와 Fee, 그리고 Kaiser 등의 구문 중심 연구 방향과 맥을 닿고 있다. 그러나 이들의 연구를 그대로 사용한 것은 아니다. 이들의 앞선 연구를 참조하되, 현대 언어학적 개념과 그 성과를 바로 원용하였고 다시 한글(개역) 성경에 맞게 실제화했다. 어떤 점에선 한 단계 발전된 내용이라 할 수 있을 것이다.

마이크로 분석은 본문을 정밀하게 보는 데 큰 장점을 가진다. 반면에 숲을 보긴 어려운 방법이다. 마이크로 방식으로 분석한 데이터들이 모여져 매크로(거시적) 틀을 구성하지만, 단지 모아 놓은 것으로 더 큰 단위의 본문에 대한 매크로 이해가 되는 것은 아니다. 매크로 해석(macro reading)은 작은 단위의 본문들이 그 내용으로 종합되고, 신학적 주제에 따라 분류되며, 논리적 순서로 엮어진 길을 보여준다. 본문 전체의 구조 틀(frame of structure)을 보여주는 데에서 그치지 않고, 그 틀이 어떻게 본문 해석에 영향을 주는지 주목하게 한다.

매크로 해석은 마이크로 분석이 가지고 있는 범위의 한계를 보완하기 위해 만들어졌다. 해석 형식에 쓰이는 관계도는 본래 남아공의 언어학자 Louw 등의 콜론 분석법의 외형을 일 부분 참고했다. 가장 큰 차이는 콜론 분석(colon analysis)은 콜론(헬라어 문장의 최소 구성 단위) 또는 문장 단위의 관계도를 그리고 있는 반면, 매크로 해석은 단락과 단락의 관계를 중점으로 하고 있다는 것이다. 또한 콜론 관계에 대해 설명하기 위해 기존에 사용된 방식은 전혀 참조되지 않는다. 단락 간의 관계에 대한 설명 방식이 전혀 다르다. 그러므로 외형은 참조했으나 본질상 같은 해석법이 아니다. 콜론 분석에 익숙한 분들은 어떤 차이가 있는지 알 수 있을 것이다.

그렇지만 마이크로 분석이 영미권 학자의 선도적인 연구에 일정 부분 빚을 진 것처럼, 매크로 해석은 남아공 학자들에 어느 정도 빚을 지고 있는 것을 부인할 수 없다. 다만, 마이크로 분석이 영미 학자들의 것보다 한 단계 더 이론화, 현장화 작업을 한 것이라면 매크로 해석은 남아공 학자들의 연구를 한 단계, 즉 더 큰 단위(단락)의 연구로 끌어올렸고, 이 역시 현장의 필요를 위해 실용화한 것이라 할 수 있다.

1부의 마지막 장(9장)의 '통합적 주제 해석'은 또 다른 유형의 매크로 해석이다. 앞의 매크로 해석이 연속된, 작은 단위의 본문들의 종합과 전체적인 틀의 해석이라면, 이 통합적 주제 해석은 성경 전체에 흩어져 있는,

특정 주제를 거론하는 관련 구절(또는 단락)들의 종합, 즉 성경을 통틀어 그 주제에 대해 말씀하고 있는 바를 전체적으로 모으고 분류하고 조직화하려 한다는 점에서 매크로 개념의 또 다른 적용 방법론이라 할 수 있는 것이다.

이 해석법은 예전의 주제 설교와 강해 설교 사이에 혼란을 갖고 있는 현장 교회의 말씀 사역자들을 돕기 위해 제안된 것이다. 아직은 보완할 부분이 많지만, 충분히 유용하게 사용될 수 있을 것이다. 이 방법은 기존의 성경신학 연구 방법론을 실제적인 성경 해석법으로 활용한 것이다. 그러므로 여러 앞선 성경신학자들에게 이 부분의 빚을 지고 있다.

마이크로-매크로 해석, 그리고 통합적 주제 해석은 전문적인 말씀 사역자가 되길 원하는 이들이라면 꼭 갖춰야 할 기반적 해석 도구가 될 수 있다. 작은 단위의 본문은 마이크로 분석을 하고, 큰 단위의 본문은 매크로 해석을 하며, 해석된 데이터를 주제에 따라 연계할 때는 통합적 해석을 사용하면 된다.

또 하나의 꼭지점, 왼편에 있는 영감 해석(inspirational reading)은 성경의 영감론에 근거한 본문 해석의 발전적 방향의 가능성을 제안하려 한 것이다. 이와 관련해서 현재까지 두 편의 글이 쓰였는데 그 중 첫번째 글이 이 책의 10장에 소개되어 있다. 이 해석법은 아직은 발아 단계에 있는 해석법이다. 그러나 그 가능성은 상당하다. 보수적 개혁교회의 해석법으로서 기존의 해석 방법들을 영감론의 틀 속에 넣고 모두 녹여, 그로부터 영감론이 제시하는 해석 방향에 따라 새롭게 통합된 해석법을 만들어 나가는 연구가 진행될 것이다. 이 책에 소개된 것은 이의 시작을 위한 글로서 앞으로의 연구 방향을 가늠할 수 있는 정도의 내용만 주어진다.

세 번째의 꼭지점은 오른편에 있는 관계 해석(relational reading)이다.

이 해석은 보다 학문적인 목적으로 제안된 것이다. 이 해석 방법론으로 11-12장, 특히 12장에서 그 구체적인 내용을 볼 수 있을 것이다. 다섯 가지 해석 모듈을 제공하고 있는 관계 해석은 좀더 깊은 단계의 해석법의 예를 보고자 하는 이들을 위한 것이다. 언어학에 기초한 통합적 해석법으로서의 관계 해석은 매우 유용하나, 그 자체를 그대로 활용하기에는 다소 어렵다. 그러나 주의 깊은 독자라면 이 해석에 기초한 안목(perspective)과 통찰력(insights)이 이 책의 대부분의 내용을 점하고 있는 마이크로-매크로 해석에 어떻게 활용되었는지 알 수 있을 것이다.

영감 해석은 바른 신앙적, 신학적 전제를 굳게 지키려 힘쓰는 학자들과 복음주의의 해석학적 발전을 위해 힘쓰는 학자들의 수고와 고민에 대한 빚이 있다. 한편, 관계 해석은 여러 부분의 학자들과 최근의 발전된 해석학(담론분석학)과 여타의 학문들의 연구 성과에 도움을 받은 것이다. 그 어느 것도 망망대해의 한복판에서 그냥 주워온 것은 없다. 만일 이 안에 발전적이고 창의적인 것이 있다면 그것은 위로부터 주어진 것이다. 주님의 은혜 아니고는 설명할 길이 없다.

이 책을 출판하기 위해 힘써준 출판사와 이 책을 내는 데 수고해주신 모든 분들께 감사 드린다. 책의 부족한 부분은 본인의 부족함으로 인한 것이다. 미진한 부분은 앞으로 계속된 노력으로 보정해 드리겠다는 말씀을 드린다. 주님의 나라와 그의 귀한 교회를 세우며 섬기는 말씀 사역자들을 위해 이 책이 유용하게 사용될 수 있다면 더 할 나위 없는 영광이다.

늘 신실한 기도로, 깊은 사랑으로 격려해주신 아버님과 어머님께 이 책을 헌정하면서….

2003년 3월

김 상 훈

차 례

Bible Interpretation Manual

제2부 해석학 이론

Bible Interpretation Manual 서론

Goal

본 교재를 통해 해석자 또는 말씀 사역자가 그 자신의 성경 본문 연구에 실제적으로 활용할 수 있는 해석 방법론을 익힐 수 있기를 기대한다.

언어 · 해석학적 연구에 근거한, 마이크로 분석과 매크로 해석이라는 두 가지 기본틀로 본문을 해석해 나갈 것이다. 한 절 또는 몇 절로 된 작은 단위의 본문은 어떻게 해석할 수 있는가? 한편으로 보다 큰 단위, 즉 여러 단락 또는 연속된 장들은 어떻게 해석해 나갈 수 있는가? 또 이 같은 거시적 해석을 통해 보다 작은 단위의 해석(미시적 이해)을 실제적으로 할 수 있는 방법은 무엇인가? 이러한 점들을 이해해 나갈 수 있을 것이다. 마이크로 분석과 매크로 해석의 여러 해석 모델을 제시받음으로, 마이크로 · 매크로 두 축의 해석 방법론에 대해 필요한 이해를 할 수 있을 것으로 기대한다.

서 론

1. 해석 매뉴얼의 목적

해석 매뉴얼의 목적은 다음과 같다. 이 교재의 연구를 통해 다음과 같은 목적이 이뤄지길 기대한다.

1) 실제적인 해석 이론의 습득

본 교재를 통해 해석자 또는 말씀 사역자가 그 자신의 성경 본문 연구에 실제적으로 활용할 수 있는 해석 방법론을 익힐 수 있기를 기대한다.

언어 · 해석학적 연구에 근거한, 마이크로 분석과 매크로 해석이라는 두 가지 기본틀로 본문을 해석해 나갈 것이다. 한 절 또는 몇 절로 된 작은 단위의 본문은 어떻게 해석할 수 있는가? 한편으로 보다 큰 단위, 즉 여러 단락 또는 연속된 장들은 어떻게 해석해 나갈 수 있는가? 또 이 같은 거시적 해석을 통해 보다 작은 단위의 해석(미시적 이해)을 실제적으로 할 수 있는 방법은 무엇인가? 이러한 점들을 이해해 나갈 수 있을 것이다. 마이크로 분석과 매크로 해석의 여러 해석 모델을 제시받음으로, 마이크로 · 매크로 두 축의 해석 방법론에 대해 필요한 이해를 할 수 있을 것으로 기대한다.

2) 실제적인 해석 능력의 배양

이는 이 해석 방법론들을 해석자 자신의 것으로 활용할 수 있는 것을 의미한다. 또한 이들 방법론을 실제화함으로써 말씀 사역자 또는 강해 설교자로서 든든히 설 수 있는 실제적으로 유용한 해석 능력을 소유하는 것을 뜻한다.

성경의 어떤 본문을 대하든지(그것이 작은 단위이든, 큰 단위이든) 그 말씀을 제대로 이해하고 해석하는 실제적인 능력을 얻고자 하는 것이다. 그래서 그 말씀을 통해 주고자 하시는 하나님의 정보를 온전히 취득할 수 있게 하고자 하는 것이다. 그것은 해석자로 바른 강해 설교자나 말씀 연구자의 길에 서게 도울 것이다. 이제까지 다른 이들의 설교집이나 설교 자료에 주로 의지해야 했고, 주석 등을 보기 전에는 본문을 스스로 이해할 수 없었던 그런 상태에서 벗어나 하나님의 말씀인 성경을 스스로 이해하고 묵상하며 연구할 수 있는 독자적이고 어느 정도는 성장한 해석자가 될 수 있게 하자는 것이다.

3) 전문 말씀 사역자의 철저한 기본

말씀 해석 능력이 있을 때, 말씀 증거 능력이 생겨난다. 들은 것을 이제 말할 수 있기 때문이다. 그러므로 강해 설교자나 말씀 전파자가 되기 위해서는 먼저 기본을 갖춘 해석자가 되어야 한다. 뛰어난 해석자가 모두 뛰어난 강해 설교자가 되는 것은 아니지만, 뛰어난 강해 설교자는 뛰어난 해석자가 되지 않으면 안 된다.

하루 아침에 전문 말씀 사역자가 태어나는 것이 아니다. 그 이전에, 준비된 해석자로서 갖춰져야 한다. 피아노와 같은 악기를 제대로 다루는 것이 많은 시간의 투자와 노력이 습성화됨으로 이뤄지듯이, 본문 해석 능력과 말씀 사역자로서의 자질 또한 그러한 시간의 투자와 노력을 요구한다.

좋은 교수(교사)가 좋은 학생을 만들며 좋은 교재가 좋은 이끌음을 가져올 수 있을 것이다. 이 책이 그와 같기를 희망하지만, 많은 면에서 부족함이 보인다. 그것은 책이 그 저자를 뛰어넘을 수 없기 때문이다. 다만, 이 책에서 제시하는 해석 이론과 해석 모델을 익히며 그 연구(연습과 더불어)에 힘쓰는 분들에게는 그에 따른 어느 정도의 성과가 있을 것이라는 믿음은 있다. 개인적인 판단이긴 하지만, 지난 십 여 년간의 강의와 훈련, 그리고 연구를 통해 이 부분에 일정한 성과가 있었다고 생각하기 때문이다. 계속된 하나님의 은혜를 기대하고 싶다.

성경 해석은 그 어떤 이론으로 끝나서도 안 되며 하나의 코스로 마칠 수 있는 것도 아니다. 이 성경 해석학은 실제적인 말씀 사역자의 길로 들어서도록 이끌고, 훈련시키는 과정으로 존재해야 한다고 본다. 특히 목회 사역자의 길을 가려는 신학도를 위한 성경 해석학은 더욱 그렇다.

2. 해석 매뉴얼의 해석 전제들과 핵심 방법론

1) 듣기 · 말하기 매카니즘

성경 이해(해석)와 그 활용(설교 등)에 있어서는 '듣기'(hearing)와 '말하기'(telling), 이 두 가지 핵심적인 축이 늘 고려되어야 한다. 하나님께서 말씀으로 계시하신 것이 성경이라고 전제한다면, '듣기'는 본래 성경 저자들이 하나님으로부터 계시로 '말씀하신'(1st telling) 것을 받는, 즉 '듣는'(1st hearing) 작업에서 비롯된다. 들은 것을 '말하는'(또는 '쓰는', 즉 retelling or writing) 데서 성경의 기록이 있다. 다시 말해, 최초로 '말씀하신'(told) 분은 하나님 자신이고 처음 '들었던'(heard) 분들은 성경의 인간 저자들(human authors)이다. 이들 저자들의 기록이 '다시 말하는'(retelling) 것이고 후세의 독자와 해석자들이 이로부터 '다시 듣는'(rehearing) 작업이므로, 여기서 '듣기 · 말하기', 즉 '계시 · 해석' 과정의 '의사소통 메커니즘'(communication mechanism)을 발견할 수 있는 것이다. 이것이 설교로 변환될 때 설교자는 '들은'(또는 '다시 들은') 것을 '다시 또 다시 말하는'(re-retelling) 과정을 거치게 되며, 청중 쪽에서 볼 때는 '다시 또 다시 듣는'(re-rehearing) 일이 이뤄지는 것이다.[1]

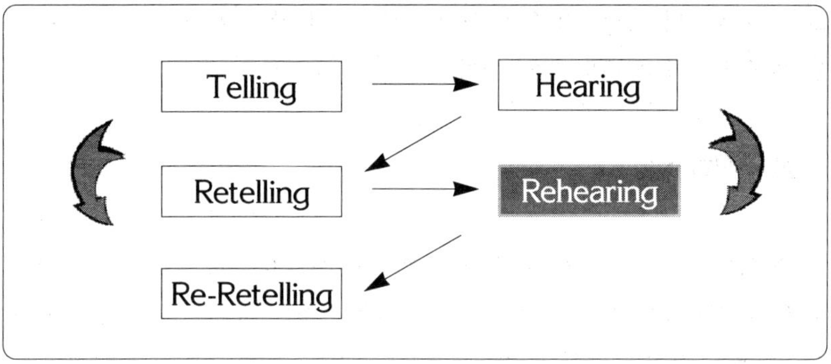

위의 관계도를 통해, '듣기'와 '말하기'라는 두 가지의 상호작용에 의해 해석과 나눔(설교 또는 말씀 전파)이 된다는 점이 설명될 수 있다. 이것은 결국 해석('듣기')과 나눔('말하기')의 두 가지 축이 말씀 연구에 있어 중요하다는 뜻이다.

따라서 성경 본문에 대한 철저한 해석 노력('듣기')이 없이는 성경적인 설교('말하기', 나눔)를 전할 수 없는 것은 당연하다. 그러므로 제대로 듣고 전하고자 하는 노력, 즉 하나님 저자의 생각을 제대로 파악하여 현대의 청중에게 적절히 전하고자 하는 최선이 바른 메시지 사역이 되는 것이다.

제대로 된 해석적 노력, 즉 최선을 다하여 저자(하나님)의 의도를 파악하고자 하는 해석적 노력이 없는 전달은 하나님으로부터 온 것이라 할 수 없다. 아무리 하나님의 말씀에 대해 객관적인 이해를 마땅히 규정하는 작업이 어렵더라도, 또 우리의 다양한 입장과 전제가 성경 이해에 일정 부분 영향을 주는 것이 사실이라 할지라도 해석자의 입장에선 내 것을 고집하기 이전에 하나님의 계시를 듣고자 하는 겸허한 마음이 없이는 안 된다는 것이다. 그런 마음과 자세가 없는 해석은 하나님의 계시에 대한 해석자의 오만이며 계시자의 의도를 무시하는 신앙적 교만일 수 있는 것이다.

그러므로 성경 해석은 그 어떤 해석 작업의 노력 이전에 하나님 말씀에 대한 확고한 신앙 자세와 그 말씀을 온전히 듣고자 하는 겸허한 마음가짐을 요한다. 그러한 마음과 태도만으로 주어진 말씀을 다 이해할 수는 없겠지만 그 어떤 것보다 성경 해석의 우선적인 요인이라 할 수 있겠다. 하나님의 책인 성경이 신적 계시의 결과물이기 때문이다.

2) 해석과 설교

해석은 듣는 작업인 반면, 설교는 전하는 작업이다. 이 둘은 서로 연계되어 있다. 제대로 듣는 것 없이 바로 전할 수는 없는 것이다. 한편 전하는 사역, 즉 설교 사역은 해석 사역에서 비롯되기는 하지만 그 자체의 분명한 특성이 있다. 진귀한 보석과 같이, 아무리 귀하게 깨달은 말씀이라도 언어적 문제와 설교자의 인격 등의 문제로 인해, 효과적이고 적절하게 전해지지 않는다면 그 해석된('들은') 말씀은 청중들에게 제대로 '들려지지' 않는다. 그러므로 회중들에게 설교자가 '들은' 것을 어떻게 '말해야' 하는지에 대한 의사 전달 과정에 대한 바른 이해가 반드시 필요하다.

해석 없는 설교는 진리일 수 없으나 설교(나눔) 없는 해석은 또한 전해지지 않는다. 말씀이 들려지게 하는 작업은 말씀 사역 커뮤니케이션의 또 다른 축이 된다. 저자의 의도를 파악하는 해석 작업이 적절하게 준비된 설교를 통해 청중들에게 효과적으로 전달될 때 말씀의 능력이 열매 맺게 되는 것이다.

3) 영감된 책 성경에 대한 신학적 전제

하나님의 말씀인 성경은 영감된 책으로 이해한다. 이 말은 인간 저자가 하나님 저자의 뜻에 따라 영감을 받아 기록한 '하나님의 책'이라는 뜻이다. 이때 본문의 세밀한 표현(문체, 스타일)과 사상(신학적 주제와 내용)은 성령과 인간 저자의 합작품이라 할 수 있다.

그러므로 첫째, 해석자는 본문 말씀을 통해 전달되는 하나님의 의도에 주목해야 한다. 인간 저자의 의도와 하나님의 의도가 실제적으로 분리되지 않는 상황에서 해석자는 저자의 의도를 찾고자 하는 해석 노력을 다해야 한다. 이를 위해 단어 하나, 어구 하나, 한 문장 또는 단락 등을 통해 전해 주려 하시는 하나님 저자의 음성을 듣고자 해야 한다. 작은 단위이든, 큰 단위이든 본문을 통해 주시는 말씀의 의도를 찾으려는 해석 노력이 필요한 것이다.

둘째, 그것은 본문의 중심 메시지를 정확히 이해하려고 해야 한다는 뜻이며, 동시에 본문의 문체 스타일이나 표현까지도 깊이 있게 연구해야 한다는 것이다. 본문은 영감된 결과로 나타난 것이기 때문이다. 본문에 대한 신학적(사상적) 이해를 하는 것으로 충분하지 않다. 영감은 포괄적이다. 다시 말해, 본문의 사상과 함께, 단어(어구)의 선택도 영감된 것이므로 본문의 문학적, 수사적 표현 하나라도 가급적 소홀함 없이 연구되어야 한다. 즉, 본문이 주고자 하는 언어적 정보는 모두 받고자(듣고자) 해야 한다. 그것이 저자(하나님 저자와 인간 저자)의 의도로 파악될 수 있는 경우에는 더욱 그렇다.

4) 마이크로 분석과 매크로 해석

해석 작업을 '마이크로'(미시, 微視)와 '매크로'(거시, 巨視), 이 두 가지 측면에서 접근해 가는 것은 언어학적 이해에서 기인한다. 언어학에서 담론분석(discourse analysis)의 등장은 단어 중심의 언어학에서 좀더 긴 단위인 본문 중심(예컨대 어떤 단락이나 더 나아가서 글 전체의 내용)의 언어학으로의 전이를 뜻하는 것이었다.

미시적 이해는 거시적 이해를 필요로 한다. 거시적 시각의 이해가 없는 미시적, 또 부분적 이해는 본문을 통해 말씀하려는 저자 의도의 강조점을 적절히 이해하지 못하거나 심지어 오해할 수 있는 소지까지 있다. 쉽게 말해 숲을 보지 않고 나무를 보는 것만으로는 부족하다는 말이다.

그런데 문제는 어떻게 숲을 파악하느냐 하는 것이다. 어떻게 거시적 시각을 가지고 본문의 흐름을 이해할 수 있는가 하는 문제다. 일부 주석 등에서 볼 수 있는, 어떤 특정한 책의 개요 이해 정도로 그치는 거시적 작업은 그 맥락 속에 특정 본문(단락)을 이해하는 데 큰 도움이 되지 못하는 것이 사실이다. 그것으로 충분하지 않은 것이다.

매크로 해석은 그래서 미시적 이해의 종합이 되어야 한다. 또한 전체적인 해석 내용이 본문 연구에 필수적으로 선행(先行)되거나 후행(後行)되어야 마땅하다.

한편으로 매크로 해석 내용이 마이크로 분석 작업에 미치는 영향은 지대하다. 본문에 대한 거시적 흐름의 맥은 작은 단위의 이해에 결정적인 역할을 한다. 그것은 특정 단락이나 문장 또는 단어의 의미를 규정해 주거나 때론 제한해 주는 기능을 한다. 앞선 저자의 말은 뒷 부분의 내용을 보다 분명하게 해준다. 바꿔 말해, 뒷 부분의 말(글)은 앞 부분의 언어적 표현(그 의사소통)을 전제하지 않고는 내용의 의도가 제대로 전달되지 않는다.

그런데 뒷 부분의 내용은 앞 부분의 내용에 영향을 받을 뿐만 아니라 오히려 영향을 주기도 한다. 그것은 저자가 전체적인 내용을 미리 염두에 두고 써나가거나 말로 전하는 경우에 더욱 분명하다. 즉 이 경우 화자(저자)는 뒤에 해둘 말(쓸 글)을 어느 정도 마음에 두고 현재 해야 할 말(쓰는 글)을 하고(쓰고) 있는 것이다. 그래서 뒤의 내용이라도 앞의 내용 이해에 영향을 줄 수 있는 것이다.

물론 독자 편에서는 뒤에 나오는 글이 앞의 글의 영향을 더욱 받는다고 말할 수 있다. 그래서 앞 본문의 이해를 가지고 뒷 부분을 해석해 나가는 해석 작업이 어느 정도는 자연스럽다. 저자의 경우에 있어서는, 뒷(앞으로 쓸) 본문이 앞(이미 쓴) 본문에 영향을 줄 수 있다는 가능성을 염두에 두는 것이 옳다. 그것이 본문에 나타난 저자의 의도를 좀더 분명히 밝혀 나가는 데 도움을 줄 것이다.

본문에 대한 거시적 이해, 곧 매크로 해석은 저자의 의사전달 노력의 큰 부분을 보게 해준다. 전체의 틀 속의 한 부분은 전체의 의미와 무관할 수 없다. 또한 부분은 전체를 세워 준다. 부분이 없는 전체는 없다. 이런 점에서 마이크로 분석과 매크로 해석은 서로 보완관계를 가지며 실제적인 해석 작업의 필수 불가결한 짝이 된다.

매크로 해석의 그 다음 단계로 주제별 해석연구가 실험적으로 제안된다. 연속된 구절 · 단락들의 큰 흐름을 파악하는 것이 일반적인 매크로 해석의 핵심이라면, 연속되어 나타나진 않지만 특정 주제로 연계된 구절들의 상호 관계를 파악하여 이를 체계적으로 해석하는 것은 매크로 해석의 또 다른 형태일 것이다. 그러나 일반적 개념의 '**매크로 해석**'과의 혼동을 피하기 위해 이를 '**통합적 주제 해석**'이라 부르자.

---

1) 만일 해석자와 말씀을 전하는 자 쪽에서 '듣는' 작업이 다층화되거나(예컨대 여러가지 주석 등을 사용하거나 해서), 또는 연구자(또는 청중) 쪽에서 '들은' 말씀을 다른 이들과 나누는 사건이 지속된다면, 이 메커니즘의 사슬은 이론적으로 볼 때 무제한적으로 이어진다.

Bible Interpretation Manual 1

실제적인 해석법

Part 1

제1부는 주로 첫번째와 두번째 경우의 해석자들을 위해 쓰여졌다. 말씀을 스스로 연구하는 해석자이든, 사역을 위해 말씀을 연구해야 하는 사역자이든 성경 해석을 위해 이 정도는 준비되어야 한다고 판단되는 것으로 내용을 구성했다. 처음의 두 장('1. 해석학의 흐름'과 '2. 해석 방법론의 적용')은 해석학과 그 방법론에 대한 독자의 사전적인 이해를 돕기 위해 마련된 부분이다.

성경 해석자가 갖추고 있어야 할, 기본적인 해석 능력과 해석 방법론의 활용은 어느 정도여야 할까? 해석자에 따라선, 성경을 사랑하여 성경을 스스로 연구하고 싶은 그런 해석자가 있는 반면, 강해 사역이나 성경 연구 사역을 위해 어느 정도는 깊이 있게 연구해야 할 해석자도 있을 것이고, 한편으로 성경을 학문적으로 철저히 연구해야 할 전문 해석자도 있을 것이다. 어떤 해석자인지에 따라 해석학에 기대하는 바가 다르고 또 활용하는 해석 방법론에도 차이가 있을 것이다.

1부는 주로 첫번째와 두번째 경우의 해석자들을 위해 쓰여졌다. 말씀을 스스로 연구하는 해석자이든, 사역을 위해 말씀을 연구해야 하는 사역자이든 성경 해석을 위해 이 정도는 준비되어야 한다고 판단되는 것으로 내용을 구성했다.

처음의 두 장('1. 해석학의 흐름'과 '2. 해석 방법론의 적용')은 해석학과 그 방법론에 대한 독자의 사전적인 이해를 돕기 위해 마련된 부분이다. 1장의 '해석학의 흐름'을 통해 초대 교회에서 시작된 해석 노력이 현대에 이르기까지 어떻게 면면히 흘러내려왔는지, 또 앞으로의 해석학의 방향이 어떻게 전개될 것인지에 대해 요약적으로 살피고 있다. 1장에서 다뤄진 해석 역사에 대한 이해는 2장의 '해석 방법론의 적용'에서 활용될 것이다.

2장의 주 목표는 독자로 하여금 본문의 정보를 다루는 법을 알게 하는 것이다. 또한 본문 내의 내용들을 연계하고 체계화하는 법을 익히게 하는 것이다. 그와 함께 본문의 문맥적 위치를 부각시켜, 독자로 좀더 큰 단위의 해석적 안목을 갖도록 요구한다. 1장이 2장의 역사적 토대를 제공한다면, 2장은 그 다음으로 전개될 마이크로(미시적) 분석과 매크로(거시적) 해석을 준비하기 위한 전초적인 장이 된다.

해석자라면 세 가지는 준비되어 있어야 한다. 하나는 그 어떤 본문(단락)을 접하더라도 그 본문을 면밀히 살펴 스스로 이해하는 능력이 있어야 한다. 몇 절을 연구 본문으로 선정했을 때, 그 부분의 철저한 연구를 통하여 본문을 통해 하나님과 저자가 말씀하고자 하시는 뜻을 파악할 수 있는 능력이 있어야 한다. 이런 준비를 위해 마이크로(미시적) 분석의 실제적인 연습이 필요하다.

마이크로 분석법에 대한 실제적인 이해는 3-4장에서 다뤄졌다. 3장, '구문 분석의 실제1'과 4장 '구문 분석의 실제2' 모두 적은 단위의 본문(몇 절, 또는 한, 두 단락)을 구문의 분석 원리에 따라 정밀하게 해석하는 방법을 다루고 있다. 3장에서는 언어의 원리를 다뤄 마이크로 분석의 이론적 토대를 마련하고자 했고, 4장의 방법론은 3장의 틀에 근거는 하되 다소 변화를 주려고 했다. 한 가지 정형에 집착할 필요는 없다는 점을 알리고자 했다.

5-6장도 마이크로 분석법과 관련된다. 성경 본문을 좀더 정확히 이해하기 위해 원어를 활용해서 분석한 경우이다. 이 두 장을 통해서 구문 분석 방법론을 좀더 다른 차원에서 접할 수 있으리라 생각한다. 헬라어 알파벳이 익숙하지 않은 분들을 위해 헬라어 본문 분석의 초두에 음역을 달아놓았다. 참고하셨으면 한다. 원어에 대한 부담이 있는 분들은 5-6장을 뛰어 넘어도 좋겠다. 그래도 한 번쯤 읽어 보면, 앞으로의 연구에 훨씬 도움이 될 것이라 본다.

해석자가 갖추어야 할 두번째 능력은 매크로(거시적) 해석의 능력이다. 마이크로 분석이 작은 단위의 본문을 다루고 있다면, 매크로는 보다 큰 단위(단락들, 책 전체)의 짜임새를 다룬다. 7-8장은 바로 이 매크로 해석을 위한 장들이다. 성경 본문을 매크로로 볼 수 있다면 전체적인 시각에서 부분적인 것을 볼 수 있는 해석의 열쇠를 얻는 것이다. 문맥에 따른 바른 이해를 할 수 있도록 도울 것이다. 마이크로 분석을 할 수 있는 해석자가 또한 매크로 해석의 능력을 갖추었다면 이젠 검의 양날을 쓸 수 있는 기본적인 준비가 되었다고 볼 수 있다.

1부의 마지막 9장, '통합된 주제 해석의 실제'는 해석자가 세번째로 갖춰야 할 해석 능력이다. 특정 본문의 이해를 넘어서 다른 본문들과 연결하는 해석 연계 능력을 기르는 데 목표를 갖고 있다. 한 장에 걸쳐 실험적으로 제시된 이 방법은 아직은 더 발전되고 다듬을 부분이 많은, 계속해서 연구, 발전되어야 할 부분이다.

1부는 이처럼 실제적인 해석 과정을 담았다. 해석자로 작은 단위의 본문을 대하거나, 보다 큰 단위의 본문을 대하거나, 또는 특정 주제의 연속된 본문을 대하거나 자신 있게 본문들을 해석해 나갈 수 있도록 하기 위해 준비된 것이다. 좋은 결과가 있으시길 바란다.

1

성경 해석의 역사적 흐름과 전망

'성경 해석을 어떻게 할 것인가'에 답하는 일은 쉬운 일이 아니다. 그것은 여러 해 동안 성경 해석을 연구해 왔고 현재 가르치고 있는 필자의 경우에도 쉽게 답변하기 어렵다. 많은 방법론들이 난무하고 있는 현실에서 보다 적절한, 그리고 효과적인 성경 해석의 길을 찾기가 그만큼 어렵기 때문이다.

해석 방법론을 다루기 전에 먼저 성경 해석학의 개괄적인 역사를 다루려고 한다. 그것은 어디까지나 필자가 전개하려는 방법론의 이론적 이해를 위해 필요하다고 보기 때문이다. 실제로 해석 방법론은 오랜 시간을 두고 적지 않은 변천을 보여왔는데 점차 다차원적이고 통합적인 접근이 주목 받고 있다는 것을 지적할 것이다.

1. 해석학의 역사적 흐름

1) 종교 개혁 이전의 해석

초대 교회에서는 크게 두 가지로 대별되는 해석 방법론이 사용되었다. 하나는 이집트 알렉산드리아의 필로(Philo)와 유대주의적인 영향을 받은 알레고리(allegory, 풍유) 방식의 해석 방법론이었고 또 하나는 소아시아 안디옥의 크리소스톰(Chrysostom)을 중심으로 하는 문법적-역사적(grammatical-historical) 해석 방법론이었다.

누가복음 15장의 선한 사마리아인 비유와 관련해서, 강도 만난 자가 그 같은 고난을 겪게 된 이유를 말하면서 그가 하나님의 집(예루살렘)을 떠나 세상(여리고)으로 나아갔기 때문이라고 해석하는 것이 대표적인 알레고리 방식의 해석이다. 주님은 이 비유에서 강도 만난 이유에 대해 초점을 두지 않으셨다. 강도 만난 자의 이웃이 될 것을 촉구하셨다.

알레고리 해석은 본문을 내놓은 저자(화자)의 의도와 대체로 무관하다. 신약의 저자들이 구약의 말씀을 알레고리로 해석한 부분 외에는 본문을 멋대로 알레고리로 해석하지 않도록 할 필요가 있다. 알레고리 방식은 해석자의 비상한 해석 능력이 돋보일 수 있고 또 듣는 자로 재미 있게 느끼게 할 수 있다. 그러다 보면 본문 자체의 목적과 의도는 무시되고 해석자의 상상적 이해가 본문의 메시지를 대체해 버리게 된다. 위험하다.

알레고리 방법의 득세는 본문 중심의 문법적 해석의 문을 좁게 했고, 본문의 저작 의도를 이탈한 다양한 해석의 분출을 터놓았다. 그 결과 이단적 이해들이 많이 나타났고 교회는 교회의 보존을 위해 교리적 해석을 강화할 수밖에 없게 된다.

오리겐(Origen)과 어거스틴(Agustine)의 시대를 거쳐 풍유적 방법이 점차 득세함에 따라, 그로 인해 발생한 해석상의 문제들로 인하여 이후 터툴리안(Tertullian)의 믿음의 법칙(*regula fidei*)으로 강화된 교회 당국의 해석의 우선성이 부각될 수밖에 없었던 것이다.

교리적인 해석이 본문 중심적인 해석과 반대되지 않고 실제로는 서로 보완적인 관계에 있는 것임에도, 성경 해석권이 카톨릭 교회에 국한되고 개인적인 해석 노력이 극히 제한된 것으로 해서, 중세에 안디옥학파의 해석 전통인 문법적-역사적 방법론이 전반적으로 후퇴하게 된 것은 무척 안타까운 일이다. 중세 이전에는 알레고리 방식이, 중세 시대에는 카톨릭 교회의 교리적 해석이 본문 중심 해석의 길을 막은 셈이다.

2) 종교 개혁과 해석

종교 개혁은 다시 안디옥학파의 해석학적 방법론으로 되돌아가는 운동이었는지 모른다. 어떻게 보면, 그릇된 교회로부터 바른 해석권을 되찾는 운동이라 할 수 있다. 루터와 칼빈 등의 종교 개혁자들의 해석학은 성경의 절대 권위와 축자영감설(verbal inspiration)을 전제로 하여 문자적-문법적-역사적 측면에서 성경을 해석하려는 시도였다. 이들은 과거의 풍유적 성경 해석과 교회 당국만의 성경 해석 권한을 거절하고 단연히 일어섰던 분들이다.

루터는 로마서를 읽다가 교회 해석의 오류에 반기를 들고 개혁을 일으킨 것이다. 그가 자국어인 독일어로 성경을 번역하려 한 것은 바로 대중들로 성경을 바로 읽고 바로 해석하도록 하기 위한 것이었다. 칼빈도 그 자신이 성경을 읽고 해석하다가 종교 개혁의 주창자가 된 것이 확실하다. 그가 쓴 많은 주석은 그것을 증거한다. 칼빈의 성경 이해와 해석의 지속된 노력의 결과로 나온 것이 「기독교강요」였다. 카톨릭 교회의 그릇된 교리적 해석에 반대하여 일어난 종교 개혁은 본문 중심 해석의 당연한 귀결이었다.

3) 역사 비평의 발흥

종교 개혁자들의 관점에서 볼 때, 로마 카톨릭 교회의 독점적 해석 권한을 부인했던 종교 개혁의 주장과 자유적인 인문주의의 부흥(르네상스 운동)이 후종교 개혁(post-Reformation) 시대에 바람직하지 않게 결합되어 일어난 것이 '역사 비평' (historical criticism)이라 할 수 있다. 르네상스에 뿌리를 둔 계몽주의와 합리주의의 영향과 진화론적 다윈설과 변증법적 사고가 결합하여 19세기의 서구신학자들에게 성경 해석에 있어 역사 비평을 위한 강력한 장을 제공했다.

역사 비평은 예수의 시대와 초대 교회의 역사에서 모든 초자연적인(또는 기적적인) 요소들을 제거하고 단지 자연적인 현상과 개연성(probability)을 기준으로 이들을 재해석하려는 인본주의적인 시도이다. 기본적으로 역사 비평은 성경 본문을 해체해서 초대 교회의 역사적 정황을 다시 구성해 보려는 비평적 노력이다. 여기서 '해체' 라고 한 것은 성경 본문의 주장을 그대로 받아들이기 보다는 오히려 그렇게 주장하게 된 가상적인 다른 이유들을 더 찾고자 노력하기 때문이다.

자료 비평(source criticism)은 본문이 한 사람의 작품으로 일관성 있게 쓰여진 것이기 보다는 여러 가지 자료들의 섞인, 일종의 편집된 것이라는 것이다. 그래서 본문 연구에서 자료의 차이에 특히 주목한다.

양식 비평(form criticism)은 보다 작은 단위의 형식(sub-genre)이라 할 수 있는 것들을 본문에서 추려내어 그 기원을 추적하고 그 진정성을 평가할 수 있다는 것이다. 본문에서 다양한 양식들을 추출하고 이들에 대한 평가를 주로 한다.

편집 비평(redaction criticism)은 저자가 본문을 편집할 때 저자의 상황과 특유의 신학이 반영되었다는 것이다. 본문(특히 복음서)에서 저자적 특성과 신학이 어떻게 본래의 사건에 영향을 끼쳤을지 연구한다.

이 같은 역사 비평적 연구는 결국 종교사학파(history of religion)의 시각에서 귀결이 되는데, 그것은 예수 운동과 초대 교회의 사역이 당시의 종교, 사회적 기존 그룹(유대교, 헬라 종교)들의 영향을 받아 생성된 것에 불과하다는 것이다.

이런 비평적 연구 결과로 성경의 권위는 해체되었고, 다시 한번 본문 중심의 해석 연구에 대한 열심이 식어지게 되었다. 그 결과는 교회의 쇠퇴로 나타날 수 밖에 없었다. 이들 역사 비평 연구는 기본적으로 성경에서 하나님의 초자연성을 제거하려 했던 인본적, 역사주의적 해석 시도였다. 뒤틀린 전제를 가진 연구의 결과가 뒤틀리게 나타난 것은 일견 당연하다.

4) 신학적 주석

제 1, 2차 세계대전 등과 같은 사건들은 인본주의자들의 환상을 무너트린 역사의 한 페이지였다. 역사 비평을 넘어선 신학적 토대가 교회에 절대적으로 필요하다고 본 바르트(K. Barth) 등은 실존주의 철학에서 비롯된 '신학적 주석' (theological exegesis)을 통해 기존의 역사 비평의 자료들과 실존적 신앙의 입장을 분리시키려 하였다. 이것은 이들에겐 역사 비평의 자료들이 여전히 과학적, 객관적인 증거들로 인식되고 있었음을 뜻하지만, 그러한 역사 비평의 해석학적 토양 속에서 어렵게 실존적, 실제적 하나님의 경험을 통한 신앙의 회복을 부르짖었다는 점에서 서구교회사에서 일정 부분의 공헌도를 인정받고 있다. 그러나 역사 비평의 바다에서 벗어나지 못한 제한된 해석 노력이라 지적하지 않을 수 없다.

5) 문학 비평의 등장

20세기 중반을 넘으면서 역사 비평의 본문-해체주의적인 문제점들을 극복하기 위한 노력이 다른 관점에서 비롯되었다. 그것은 구조주의(structuralism)와 같은 문학 비평(literary criticism)의 방법들이었다. 본문내의 대조되는 사상(상반된 개념, contrasted ideas)들의 연관된 이해를 해석의 축으로 하는 구조주의적 해석 방법론은 특히 70년대 역사 비평의 대안으로서 등장했다.

역사 비평이 본문 생성의 역사적 배경(behind the text)에 관심을 기울였다면 문학 비평은 본문 자체(in the text)를 주목한 것이 특징이다. 그래서 학자들은 역사 비평에 대해선 본문 넘어의 세계를 주로 보고자 했다는 점에서 '창문'(window)으로, 문학 비평은 본문 뒤의 세계에는 관심이 없고 보이는 세계에 주로 관심을 보인다는 측면에서 '거울'(mirror)로 그 특징을 구별하곤 했다.

문학 비평이 초기에는 저자 등의 역사적 배경을 떠난(무시한) 본문 자체만의 세계를 강조했지만, 점차 역사적 이해와 조화를 이루는 방식으로 사용되어 왔다. 특히 성경 해석에서 더욱 그렇다. 이와 관련하여, 성경 해석에 있어 '비평'이란 용어를 좋아하지 않는 학자들은 그 대신 '접근'(approaches) 또는 '읽기'(reading)라는 말로 대체해서 사용하기도 한다.

해석학에 있어 문학적 접근 방식은 전통적인 문법적 해석을 계승하면서 좀더 기술적으로 보완하고 '발전해 나가는' (그 방법론이 통일되어 있거나 완결되었다고 볼 수는 없으므로) 방법이라 할 수 있다. 역사 비평이 본문을 도외시했다면, 이 문학적 접근 방법은 해석자로 본문에 보다 집중하게 하는 해석 방식인 것이다.

6) 언어학과 해석학

본문 자체의 의도를 등한시하는 역사 비평을 극복하기 위한 성경 해석학의 노력은 언어학적인 관점에서도 시작되었다. 특히 언어학은 이미 20세기에 들어서면서 소쉬르(de Saussure) 등의 영향으로 역사적-통시적(historical-diachronic) 관점에서 시대적-동시적(contemporary-synchronic) 관점으로 패러다임이 전이(轉移)되었다. 따라서 현대언어학을 기반으로 본문 해석을 한다면, 본문 해체적 역사 비평과는 다른, 본문 중심의 해석적 체계와 방법론을 적용한다는 것을 뜻한다. 비록 그 역사가 상대적으로 짧지만, 어휘론(lexis), 구문론(syntax), 의미론(semantics), 화용론(pragmatics) 등으로 나뉘는 언어학적 연구는 이제는 성경 해석학에 있어서도 상당한 비중을 가지고 자리를 잡아가고 있다.

2. 해석학의 평가

물론 역사 비평이 부정적인 측면만 있는 것은 아니다. 자연주의적, 탈(脫)기적적인 관점으로, 성경 본문을 해체하고 초대 교회의 신앙고백의 모음집 정도로 복음서 등을 자리매김 하려 했던 이 비평의 선구자들의 편견 때문에 교회사에 부정적이고 파괴적인 영향을 많이 끼친 것이 사실이지만 그들이 역사적인 측면의 노력을 기울였다는 점은 인정될 수 있을 것이다. 뒤틀린(twisted) 전제가 뒤틀린 결과를 냈지만, 본문 연구에 있어서 역사적 탐구가 필요하다는 점에 대해 해석학계에 도전한 것은 인정된다.

한편으로 문학적 접근과 언어학적 접근은 본문 해석 연구에 상당한 성과를 가져왔다. 본문 연구에 집중할 수 있었기 때문에 당연히 본문의 내용과 그 의미를 드러내는 일에 많은 공헌을 했다. 또한 예전의 문법적 연구의 한계를 넘어서서 보다 풍성한, 또는 정확한 본문의 의미를 추구할 수 있는 여지를 열어줬다는 점이 높이 평가되어야 한다. 그것은 해부학 등의 전문적인 연구의 발달이 일반인을 위한 의학적 치료에 상당한 성과로 나타난 것과 비슷하다고 할 것이다.

물론 일반 사역자(설교자)들이 지나치게 전문화된 듯한 이들 연구 체계와 방법론의 절차를 성경 해석에 그대로 적용하려 할 때 대개 상당한 어려움을 겪는 것이 사실이지만, 이것은 전문 연구자들이 일반인들도 쉽게 사용할 수 있게 해보려는, 실용화 노력을 지속적으로 함으로써 극복될 수 있다고 본다. 또한 기초 단계에서부터 체계적이고 실용적으로 배운다면, 사역자들이 일선에서 설교를 준비하거나 성경 연구를 할 때 실제적인 도움을 받게 될 것이라 생각한다.

3. 해석학의 전망

해석학의 발전은 지금도 계속되고 있다. 적어도 세 가지의 측면의 발전에 주목해야 한다.

1) 타 학제 연계 해석학

여러 학제의 영향을 받는(interdisciplinary) 해석학의 등장이다. 예컨대, 사회학, 인류학, 심리학 등과 연계된 해석학이 등장하고 있다. 이중에서 현재 사회학적 비평(sociological or social-scientific criticism)은 상당한 진전을 보이고 있는데 이 비평은 역사 비평적 전제들과 다시 맥을 닿고 있다. 이들 학제적(學際的) 연구의 성과들은 앞으로 보다 더 활성화 될 것은 분명하다.

그러나 복음주의 신학도들은 이들 연구 또는 연구자들의 신학적 전제(前提)와 토대가 어떤 것인지 제대로 파악하는 것이 가장 중요하다고 생각한다. 상당 부분 해체적인 성경관에 근거를 둔 학자들이 성경의 권위를 훼손하는 결과물들을 내놓을 때가 많기 때문이다. 그러나 또한 이들 연구성과의 모든 것을 배척하는 것도 바람직하다고 보지는 않는다. 옳고 그릇된 것을 가릴 수 있는 통찰력이 필요하겠다.

2) 언어적 수행의 중시

본문의 실용적 효과(pragmatic effects)에 초점을 둔 해석학들에 주목할 필요가 있다. 언어학에서 보면 언어행위이론(speech-act theory), 사회언어학(socio-linguistics), 화용론(pragmatics) 등의 등장이다. 이들 언어 이론들은 언어적 능력(competence) 보다는 언어적 수행(performance)을 상대적으로 강조하고 있다. 즉, 말의 구성과 내용보다는 그 말이 어떻게 전달되고 효과를 발휘하는가에 더 비중을 둔다. 이들 이론들은 특히 20세기 후반에 더욱 힘을 얻고 있는 언어 이론들이다. 이 이론들이 최근 성경 해석학에 적용되기 시작하고 있는 것은 자연스런 일이다. 본래 언어학은 철학과 함께 성경 해석학에 영향을 준 주된 분야였기 때문이다.

언어학에서 비롯된 것은 아니지만 언어 또는 본문의 설득력과 효과에 주목하기 시작한 해석학은 20세기 후반에 등장한 수사 비평(rhetorical criticism)이다. 수사 비평이 본래 역사 비평을 극복하는 대안으로 제시되었다는 점에서는 위에서 언급한 문학 비평과 언어학적 접근과 같은 흐름 속에 있다고 할 수 있지만 신약성경이 쓰여진 때인 로마-헬라 시대의 의사소통의 방식인 수사학적 체계와 방법들이 부각되어 역사적인 측면이 함께 강조된다는 점에서 차이가 있다고 할 수 있다. 그런데 이 같은 고전 수사학만 아니라 현대 수사학도 최근의 본문 연구에 응용되고 있음에 주목해야 한다.

3) 통합적 접근

해석학의 통합적 노력이 시작되었다. 역사 비평과 문학 비평, 더 나아가서는 언어학적 접근에 이르기까지 통합적 시각으로 본문에 접근하려는 노력들이 계속되고 있다. 이것을 '다차원적 접근' (multi-dimensional approaches)

이라 부른다. 한 두 가지의 방법들로는 본문 연구에서 충분한 결과들을 낼 수 없다고 판단한 해석학자들이 내세운 다차원적, 통합적 노력은 20세기 후반에 시작된 새로운 흐름이라 할 수 있다. 이러한 통합적 접근은 21세기에 해석학계가 가장 주목해야 할 해석학의 큰 방향이 될 것이라는 점은 의심할 여지가 없다.

통합적 접근의 문제점은 본래 다차원적이기 때문에 복잡하다는 것과 그만큼 해석학적 이론들과 모델들이 다양할 수 밖에 없다는 점이다. 이들 이론들의 승패는, 과연 그 이론이 체계적인 짜임새가 있는가, 본문 연구에 진전된 성과를 보이는가, 본문 연구의 통합적인 결과물까지 추출해 낼 수 있는가, 본문 해석에 실용적으로 쓰일 수 있는가, 얼마나 후속 학자들이 등장하는가 등에 달려 있다고 할 수 있다.

2

해석 방법론의 적용

앞의 해석학적 흐름에 대한 논의를 실제적으로 응용할 수 있는 방법론을 한 본문(눅 17:7-10)연구의 예와 함께 제안한다. 이 방법론은 해석 작업에 있어 필요한 전체적인 해석 과정의 틀을 어느 정도 제공해 줄 수 있을 것이다.

1. 해석학적 흐름의 활용

앞서 논의한, 해석학의 흐름과 방법론들을 해석의 실제에 여과 없이 그대로 적용할 수는 없다. 그러나 해석의 이론과 그 실제가 서로 보완적이며 그 어느 한 쪽이 없어선 안 된다는 점을 생각했으면 싶다. 활용할 수 없는 이론은 단지 사변적인 것이며 이론이 없는 실용적인 주장은 부실하기 쉽다는 점이다.

1) 해석의 세 방향

앞의 해석학적 흐름에서 이해된 해석학적 안목을 실제적인 해석 현장에 활용할 때, 적어도 다음 세 가지는 정리할 수 있을 것이다. 첫째 문학적 · 언어학적 이해에 바탕을 둔, 즉 본문 중심적인 해석이 선행되어야 한다. 둘째 역사적인 측면의 이해도 중요하며 이것으로 앞의 것을 보완해야 한다. 셋째 해석자 자신이나 회중의 상황과 관련된 실재적, 수사적 이해가 덧붙여져야 한다.

첫 번째 것은 기존의 안디옥 학파 등(복음주의 계열의 해석 방법론은 기본적으로는 문법적 · 역사적 방법론이다)의 방법에서 사용됐던 문법적 측면과 또한 최근의 문학적 · 언어학적 방법들과 연계되어 있다. 두 번째 것은 역사적 연구의 데이터들을 참고하는 것인데 역시 안디옥 학파 등의 역사적 해석과 역사 비평에서 선별된 결과들, 고전 수사학에서 유용한 연구들이 참고될 수 있을 것이다. 세 번째의 것은 현대 수사학이나 화용론 또 멀리는 실존적 해석의 맥과 닿아 있다고 할 수 있다. 귀납적 성경 연구에서 흔히 '적용'(application)이라고 말해지는 것인데 해석 과정에서는 현재적(또는 상황적) 이해라는 측면이 더 부각되는 부분이다.

이렇게 보면 앞의 세 가지(본문 중심적 · 역사적 · 현재적) 본문 이해와 해석은 앞서 언급한 통합적, 다차원적 해석의 측면을 가지고 있다는 것을 알 수 있다. 주의해야 할 것은 이 세 가지가 별도의 해석 단계이긴 하지만 근본적으로 서로 연계되어 있으며 특히 마지막의 현재적 이해는 반드시 앞의 두 가지(본문 중심적 · 역사적) 이해에 근거해야 한다는 점이다. 즉, 현재적 이해는 앞의 단계의 이해에 종속된다.

2) 실제적인 해석

본문 중심적인 해석이란 본문에 기록된 표지(標識, signs, 보통 단어, 구, 문을 뜻함)들이 어떻게 쓰였는지, 어떻게 묘사되었는지 살피는 관찰을 먼저 한 후에, 그에 따른 어의(語義, meanings, senses)가 어떤 것인지를 이해하는 작업을 뜻한다. 다시 말해서, 외적인 표현과 내적인 의미를 찾는 작업인 것이다. 이 작업은 일단 해석자의 상황이나 본문의 당시 상황보다도 본문 자체의 의미에 집중한다. 즉, 본문의 다른 요소들(저자, 역사, 상황 등)에 대한 이해 보다도 본문 자체에 대한 문학적 · 언어적 분석을 우선하는 것을 말한다. 이럴 때 해석자는 좀더 본문에 주목할 수 있게 된다. (역사 비평의 가장 큰 문제점은 본문의 주된 메시지에 주목하지 않는다는 것이었다.) 이 본문 중심적인 해석 작업은 역사적이거나 상황적인 것을 무시하기 위한 것이 아니라는 점에 주의할 필요가 있다. 본문에 우선하여 집중하기 위한 것임을 이해해야 한다. 그런 후에 역사적 측면과 현재적 측면을 보완할 때 전체적인 의미를 추구하는 해석 작업이 가능해지기 때문이다.

역사적 측면을 이해하는 것도 무척 중요하다. 성경 본문은 쓰인 시대의 독자들과 특히 저자들의 상황을 떠나서 존재하지 않기 때문이다. 할 수 있는 한 본문과 관계된 역사적 정황들을 이해하고 또 그 같은 측면을 본문 연구에 고려하는 것은 상당히 의미 있는 일이다. 그래야 저자(또는 성령께서)가 본래 의도했던 본문의 의도가 되살아날 수 있기 때문이다. 그러므로 각 권에서의 저자의 상황, 역사적 배경을 이해하는 것과 함께 해당 본문의 내용들 가운데 특별히 고려해야 할 역사적인 측면이 있는지를 찾아보는 것이 중요하다 하겠다.

현재적 이해를 한다는 것은, 앞서 언급한 바와 같이, 단순히 본문의 교훈을 개인이나 교회의 삶에 적용하는 것 그 이상을 의미한다. 주신 말씀을 주어진 상황과 현실에 받아들여 이해한다는 것이다. 오늘의 상황에서 말씀은 어떤 식으로 말씀하실 것인가를 새롭게 주목하는 것이다. 내게(우리에게) 다가오는 생생한 말씀으로, 우리의 현장에 부딪쳐 오는 능력의 말씀으로 이해하고 받아들이는 것이다. 현재의 삶에 말씀의 충격을 주며 우리를 변혁시키시는 그 말씀은 이제 우리를 위한 하나님의 말씀이다. 이렇듯 현재적 이해는 상황을 변화시키는 하나님의 말씀에 대한 우리의 순응이다.

3) 본문 중심적인 이해

분문 중심적인 해석 방법이 그 어떤 한 가지만 있는 것은 아니다. 다양한 방법들이 제안될 수 있다. 그러나 어떤 방법을 사용하든, 앞서 언급했던 대로 '외적인 표현'과 '내적인 의미'를 이해하는 두 단계 작업이 중요하다. 그러려면 외적인 표현이 어떻게 되어 있는지 면밀히 살펴본 후, 그것의 의미 또는 의도성을 살펴보는 두 가지 작업을 진행해야 한다.

외적인 표현을 살핀다는 것은 어떤 단어들, 어구들, 문장들이 본문에 선택되었고 그것들이 어떻게 사용되었는지 주의 깊게 보는 것이다. 그리고 내적인 의미를 찾는 것은 이것들이 왜 그같이 선택되었고 사용되었는지 그

의미와 선택된 의도를 찾고 이해하는 작업을 의미한다. 여기서 한 가지 더 강조하고 싶은 것은 각 표현들과 의미들이 본문 안에서 또는 본문 밖의 내용들과 서로 관련을 갖는다는 것이다. 그러므로 연관(관계)된 표현과 그 의미를 찾는 작업도 병행해야 할 필요가 있다. 이것을 보통 문맥을 찾는 작업이라 말하기도 하는데 단순히 문맥의 흐름을 파악하는 데 그치는 것이 아니라 외적 표현의 상호연관성(inter-relatedness)을 통해 의미가 어떻게 연계되어 있는지 살피는 작업이다.

정리하면, 먼저는 외적인 표현들을 살피고, 그 다음으로 그 표현들의 의미와 의도성을 추구하며, 마지막으로 그 본문 안에서 또는 밖의 내용들과의 연계된 의미들을 찾는 작업을 기본적인 본문 중심의 해석 작업이라 말할 수 있을 것이다.

2. 누가복음17:7-10 연구

그러면 하나의 본문(눅 17:7-10)을 가지고 실제적으로 살펴보자.

1) 본문 중심의 이해

(1) 본문 자체의 의미 찾기

본문은 어떻게 표현되며 또 어떤 정보를 주는가? 이들을 통해 알 수 있는 것(의미)은 무엇이며 또 그렇게 말씀하신 의도는 무엇인가? 이 둘을 늘 분리해 놓고 따로 따로 파악해야 하는 것은 아니다. 그러나 독자의 편의를 위해 대략적으로 분리해 놓기로 하겠다.

[**표 1. 본문 중심의 해석**]을 보라. 이 정도 해놓고 나면 어느 정도는 본문의 표현과 의미가 드러났다고 할 수 있을 것 같다. (물론 더 깊은 전문적

[표 1. 본문 중심의 해석]

	표현과 정보	의미와 의도
1	• 주님께서 제자들에게 하신 말씀(17:1-10) 중 하나이다.	• 따라서 이 말씀은 외인들보다는 믿는 이들(제자들)에게만 해당되는 말씀일 가능성이 많다.
2	• 당시의 종의 예를 들고 있다. 이 종은 특별히 밭을 갈거나 양을 치는 등 막노동 하는 종을 가리킨다.	• 당시의 풍습의 예를 통해 이해하기 쉽도록 제자들에게 설명해 주신 내용이다.
3	• 이 같은 종을 흔히 당시대의 사람들은 재산으로 소유하고 있었던 것 같다. ('너희 중에')	• 제자들도 이 같은 종을 가지고 있는 사람이 있었거나 적어도 주변에서 흔히 볼 수 있는 상황이었던 듯싶다. 그러므로 당시에는 잘 이해할 수 있는 내용이다.
4	• 주님은 세 가지 반어법을 사용하셨다.	• 그러므로 이 세 가지 내용이 당시의 상식적인 개념과 풍습으로는 당연한 내용임을 전제하고 계신 것이다.
5	• 첫 번째 반어법 : '밭에서 돌아오면 저더러 곧 와 앉아서 먹으라 할 자가 있느냐?'	• 일하고 돌아와 아직도 지친 상태일 텐데도 주인은 바로 쉬게 해주지 않고 또 앉아 먹도록하지 않는다.(오늘날과는 퍽이나 다르다.)
6	• 두 번째 반어법 : '도리어 저더러 내 먹을 것을 예비하고 띠를 띠고 나의 먹고 마시는 동안에 수종 들고 너는 그 후에 먹고 마시라 하지 않겠느냐?'	• 오히려 주인의 수종을 먼저 들도록 한 후에야 먹고 (일이 없으면 이제) 마시고 쉬게 한다. 일을 하고서 지쳐 있을 종에게 또 다른 일(허드렛일 등)을 더 시킨다는 것을 의미한다. 쉼이 없이 계속되는 일도 불평할 수 없는 것이다.
7	• 세 번째 반어법 : '명한 대로 하였다고 종에게 사례하겠느냐?'	• 아무리 수고했어도 그가 종이기 때문에 주인은 그에게 수고했다고 하지 않는다. 그 당시 종은 그 어떤 보상도 기대할 수 없었다는 뜻일 수 있다. (종의 성격에 따라 달랐을 것이다.)
8	• 이 세 가지 반어법은 10절의 결론을 강조하기 위한 것이다. '이와 같이 너희도 명령 받은 것을 다 행한 후에 이르기를 우리는 무익한 종이라 우리의 하여야 할 일을 한 것뿐이라 할지니라'.	• 이 말씀은 제자들도 이 같은 종의 입장에서 주님께서 주신 사역들을 감당해야 한다는 것을 뜻하신 말씀이다. 즉, 이 말씀은 상급이나 인정 등을 기대하지 말고 오직 모든 것을 다해 충성을 다해야 한다는 것을 가르치시는 것이다. 이것이 바른 종의 자세이다.
9	• '너희도…이르기를…종이라'	• 여기에는 제자들이 주님의 종이며 주님은 제자들의 주인이시다는 사실이 전제된다.

10	• '명령 받은 것'	• '명령 받은 것'이란 말 속에 제자들은 이 땅에서 뭔가 해야 할 것이 있다는 것을 뜻한다고 할 수 있다. (므나 비유 등을 연상시킨다.)
11	• '명령 받은 것을 다 행한 후에…우리의 하여야 할 일을 한 것뿐이라'	• 명령 받은 것을 다 한(또는 하려고 한) 사람만이 사실 '우리의 하여야 할 일을 한 것뿐이라' 할 수 있을 것이다. 다 하지 못한 이들은 그렇게 말할 자격도 없다는 뜻일까?
12	• '무익한 종이라'	• '무익한(쓸모 없는) 종'이란 말은 종 자신이 얼마나 겸비한 존재인지 드러낸다. 이같이 말하려면 철저히 겸손하고 자신의 부족을 인정하지 않고서는 불가능하다. 조금 했다고 으시대서는 안 될 것을 말한다. 종에게 절대적으로 요구되는 것은 겸허성이다. 자신이 종이라는 인식이 없이는 이것이 불가능할 것이다.
13	• '우리의 하여야 할 일을 한 것뿐이라'	• 우리가 하여야 할 일을 다 하는 것이 중요하다. 그렇게 한 다음에 갖추어야 할 태도는 부끄럽고 겸손한 마음이다. 주인 앞에 뭔가 해냈다는 자부심이 아니다.
14	• '우리의 하여야 할 일을 한 것뿐이라'	• 또한 무얼 요구하는 것이어선 안 된다는 마음을 지적하고 있다. 조건부 봉사가 아닌 것이다. 우리로서는 마땅히 할 바를 한 것밖에는 없는 것이다. 충성된 자만이 할 수 있는 고백이다.

인 연구가 가능하다. 일반 해석자를 염두에 두겠다.) 이 내용 정도는 본문에 대한 묵상과 기본적인 이해의 방법을 통해서 얼마든지 가능하며 그 위에 해설을 좀더 덧붙이는 것도 독자편에서 어렵지 않을 것이라 본다. 그렇지만 이런 내용을 얻으려 해도 해석자는 본문을 꼼꼼히 여러 번 읽고 반추해 보고 발견된 것을 정리하는 혼자만의 연구 과정이 없이는 안 된다는 것을 이해했을 것이라 생각한다. 이런 해석은 해석자 자신의 독자적인 노력의 소산이기 때문이다. 그러나 이것으로 다 끝난 것은 아니다. 이젠 이 내용을 좀더 발전시킬 필요가 있다.

(2) 본문 내의 연관된 의미 찾기

이제는 본문 내의 연관된 의미들과 본문 밖의 연관된 의미(또는 흐름)를 찾아보도록 하자. 본문에 대한 더 온전한 해석과 통찰력을 얻기 위한 작업이라 할 수 있다. 먼저 본문 내의 연관된 표현들이 있는지 그리고 그 의미가 어떻게 연계되는지 살펴보자. 오늘의 본문(눅 17:8-10)에서는 특히 세 반어법들이 어떻게 연계되어 있는지를 찾는 것이 필요하다. (다른 부분들은 연계성을 찾을 만한 특별한 것이 발견되지 않는다.) 세 반어법들이 서로 연계되어 있다면 다음과 같은 세 가지 가능성으로 연계되어 있을 것이다.

- 세 가지가 같은 내용을 반복한 것이거나
- 세 가지가 서로 다른 내용이지만 단계적으로 연계되어 있거나, 즉 점층적인 성격을 띠었거나
- 세 가지가 다른 내용이고 서로에게 큰 영향을 주지 않고 단지 전체적으로 묶일 때 화자의 의도가 강조되는 것이거나 할 것이다.

세 반어법들이 서로 연계되어 있는지 여부를 알기 위해서는 다시 내용을 정리한 후에 그 연관성(관계성)이 있는지를 살피면 된다. 이 때의 질문은 '어떻게 서로 연계되어 있는가?', '왜 그렇게 연계되어 있는가?' 하는 것들이다. (본래 다음과 같이 차트를 꼭 사용해야 하는 것은 아니다. 개인적으로 연구할 때는 앞에서 연구했던 종이의 여백에 그대로 하면 되지만 여기서는 독자의 편의를 위해 차트로 처리해 보았다.) [표 2. 본문 내 연관된 의미 해석]을 보라.

이렇게 세 가지의 묶임새를 살피며 이를 묶어 이해할 때 전체적으로 화자(주님)가 말씀하고자 하는 의미(또 의도)가 좀더 분명해질 뿐 아니라 종합되는 것을 발견하게 되었을 것이다. 첫 번째 단계가 개별적인 의미에 좀더 주목하는 것이라면 이 두 번째 단계는 서로의 관계에 더 주목하는 것이다. (물론, 실제에 있어서 이 둘의 엄밀한 구별은 큰 의미가 없다.)

[표2. 본문 내 연관된 의미 해석]

	반어법	해 석	정리요약
1	• '밭에서 돌아오면 저더러 곧 와 앉아서 먹으라 할 자가 있느냐?'	• 수고했으면 쉬고 싶은 상태에 있을 텐데도 쉬라 하지 않는다.	• 쉬고 싶을 때 쉬지 못함
2	• '도리어 저더러 내 먹을 것을 예비하고 띠를 띠고 나의 먹고 마시는 동안에 수종 들고 너는 그 후에 먹고 마시라 하지 않겠느냐?'	• 고생했으니 더 하고 싶지 않을 텐데도 또 다른 일을 더 시킨다.	• 더 수고해야 함(또 다른 섬김)
3	• '명한 대로 하였다고 종에게 사례하겠느냐?'	• 수고했으니 마땅한 대가를 기대할 수 있을 텐데 기대하지 못하게 한다.	• 칭찬이나 대가가 없음(기대하지 말아야 함)
종합	• 세 가지는 서로 연계되었지만 중복된 내용은 아니다. 오히려 세가지의 다른 측면(쉬지 못함 • 또 다른 수고 • 대가 없음)을 점층적으로 사용함으로써 종의 수고가 어떠해야 한다는 것, 또 종의 자세가 어떠해야 한다는 것을 강조하여 가르쳐 주고 있는 말씀이다. • 이것은 혹독한 노예제도 아래서나 가능한 것들이다. 물론 하나님은 그런 분이 아니실 것이다. 그럼에도 종의 자세는 바로 이런 의식 속에서 충성을 다해야 한다는 것을 말씀해 주려고 하신다. 즉, 섬기는 자의 자세가 이와 같아야 한다는 것을 말씀해 주신다. • 그러므로 섬기는 자는 쉬고 싶으나 쉬지 못할 때라도, 쉬고 싶을 때 또 다른 일을 해야 하는 때라도, 수고했다고 아무런 인정을 해주지 않는다 해도 마땅해 해야 할 일을 다해야 하며 그런 후에도 자신이 무엇을 했다고 자부하는 것이 아니라 오히려 겸손하게 또 겸비해서 마땅히 해야 할 일을 한 것이라는 자의식 속에 또 다른 섬김을 준비해야 한다는 말씀을 교훈해 주시고 있는 것이다. (이것은 바로 주님의 자세이셨다.)		

(3) 본문 밖의 내용과 연계

세 번째 단계는 본문 밖의 내용들과 연계시키는 것이다. 보다 큰 문맥을 찾는 작업이라 할 수도 있겠다. 이 작업은 본문 중심 해석에 있어 최종적인 단계로 본문 연구에 귀한 통찰력을 가져다줄 수 있다. 어디까지 연계시키느냐 할 때 그 한계를 긋는 것이 필요하다. 일단 앞뒤의 연결된 단락들과 연

[표3. 본문 전후의 연계성]

	본문	내 용	연 계 성
1	17:1-2	• 실족케(죄를 범하게) 하는 자에게 큰 화가 있다는 말씀이다.	• 3-4절과 '죄'라는 주제로 연계성이 있다. 하나는 다른 사람이 죄를 범하게(나쁘게) 만들지(대하지) 말라는 말씀이고 또 하나는 죄를 범한 자를 (꾸짖고) 용서하라는 말씀이다.
2	17:3-4	• 죄를 꾸짖고 또 얼마든지 용서할 것을 강조하신 말씀이다.	• 특히 용서에 초점을 둔 말씀으로 앞의 말씀과 함께 서로에 대한 태도가 어떠해야 하는지 보여준다. 서로를 나쁘게 하지(대하지)도 말고 서로를 나쁘게 여기지도 말라(받아주라)는 말씀이다. 이 말씀은 서로를 사랑함으로 죄의 문제를 넘어서라는 말씀으로 이해할 수 있다. • 이렇게 볼 때 이 두 말씀은 제자들 서로의 대인관계에 초점을 둔 말씀이다.
3	17:5-6	• 겨자씨만한 믿음이 있다면 뽕나무를 뽑히게 할 수 있을 것이라는 말씀이다.	• (1-4절과 비교해서) 믿음을 강조했다는 면에서 하나님에 대한 측면을 강조하는 것으로 이해된다. 믿음의 중요성이 부각된다. 그리고 이 믿음이면 그것이 작다 할지라도 그 어떤 불가능해 보이는 일(사역)도 해낼 수 있을 것이다. • 이 말씀과 7-10절은 하나님(주인)과 관련된 측면에서 이 둘의 연계성이 이해되어야 할 것이다. 하나(5-6절)는 하나님에 대한 작은 믿음이라도 있으면 기적 같은 일을 이룰 수 있다는 것인데, 이에 반해 그 다음 것(7-10절)은 그 어떤 기적이나 사역을 행한 후에라도 그런 일들을 자랑하거나 우쭐하는 것이 아니라, '우리는 무익한 종이라 우리의 하여야 할 일을 한 것뿐이라'는 종이 마땅히 가져야 할 자세를 가지고 있어야 한다는 것이다. 그것이 믿음의 일을 한 사람의 자세일 것이다. (5-6절로 7-10절을 이해할 때) 반면에 겨자씨만한 믿음에 대해 본문 7-10절에 설명하고 있는 말씀일 수도 있다. 이런 믿음의 자세가 없기 때문에 뽕나무의 역사가 없는 것이다. (7-10절로 5-6절을 이해할 때) • 그러므로 1-10절의 말씀을 통해서 서로에 대해서나 사랑과 용납을 하나님께 대해서는 마땅한 종(믿음의 사역을 제대로 감당하는, 그러면서 겸비한)의 자세를 요구받고 있는 것이다.

4	17:11-19	• 치료된 나병환자 열 사람 중에서 사마리아인만이 돌아와 사례함으로 그 믿음을 귀하게 보고 구원을 허락하신 사건이다.	• 이 부분을 앞의 부분과 연계하기는 쉽지 않다. 그러나 '믿음'이라는 소재가 앞의 부분들(특히 겨자씨 말씀)과 연계되어 있음을 주목할 필요가 있다. 열 사람 가운데 오직 한 사람, 사마리아인만의 사례는 주님을 먼저 내세우는 사람이 드물다는 것을 암시한다. 주인을 인정하는 것은 '믿음'이다. 이 '믿음'은 뽕나무를 옮기는 믿음보다 더 나은 것인지 모른다. 무엇을 했다고 무엇이 되었다고 자랑하고 기뻐하는 것보다 더 중요한 것은 주인을 주인으로 인정하고 해주신 모든 일에 대해 감사를 드리는 것이다. 그럴 때 우리는 종으로서 '명한 일을 다 한 후에'라도 자신의 부족함을 인정하고 마땅히 해야 할 것을 한 것이라고 겸비하게 인정할 수 있는 것이다. 이런 점에서 7-10절의 본문과 이 부분은 '믿음'으로 연계되어 있다고 확대해서 이해할 수 있다.
종합			• 연계성을 고려하는 이 같은 이해는 본문 해석에 필요한 빛을 준다. 본문(7-10절)은 완전히 독립되어 있는 단락이 아니라 어느 정도 독자적인 의미를 가지고 있으나 주변의 단락들과 연결되어 있는 말씀의 흐름 속에 있는 본문이다. 1-4절은 형제에 대한 것을, 5-19절은 주님에 대한 믿음을 각각 말씀하고 있다. 형제에 대한 것에 주님에 대한 믿음이 보완된다. • 이 본문은 특히 하나님(주님)과 관련된 본문이며 주님을 주님으로 모시는 맥락과 관계가 있음을 고려해야 한다. 특히 '겨자씨만한 믿음으로 한 기적(사역)을 행했을 때라도 자랑할 것이 없다'는 측면과 이렇게 주인을 인정하는 사람이 많지 않을 수 있다는(나병환자 사건에서 보듯) 암시, 또 주님을 인정하는 것이 (사마리아인이 주님께 사례하듯) 종에게 중요하다는 것을 부각시킬 수 있었다는 점은 위의 연계해석을 통해 얻게 된 좋은 결과라 할 수 있다.

계해 보는 것이 우선되는 것이고 필요에 따라서는 그 권(예컨대, 누가복음) 전체와 연계시키는 것도 필요할 때가 있다. 물론 권 밖으로 넘어갈 필요가

[표 4. 본문 밖 누가복음 내의 연계성]

	본문	내용	연 계 성
1	18:29-30 / 22:28-30	• 이 두 말씀에는 주님께 충성된 자들에게 주시는 주님의 약속이 담겨 있다.	• 이 말씀을 이해하면, 오늘의 본문(17:7-10)이 종의 마땅한 자세에 초점을 맞추고자 한 것임을 바로 이해할 수 있다. 본문에 나오는 주인의 상과 실제 우리의 주님은 다른 것이다. 우리의 주님은 수고한 것을 반드시 갚으시는 분이다. 그럼에도 17:7-10의 종의 자세가 강조되어야 하는 이유는 받을 것을 기대하고 일하는 종의 자세는 바른, 겸손한, 마땅한 자세가 아니기 때문이다. 우리는 받지 않을 것을 기대하고 주님을 섬기며, 주님은 어떠하든지 주려고 하시는 것이 당연한 것이다. 받을 것을 기대하고 조건부로 섬기는 이보다 받을 것을 기대하지 않고 최선의 수고를 하는 이의 믿음이 더 가치 있다는 것을 말해 준다고 이해해도 좋을 것 같다.
2	19:16-19	• 므나의 비유는 명하신 바를 최선을 다하여 수행한다는 것이 무엇인지를 가르쳐 주는 말씀이다.	• 위의 말씀과 같이 므나 비유도 일에 상급이 있음(행한대로 갚으실 것임)을 말씀해 주신다. • 또 한 가지는 모든 사람이 다 최선을 다하는 것은 아니라는 것을 가르쳐 준다. 이 둘을 연계시킨다면 열 므나를 만들어 내는 사람은 본문(17:7-10)의 종의 자세를 가지고 최선을 다하여 '명령 받은 것을 다 행한 후에' 겸허한 자세로 주님을 여전히 섬기는 사람일 것이다.
3	22:39-56	• 주님의 고난을 묘사하고 있는 말씀이다.	• 본문(17:7-10)의 종의 예는 바로 주님 자신이시다. 그분이 가장 적절한 모델이시다. 죽으시기까지 섬기셨던 그분, 자신이 죽음의 길에 가면서까지 자신을 생각하기보다 아버지와 그의 백성들을 염려하셨던 그분, 예수 그리스도가 이 종의 완벽한 모델이시다. 그분을 따라 온전한 자세로 종노릇을 하도록 그의 제자들을 부르신다. 하나님의 아들이신 그분은 하늘의 영광을 버리시고 이 땅에 초라한 몸을 입고 오셨다. 그는 이 땅에서 끊임 없는 사역을 하셨다. 마지막에 십자가에서 죽으시는 사역을 하신 후, 결국 부활의 영광을 얻으셨다. 부활하신 주님이 또 쉬지 않으시고 계속 보내신 분의 일을 감당했던 것을 우리는 안다.

있을 때도 꽤 있으나 여기서는 일단 권 내의 연계성으로 제한하겠다.

[표 4. 본문 밖 누가복음 내의 연계성]을 보라. 이 부분은 어느 정도 추

가적인 것이긴 하지만, 근거리 연계만 아니라 조금 더 멀리 있는 연계도 시도해 보면 좋을 것이다. 즉, 누가복음 안에는 있지만 본문과 주제 등으로 연계될 수 있는 부분들을 고려하는 것이다. 여기서는 일단 세 가지만 살펴보려 하는데 첫째로 종의 자세는 그렇게 해야 한다 해도 주님은 종을 그렇게 대우하는 분이신가라는 측면, 즉 하나님은 그렇게 혹독하신 주인은 아니지 않느냐는 생각과 관련된 구절들을 살펴보고, 둘째로 일한 것에 대한 보상을 언급한 부분을 살펴보려 한다. 보상을 기대하지 말라는 말씀만 하신 것이 아니라 보상을 기대하라는 말씀도 하셨기 때문이다. 마지막으로 예수 그리스도의 종으로서의 모델이다. 이 셋의 연계성을 이해하면 역시 본문 해석에 도움이 될 것이다.

2) 역사적 이해

본문 중심으로 하는 해석 노력이 제대로 되었다면 본문의 역사적인 측면을 살펴보며 이제까지의 데이터에 덧붙이거나 수정하는 작업이 필요할 것이다. 적절한 주석이나 배경사전 등이 도움을 줄 수 있을 것이다. (여기에서는 IVP의 「성경배경주석」 등을 참고했다.)

물론, 역사적 이해라는 것이 단지 당시의 역사적 데이터만을 참고하는 것은 아니다. 당시의 사회와 문화와 언어사용법(수사학) 등에 대한 제대로 된 지식은 본문 해석의 폭과 시야를 넓히고 그만큼 보다 정확하게 그 당시의 의미를 재생해 낼 수 있다. 그러나 이 부분은 일반 해석자(설교자) 스스로 하기에는 어려움이 많다. 그래서 적절한 교재들을 참조하는 것이 필요하다. 잊지 말아야 할 점은 역사적 측면을 이해하고 그 데이터를 확인하되 앞의 본문 중심의 해석과 반드시 연계시켜야 한다는 것이다.

3) 현재적 이해

이제 현재적 이해를 시도해야 할 단계가 되었다. 현재적 이해는 우리에게 다가오시는 말씀으로 받아들이는 작업이다. 오늘 우리에게 어떤 말씀을

[표 5. 역사적 이해]

	내 용	역사적 이해
1	• 실족(1절)	• 실족이라는 것은 종종 죄를 짓는 것, 혹은 참된 믿음에서 떨어져 나가는 것을 나타내는 비유적인 말이었다.
2	• 연자맷돌(2절)	• 주로 밀과 올리브를 갈기 위해 사용되었던 맷돌은 매우 무거웠기 때문에 주로 당나귀가 돌리곤 했다. • 따라서 이 말씀은 실족하게 하는 자의 형벌이 얼마나 중할 것인지를 말씀해 주는 구절이라 할 수 있다. (유대인들의 개념으로는 이교도들이 받게 될 형벌 가운데 하나였다.)
3	• 겨자씨, 뽕나무(6절)	• 겨자씨는 가장 작은 씨앗으로 알려져 있었고, 뽕나무는 그 뿌리가 넓게 퍼지기 때문에 뿌리째 뽑기가 어려웠다는 점을 그 시대 사람들은 알고 있었다.
4	• 종의 제도 (7절)	• 대부분의 종들은 밭일도 하고 집일(음식 준비)도 해야 했다고 한다. 주인은 이런 일을 당연한 것으로 여겼다고 한다. 또한 주인은 종과 식사하는 것을 명예롭게 여기지 않았기 때문에 함께 식사하는 경우는 없었다.
5	• 나병 환자 (12절)	• 여기서의 나병(문둥병)은 좀더 광범위한 의미의 피부병을 말한 것으로 이해된다.
6	• 사마리아인 (16절)	• 사마리아와 유대 접경에 있는 나병 환자들은 일반인들처럼 그렇게 종족간의 구별이 없었다는 것을 의미한다. 일반 유대인들에게 사마리아인은 상대하기 싫은, 경건치 못한 혼혈족속일 뿐이다.

하시는 것인가를 생각하자. 앞에서 한 본문 중심의 해석 작업에 근거하여 생각해야 할 것이다. 다만, 현재적 · 상황적 이해는 좀더 주관성을 띠기 때문에 해석자의 상황과 형편에 따라 초점이 조금 달라질 수 있을 것이다. 그러나 아래와 근본적인 내용에선 별 차이가 없을 것이라 생각한다.

[**표 6. 현재적 이해**]를 보라. 여기에서 보듯이 현재적 이해는 앞의 본문

[표 6. 현재적 이해]

	본문 중심 해석	현재적 이해
1	• 종과 주인의 관계	• 주님은 주인이시고 나(우리)는 그의 종들임을 다시 상기시켜 주신다.
2	• 쉬고 싶어도 쉬지 못하는 종	• 너무 많이 일했다고 이젠 쉬어야 마땅하다고 생각하는 마음이 없는가? 주님과 교회를 위해 뭔가 했다고 또는 해냈다고 대견해하며 이만하면 되지 않았냐고 자족해하지 않는가?
3	• 더 수고해야 하는 종	• 어느 정도 일하고는 쉬는 것이 마땅하다는 생각으로 더 마땅히 해야 할 일을 등한히 하지는 않는가? 예전에 사역을 많이 했으니 이제는 그만해도 되지 않냐는 변명을 하고 있는 것은 아닌가? 계속해서 섬길 준비가 되었는가?
4	• 칭찬이나 대가를 기대할 수 없는 종	• 수고했으니 대가를 받는 것이 마땅하다는 식의 생각을 하고 있지는 않은가? 이만큼 고생하고 수고했고 또 헌신했으니 이젠 그 대가를 받아야 하지 않겠느냐는 생각이 없는가? 그 어떤 대가를 받지 못할 때라도 주인이 하라고 명하신 일이라면 최선을 다하여 섬길 각오가 되어 있는가?
5	• 주인의 명령	• 오늘 마땅히 하라고 주시는 명령이 무엇인가? 교회와 내게(우리에게) 주시는 주님의 일은 무엇인가? 그 일을 '다해야' 한다. 그 어떤 핑계도 대지 말고 끝까지 최선을 다해 보자.
6	• 종의 마땅한 자세	• 최선을 다한 후에 이렇게 말해 보자. '우리는 무익한 종이라. 우리의 해야 할 일을 한 것뿐이라.' 주님의 사랑과 은혜를 생각할 때 내(우리)가 드리는 그 무엇을 크다고 말할 수 없다. 주님을 위해 드리는 최선은 그 자체로 가치 있는 것이다. 그 일을 하게 하신 것만으로도 감사를 드릴 뿐이다. 하라고 하신 일을 종이기에 마땅히 한 것이니 내(우리)가 이만큼 했다 하는 등 뭐라 자랑하거나 자부심을 가질 필요는 없는 것이다. 떠벌릴 필요도 없는 것이다. '무익한 종'이라도 쓰시는 주님을 위해 '우리의 해야 할 일을 한 것뿐이라'. 오늘 그 같은 고백을 드리고 싶다.
7	• 겨자씨만한 믿음으로 한 기적	• 겨자씨만한 믿음으로 뽕나무를 옮길 수 있듯, 이제까지 주님과 교회를 위해 행한 모든 큰(위대한) 일들은 나(우리)의 작은 믿음과 주님의 큰 능력이 합하여 이뤄진 것이다. 위대한 일을 이루게 하시는 분은 늘 크신 주님이시다. 그러므로 그 어떤 일을 행한 기록(일)이 있더라도 인정해야 할 것은 내

		(우리)가 아니라 나(우리)의 주님 그 분의 크신 능력인 것이다. 그러므로 그 어떤 일을 했을지라도 늘 겸허한 종의 자세를 가져야 할 것을 말씀하신다.
8	• 믿음과 관련	• 이렇게 겸손히 주님을 높이는 섬김이 믿음이다. 주님을 주님으로 인정하고 높이는 이 자세는 사마리아인의 자세에서도 엿보였는데 오늘 내(우리)가 가져야 할 바른 믿음의 자세이다. 믿음은 불가능한 그 어떤 것을 이루는 것일 뿐 아니라 이룬 이후에 그 모든 것의 영광과 결과를 주님께 온전히 돌려드리고 뒤로 겸허히 물러나 또 다른 섬겨야 할 일을 찾는 종의 자세를 갖는 것이다. 이 믿음이 오늘 필요하다.
9	• 모두가 다 인정받는 종은 아니다.	• 사마리아인과 관련된 말씀(17:11-19)이나 므나 비유의 예를 통해 볼 때 모든 종이 주인의 인정을 받는 것은 아니다. 주님을 기쁘시게 하는 종은 겸허하여 오직 주님을 인정하며 일에 최선을 다하는 종이다. 그런 종이 되었으면 싶다.
10	• 상급에 대한 말씀과 연결	• 종의 자세는 상급을 기대하는 자세가 아니다. 그런 자세를 설교자와 회중들이 모두 함께 가져야 하겠다. 그러나 회중들이 혹 가질 수 있는 오해를 불식하기 위해 주님께서는 상급을 주시는 사랑의 주님이심을 가르쳐야 할 필요가 있을 것이다. 우리가 마땅히 할 바를 할 때 주님은 넉넉하게 주실 것이다. 그러나 여전히 바른 종의 자세가 우선적으로 가르쳐져야 한다.
11	• 주님의 모델	• 주님의 모델은 내(우리)가 어디까지 섬겨야 할 것인지 가르쳐 준다. 보상이나 칭찬 때문이 아니라 섬김과 사랑 그 자체가 목적이 되신 사역이 무엇인지 가르쳐주신다. 그분을 바라볼 때 사역 방향이 완전히 바뀌어야 함을 생각하게 한다. 이기적인 것이 아니라 이타적인 것으로, 나(우리) 중심에서 하나님 중심으로 바뀌어야 함을 알게 해 주신다.

중심적 이해와 역사적 이해의 맥을 따라, 현재의 상황을 말씀의 빛으로 비추시며 내게(우리에게) 말씀하시는 주님의 메시지에 응답하고 결단하는 것이다. 그러할 때 말씀이 육화되어 우리의 삶에 다가오는 것이다. 이렇게 해석은 본문에서 출발해서 역사의 맥을 넘어 우리의 삶의 자리에까지 성경의

메시지를 이끌어 오는 작업이라 할 수 있다.

3. 해석 방법의 종합 정리

이 해석 방법의 연습을 통해 얻고자 했던 바는 무엇인가? 다음과 같이 정리해 볼 수 있다.

1) 본문의 정보에 주목

이 해석 패턴은 본문의 정보(저자가 주고자 하는 언어적 정보)에 먼저 주목하게 한다. 본문 내용에 대한 주목은 어떤 단어, 어떤 어구들이 본문에서 사용되어 독자들에게 무엇을 전하고자 하는지를 면밀히 살피게 한다. (본문을 체계적으로 분석하는 방법은 뒤에서 구체적으로 다루어질 것이다.) 여기서는 일단 본문의 정보에 주목하게 하는 효과를 얻고자 한다. 본문이 중요하다. 본문이 무엇을 말씀하고 있는지 듣는 것이 중요하다는 점이 강조된다.

2) 정보의 연계 노력

본문 내의 내용들을 서로 연계하여 체계화하는 일을 하게 한다. 예컨대, 세 가지 반어법과 결론이 어떤 연계성을 가지고 있는가 하는 문제에 대한 것이다. 이것은 본문에 나타난 내용을 짜임새 있게 종합시키는 훈련을 가져다 줄 수 있다. 해석자에게 이 부분의 훈련이 상당히 필요하다.

3) 문맥적 위치 파악

더 나아가 본문의 문맥적 위치를 파악하고, 앞뒤 본문의 흐름 속에서의 의미 발견을 위한 노력을 하도록 할 것이다. 그것은 후에 전체적인 맥락을 통해 본문을 이해해 가는 뒷 부분에 나올 '매크로 해석'을 행하는 데 기초가 되는 훈련이 된다.

4) 큰 단위의 연계성 찾기

또한 단순한 문맥적 훈련이 아니라, 본문 내 의미들과 그 본문이 속해 있는 권(예컨대, 누가복음) 내에서의 의미의 상호 연계성에 주목해야 한다는 사실을 깨닫게 할 것이다.

5) 역사적 이해의 보완

앞의 내용이 본문 중심의 언어적, 문학적, 문법적 초점을 부각시킨 것이라면 이 누가복음 연구 패턴은 여기서 멈추지 않고 역사적 이해에까지 나아간다는 점에 주목해야 한다. 역사적 이해가 어떻게 본문에 대한 우리의 이해를 더 풍성하게 할 수 있는가 이 점을 강조하는 부분이다.

6) 현재적 이해의 부각

마지막에 강조되는 '현재적 이해'는 말씀의 현재의 의미, 우리에게 다가오는 하나님의 말씀의 실제적인 부각이다. 이를 통해 생생한 말씀의 파워를 체험한다. 순종을 요구하시는 주님의 요구를 받아들인다. 그러므로 이 해석 패턴은 해석자로 하여금 본문에 대한 종합적인 해석 이해를 요구한다.

7) 기반이 되는 해석 방식

이후의 보다 세밀하고 분석적인 해석(마이크로 분석, 매크로 해석 등)을 해나가기 위해 이 패턴 해석은 해석자로 하여금 본문 해석 노력의 문을 열어 주는 역할을 할 수 있다고 본다. 기초가 튼튼해야 든든한 집을 세울 수 있다.

나가며

1) 해석은 고통스런 노력이 필요한 작업이다. 해석 작업을 위해서도 해석자는 위에서 언급한 종의 자세를 필요로 한다. 해야 할 것을 '다 행한 후'에야 해석자는 말씀을 전할 준비가 갖춰지는 것이다. 진리의 보물을 캐내는

수고와 노력을 다하지 않고 쉽게 외치려는 우(愚)를 주의하자. 커뮤니케이션의 기술이 조금 부족하더라도 하나님의 말씀을 온전히 받은 자는 사람의 마음에 부딪히는 살아 있는 메시지를 전할 수 있다고 믿는다.

2) 앞에서 해석학계의 대략적인 흐름을 소개했다. 해석학계의 흐름을 파악하게 된 독자들은 해석학의 미래에 우리 한국교회와 신학자들이 공헌해야 할 부분이 어떤 것인지 생각하고 고민해야 할 것이다. 지금까지의 역사와 현재의 여건에서 볼 때, 우리가 세계교회와 해석학계를 위해 무언가 할 수 있다고 생각하는 것은 지나친, 또는 경솔한 발상일지 모른다. 그러나 주님 앞에서 비전과 소망을 갖는 것이 중요하다고 믿는다. 성경 해석학 등에 있어서 앞으로 한국 신학계의 공헌이 요구될 것이다. 해마다 많은 신학생과 신학자들이 배출되는 한국교회가 아닌가. 전 세계의 유수한 신학교에 재학하고 있는 한국계의 비중이 20% 정도가 된다는 말을 듣고 있는데 이 분들과 국내에서 연구한 분들이 함께 앞으로의 세계신학계와 해석학계에 어떻게 공헌할 것인지 소망과 기대를 갖는 것이 지나친 것이라 할 수는 없을 것이다. 하나님의 책인 성경의 권위와 영감설에 대한 바른 믿음에 근거한 한국교회는 세계교회와 신학계의 내일에 어떻게 공헌해야 할까 기도하며 준비해야 한다. 뭔가를 할 수 있다는 자만심 때문이 아니라, 겨자씨만한 믿음을 주시면 세계교회와 신학계를 위해서 하라고 하신 일을 다 해내겠다는 섬김의 의지가 이제 필요하다는 얘기이다.

3

구문 분석의 실제(Ⅰ)

본문 해석을 제대로 하기 위해 반드시 필요한 일은 본문을 한 부분씩 꼼꼼히 분석해 내는 작업이다. 어떤 점에선 진전된 형태의 '묵상'이라 할 수 있다. 한 단어, 한 단어를 반추하고 되씹어 생각하는 묵상을 좀더 체계적인 연구로 변환한 것이 '구문(構文) 분석'인 것이다. 구문 분석은 하나의 단어를 넘어 구(句)나 절(節), 더 나아가 문장(文章)의 분석과 관련이 있다.

이 장에서 어구 분석의 실습을 하기 위해 사도신경을 택했다. 사도신경은 어구의 구성이 단순한 편이어서 어구 분석을 소개하고 이를 연습해 나가는 데 적절하다고 판단하기 때문이다.

사도신경을 분석해 나가기 전에 먼저 언어와 관련된 몇 가지 생각을 하는 것이 좋겠다. 분석과 관련된 이론적 이해를 먼저 하고 그 이론적 틀을 사용해서 독자들과 함께 신경을 분석하는 것이 실제적이고 효과적이라 생각한다. 분석의 방법은 여러 가지일 수 있다. 여기서는 언어의 몇 가지 원리에 기초해서 분석해 나가는 방법을 사용하겠다.

1. 분석을 위한 언어 원리들의 이해

1) 말의 구성

말은 여러 가지 성분이 함께 어우러져 만들어진다. 한 가지 단어만으로도 의사소통을 해야 할 때가 있고 때론 그같이 하는 것이 더 효과적일 때도 있다. 그러나 일반적인 상황에서는 단어와 단어들을 결합시킨 형태(즉, 어구 또는 문장)로 말을 하는 것이 좋다. 그것은 그같이 함으로 의미 전달을 효과적으로 또 충분히 할 수 있기 때문이다. 말을 할 때, 사람은 자신이 이제까지 습득한, 말의 세계 속에 있는 단어들을 사용해서, 특별히 선택한 단어들을 서로 모아 특정한 문장을 만들어 낸다. 그러므로 모든 문장은 언어관습에 따라 그 안에 여러 가지 구성 요소를 갖게 된다. 이 요소들이 언어 사회에서 약속한 순서로 서로 연결되어 있지 않을 때 의사소통이 제대로 이루어지지 않는다.

문장의 기본적인 구성은 주부(主部)와 술부(述部)이다. 때로 어느 한 쪽이 생략되기도 하지만 그 때도 생략된 그 부분이 이미 대화나 글의 바탕에 전제되어 있다. 그래서 어떤 문장이든 주부와 술부의 구조를 이해하면 기본 내용을 쉽게 파악할 수 있다. 문장의 구성 요소를 조금 더 자세하게 구분하면 주어, 술어(동사), 목적어, 보어, 부사어 그리고 그 외의 수식어 등으로 나눌 수 있다. 문장의 여러 가지 형식에 대해서는 학창 시절에 언어(국어나 영어 등) 시간을 통해 배운 바 있다. 그 때 배운 용어 모두를 상세히 기억할 필요는 없다. 다만, 몇 가지 중요한 것들을 상기해 보자.

일반적으로 기본 문장은 '주어 + 술어'로 구성되고 거기에 목적어나 보어 또는 부사어가 덧붙여진다. 즉 '주어 + 목적어, 보어, 부사어 + 술어' 이같이 된다. '나는 하나님을 믿는다'는 말은 목적어가 포함된 문장이고, '나는 교회에 간다'는 것은 부사어를 포함한 문장이라는 것이 대부분 기억나실 것이다. 그리고 그 외의 수식어는 주어나 술어에 덧붙여질 뿐 아니라 목적어와 보어 등 모든 부분에 덧붙여질 수 있다.

2) 말에서의 정보의 요구

문법 용어를 기억하려는 일보다는 말 또는 글에 이 요소들이 왜 필요한지를 이해하는 일이 더욱 중요하다. 위의 문장으로 돌아가 보자. '나는 하나님을 믿는다'에서 주어 부분인 '나는…' 하고 말할 때 듣는 사람들은 지금 말하는 본인(주체)에 대해 말하는 것임을 깨닫게 된다. 그러나 '나는'(주어)만으로는 말하는 사람도 듣는 사람도 뭔가 시원하게 서로 소통된 것이 없다. 술어가 덧붙여진 형태, 즉 '나는 믿는다' 정도가 되면 조금은 더 이해의 소통이 이루어진다.

그러나 여전히 주어와 술어가 결합한 정도의 정보 제공으로는 말하는 사람이나 듣는 사람 모두 충분하지 않을 때가 있다. 그 이상의 정보가 필요한 것이다. 말하는 사람은 그 나름대로 더 말하고 싶은 것을 상대에게 더 알려 주고 싶은 욕구가 있을 뿐 아니라, 상대를 설득하고 이해시키려면 더 말해야 한다고 생각하기 때문이다. 반면에 듣는 사람은 충분한 정보가 제공되지 않았을 때는 무슨 말인지 제대로 이해할 수가 없거나 아니면 전하고자 하는 사람의 의도와는 다른 내용으로 오해할 수 있다. 그래서 그 정보가 무가치하다고 생각하여 무시하는 일이 발생한다. 이 때 말의 정보는 본래의 사용 목적, 즉 상대를 설득하거나 이해시키는 것과 같은 수사적인 목적을 달성하지 못하고 폐기된다. 이런 점에서 볼 때, 바른 언어 소통을 위해 그 이상의 적절한 정보를 양쪽(말하는 자나 듣는 자) 모두가 필요로 하는 것이다.

이렇게 해서 말하는 사람은 목적어를 덧붙인 '나는 하나님을 믿는다'는 정도의 정보는 줘야 한다고 생각하게 됐고, 듣는 사람도 그 정도의 정보를 내용 이해를 위한 최소한의 정보로 요구한 셈이 된 것이다. 좋은 의사소통을 위해서이다. 이렇듯 언어 소통은 정보 교환의 효과성을 위해 쌍방 간의 상호작용(mutual interaction)이 불가피하게 요구된다.

부사어나 그 외의 다양한 수식어를 붙여 나가는 이유도 이와 같다. '나는 하나님을 믿는다'는 말 속에 포함되어 있는 정보만으로도 정보 제공의 목적이 충분하게 이루어지지 않는다고 판단할 때 또 다른 여러 가지 정보를 더하여 말해야 하는 것이다. 예컨대, '(어떤 때) (누구와 함께) (어디서) 나는 (왜) (어떤) 하나님을 (어떻게) 믿는다.' 괄호로 된 수식어는 기본적인 말에 덧붙여지는 여러 가지 정보들을 말해 준다. 그 외에도 더 많은 다른 정보들을 이 한 문장에 덧붙일 수 있음을 독자는 알 것이다.

그러나 한정 없이 덧붙일 수는 없다. 그래서도 안된다. 사족을 많이 붙이는 것이 오히려 정보 소통의 장애가 될 수 있기 때문이다. 그래서 필요한 것만을 선택해서 덧붙여 기본 구성 또는 구조에 살을 붙여 나가는 것이다. 그렇게 할 때 말의 목적이 효과적으로 이루어진다. 다만, 난해하기 때문에 설명이 필요한 부분이나 어떤 정보의 높은 가치 때문에 강조해야 할 때는 다른 부분에서 보다 더 많은 양의 정보를 더하여 제공해야 한다. 이때 반복이나 대조 같은 기술적인 방법을 사용하거나 혹은 단순히 정보의 분량을 늘리는 방법을 사용한다.

3) 언어 사용의 원리들

지금까지 논의한 것을 기초로 해서 다음의 언어 사용의 원리들을 추출해 볼 수 있다.

(1) 구성의 원리

문장의 기본적인 구성 요소를 이해하는 것이 중요하다. 글과 말에서 기본 구조(주어 + 술어 등)를 먼저 파악할 때 그 문장의 의도의 핵심을 쉽게 파악할 수 있다. 그래서 문장을 분석하려면 먼저 주어와 술어를 찾는 것이 일반적이다. 이를 토대로 문장이 어떻게 구성되어 있는지 살펴볼 필요가 있다. 문장의 핵심부터 이해할 때 아무리 복잡한 문장의 의도도 풀어 해석해 나갈 수 있다.

영어는 주어-동사가 대체로 앞 부분에 위치하는 반면, 한글은 동사가 마지막에 나오는데다 주어 관련 부분에 있어서도 수식어 등이 먼저 선행된다는 점에서 차이가 있다. 그러나 주어-동사 찾기가 그렇게 어렵지 않다. 약간의 연습이 필요할 뿐이다. '누가 ~을 한다' 또는 '누가 ~이다'는 간단한 틀을 이해하면 찾기 쉽다. 이 틀에서 수식어를 덧붙여 나가며 이해한다.

(2) 수식의 원리

문장의 기본 구조에 보어나 목적어 또는 수식어가 덧붙여지는 이유는 전하고자 하는 정보가 그것만으로는 충분하지 못하기 때문이다. 정보의 폭을 보다 제한하거나(예, '믿는다'는 말에 목적어를 '하나님'으로 함으로 여러 대상 중에 누구를 믿는지를 분명히 하려 했다), 정보를 더 상세히 제공해야 하거나(예, 하나님께 크신 능력이 있음을 강조하기 위해 하나님 앞에 '전능하사 천지를 만드신'이라는 말씀을 수식했다) 할 필요가 있는 것이다.

하나의 수식어도 의미 없이 쓰인 것은 없다는 점에 주의하자. 그 수식어를 사용한 저자(화자)의 의도를 묻자. 그것이 해석이다. 먼저는 어떤 수식어가 어떻게 쓰였는지 확인하는 일에서 시작된다.

(3) 선택의 원리

어떤 단어나 어구를 선택하여 사용하는 이유는 특히 목적성(어떤 특정한 목적이 있어서), 적절성(그 어구가 가장 그 부분에 적절해서), 효과성(그렇게 할 때 효과적인 의사소통이 있을 것이라 판단해서) 등을 고려하기 때문이다. (하나님이 어떤 분이신지 덧붙일 수 있는 어구들이 많이 있겠지만, 그 중에서 골라서 그의 전능성과 창조주로서의 능력만을 덧붙인 것은 이 부분이 하나님에 대한 고백과 관련해서 우선되는 것으로 원저자는 생각하기 때문이다.)

어구 해석에서 선택의 원리에 유념한다는 것은 한 단어, 한 단어를 사용하는 저자의 의도를 묻겠다는 것이다. 수식어에만 제한되지 않고 본문의 핵심적인 부분에도 적용된다. '하필이면' 그 단어(어구)를 '그렇게' 사용하여 저자(화자)가 말하고자 하는 것은 무엇인가? 이것을 찾는 것이다. 만일 다른 단어나 어구를 선택했다면 어떻게 의미가 달라졌겠는가? 역으로 질문하는 것도 해석에 도움을 준다.

(4) 강조의 원리

특별히 강조해야 하거나, 난이도 때문에 더 설명을 요할 때 유사한 정보들을 반복해서 강조하거나 분량을 많이 사용해서 그 중요성을 부각시키는 경우이다. 이 때 반복, 대조, 대비와 같은 기술적인 방법을 사용하기도하고, 단지 그 부분에 말과 정보의 분량을 많이 두어 강조하기도 한다.

본문에서 저자가 많은 분량으로 말하고 있는 것은 일단 중요한 것이다. 많이 말하고 싶은 부분이다. 그 이유에 주목하자. 정보의 분량을 많이 말하는 것만이 강조는 아니다. 그 외에 어떤 강조 방법이 본문에 나타나는지 주목하자. 그리고 왜 그렇게 강조하려 하는지 묻자.

(5) 순서의 원리

특정한 부분을 강조하기 위한 또 다른 방법은 그 부분을 부각시킬 수 있는 곳에 두는 것(배열)이다. 때로는 중간이나 뒤에 두는 방법도 있는데 보통은 앞 부분에 놓는 방법을 사용한다. 이같이 배열의 방법으로도 원하는 정보를 강조할 수 있다. 이것이 순서의 원리이다.

그러나 한편으로 강조 이외의 목적, 예컨대 순서에 따라 정보의 흐름을 나타내기 위해서라든가 할 때 이 '순서의 원리'가 쓰인다. A - B - C - D 등의 순서로 비슷한 역할의 단어가 열거되어 있다면 A와 B가, B와 C가, C와 D가 서로 연결되어 있는 것이고 또 A가 먼저 나올 이유가 있었고, D가 끝에 나올 이유가 있었던 것이다. 물론 B와 C가 중간에 위치할 이유도 있을 것이다. 순서를 어떻게 두느냐에 정보를 배열하는 사람의 의도가 담겨 있는 것이다. 순서에 따라 말의 '흐름도'(flow-chart)를 제대로 이해해야 한다. 그것이 대화든, 글이든 말은 나름대로의 흐름도가 있기 마련이다.

4) 원리 적용의 확대

위의 언어 원리들은 한 문장 내에만 국한하여 이해될 수 있는 것이 아니다. 한 단락이나 장(chapter) 등과 같은 더 큰 단위의 문장들의 집합에서도 나타나는 언어 현상이다.

단락이나 장은 여러 문장의 연결이다. 한 문장에 전하고자 하는 정보를 다 담을 수 없을 때 여러 문장이라는 더 큰 단위로 언어 정보를 제공하는 것이다. 여기에 '수식의 원리'가 적용된다. 기본(또는 기초) 문장에 여러 가지 필요한 문장들을 덧붙이는 것이다. 예컨대 '나는 하나님을 믿는다'는 한 문장의 고백만으로는 충분하지 않으므로 성자와 성령 등에 대한 다른 고백들을 추가하는 것이다.

'선택의 원리'도 마찬가지이다. 사도신경에 다른 성경적인 고백들을 더 많이 덧붙일 수 있지만, 몇 가지 엄선해서 선정한 이유는 이 같은 선택적 정보 제공으로 소기의 특정한 목적을 이루기 위해서이다. 달리 말해서, 다른 사항들을 불필요하게 덧붙임으로 본래의 목적에서 벗어나는 것을 원하지 않기 때문이다. 이런 점은 '강조의 원리'와 '순서의 원리'에도 대부분 동일하게 적용된다. 어느 부분이 단락에서 많이 할애되어 있다면 그 경우의 대부분은 그 내용을 특별히 강조하기 위한 것이다. 사도신경에서 기독론 고백에 가장 많은 분량이 할애되어 있는 것은 강조의 목적을 위한 것이라 봐야 한다.

또 문장의 열거 순서에 의도적인 이유를 찾아보는 것은 어렵지 않다. 대개의 경우에 배열 순서에 이유가 있다. 그 문장이 특정한 곳에 등장하는 이유가 있는 것이다. 일반적으로 배열의 순서를 통해 순차적 비중을 찾을 수 있지만, 때론 그렇지 않은 경우도 있는데 그것은 비중(중요성)과 관련된 그 어떤 우선순위의 차이 없이 단지 병렬로 나열한 경우이다. 사도신경에서는 기독론 부분에 '이는' 이후에 나오는 예수님에 대한 문장들이 그런 예에 해당할 것이다. 이 경우는 중요한 사건의 순서 배열이 아니라 시차에 따른 사건 순서로 배열된 경우이다.

2. 사도신경의 실제적인 분석

이 같은 언어 원리들에 대한 이해에 기초해서 사도신경을 분석하면 본문 해석에 실제적인 도움을 받을 수 있다. 먼저 구문분석표를 만들자. 구문분석표는 구성 요소에 따라 문장의 구조를 한눈에 살펴볼 수 있도록 해부해 놓은 것이다. 이를 통해 언어의 원리들이 사도신경을 만드는 데 어떻게 활용되었는지 쉽게 파악할 수 있다.

1) 구문분석표 만들기

배열 방식에 대한 이해가 필요하다. 먼저 자연스럽게 절별로 배열해 놓자. 어절(clause)을 끊어 자연스럽게 본문을 배열해 놓는 것이다. 절이 끊어지는 부분에서 줄을 바꾸면 된다. 전체적으로 연결된 문장들을 그대로 놓는 것보다는 이렇게 어절 단위로 떼어 놓는 것이 본문을 한 부분씩 분석하기에 훨씬 쉬울 수 있다는 점을 발견할 것이다. 구문 분석 방식에 익숙하지 않는 분들은 이런 식으로 시작하는 것이 필요하겠다.

아래의 굵은 글자 처리는 문장과 절의 중심부인 주어와 동사에 한해 그렇게 한 것이다. 다만, '이는'은 앞의 주절('그의 외아들 우리 주 예수 그리스도를 믿사오니')과 종속절('성령으로 잉태하사…심판하러 오시리라')을 연결시켜 주는 일종의 관계사이므로 눈에 띄게 하기 위해 굵은 글자로 처리했다.

[표 1. 어절 배열]

전능하사 천지를 만드신 하나님 아버지를 **내가 믿사오며**
그 외아들 우리 주 예수 그리스도를 **믿사오니**
이는 성령으로 잉태하사 동정녀 마리아에게 나시고
본디오 빌라도에게 고난을 받으사
십자가에 못박혀 죽으시고
장사한 지 사흘 만에 다시 살아나시며
하늘에 오르사
전능하신 하나님 우편에 앉아 계시다가
저리로서 산 자와 죽은 자를 심판하러 오시리라.
성령을 **믿사오며**
거룩한 공회와 성도가 서로 교통하는 것과
죄를 사하여 주시는 것과
몸이 다시 사는 것과
영원히 사는 것을 **믿사옵니다**.
아멘.

어절에서 단순히 끊는 배열 방식에서 더 전문적으로 나아가는 방법은 구문론(syntax)을 살려 언어의 원리에 입각한 구문분석표를 만드는 것이다. 이 틀로 배열해 놓으면 본문이 정돈되어 좀더 정확하게 본문을 분석할 수 있게 된다. 문장의 핵심(주어와 동사)에서 시작해서 상대적으로 주변 요소(목적어와 보어, 수식어 등)를 연계하여 이해할 수 있게 된다.

구문분석표를 만드는 방법은 다음과 같다. 먼저, 가장 기본이 되는 주어와 술어를 처음에 놓는다. 위의 어절 배열에서 굵은 글자로 처리된 주어 - 동사 부분을 앞 부분에 끌어다 놓는 것이다. 그 다음 약간의 공간을 떼어 놓고 목적어나 보어를 놓는다(누가 ⇨ ~하다 ⇨ 무엇을 ⇨ 어떻게 등의 순이다). 그리고 수식어는 수식을 받는 어구의 뒷 부분에 자리하게 한다. 병렬되는 내용의 것은 같은 위치의 밑으로 배열해 놓는다. 사도신경은 구문 구조가 비교적 단순해서 도표를 만들기가 쉽다. 다음과 같이 만들어 보았다.

[표 2. 구문분석표]

주어	술어	목적어	수식어 1	수식어 2
내가[a1]	믿사오며[a2]	하나님[a3]아버지를[a4]	전능하사[a5]	
			천지를 만드신[a6]	
	믿사오니[b1]	예수[b2]그리스도를[b3]	그 외아들[b4]	
			우리[b5]주[b6] 이는[b7]	
				잉태하사[b8]
				성령으로[b9]
				나시고[b10]
				동정녀 마리아에게[b11]
				고난을 받으사[b12]
				본디오 빌라도에게[b13]
				죽으시고[b14]
				십자가에 못박혀[b15]
				다시 살아나시며[b16]
				장사한 지[b17]사흘 만에[b18]
				죽은 자 가운데서[b19]
				오르사[b20]
				하늘에[b21]

주어	술어	목적어	수식어2
			앉아 계시다가b22
			전능하신 하나님b23
			우편에b24
			오시리라b25
			심판하러b26
			산 자와 죽은 자를b27
			저리로서b28
	믿사오며c1	성령을c2	
	믿사옵나이다c3	거룩한 공회와c4	
		성도가 서로c5 교통하는 것과c6	
		죄를 사하여 주시는 것과c7	
		몸이 다시 사는 것과c8	
		영원히 사는 것을c9	
			아멘c10

* 단어 뒷 부분에 작게 표기된 부호는 아래의 분석 내용과 연결되어 있다. 참고를 위해 괄호로 묶어 표기하였다. 아래의 사도신경의 분석 내용을 살피면서 위의 구문분석표와 어떻게 연관되어 있는지 주목해 주었으면 싶다.

2) 분석의 과정

구문분석표를 만들어 놓으니 사도신경을 한눈에 파악할 수 있다. 특히 언어 사용의 원리들이 어떻게 사용되었는지 쉽게 알 수 있다. 그러나 그렇다고 '구성', '수식', '선택', '강조', '순서'의 원리들을 무턱대고 하나씩 대입해서 찾기로 해서는 시간 낭비가 많을 것이다. 그보다는 다음의 분석 순서를 따르도록 권하고 싶다.

(1) 먼저 전체적으로 중심 부분을 파악한다. ('구성의 원리'를 우선적으로 파악하는 것이다.) 즉, 기본 구조(주어와 술어)를 먼저 이해하자는 것이다. 사도신경에서는 '내가' '믿사옵나이다' 하는 것이다. 이 핵심 정보를 통해 알게 되는 저자의 저술 의도는 무엇인가?

(2) 중심에서 시작해서 부분으로 분석해 나가는데, 한 문장 한 문장씩,

그리고 한 단어 한 단어씩 해나간다. 그러니까 사도신경에서는 첫 문장부터 '내가' ⇨ '믿사오며' ⇨ '하나님 아버지를' ⇨ '전능하사' ⇨ '천지를 만드신' 순으로 분석해 나간다.

(3) 이 같은 분석 과정에서 '수식'과 '선택'과 '강조'와 '순서'의 원리들이 어떻게 사용되었는가 살펴본다. 저자는 왜 그런 어구를 덧붙여 나갔을까? 하필이면 그 단어(어구)를 사용했을까? 결국 무엇을 어떻게 알리고자 하는 것일까?

(4) 전체적인 측면에서 '순서의 원리'를 다시 점검한다. 즉, 왜 이 같은 순서로 말하고 쓰여야 했는가를 묻는다. 흐름도에 대한 질문이다. 본문 배열을 그같이 한 저자의 목적(또는 이유)은 무엇인가?

이제는 이 같은 분석 과정을 사도신경의 분석에 실제로 사용하는 것만 남은 것 같다. 스스로 해보는 것이 필요하다. 구문분석표를 활용해서 본문의 어구를 하나씩 분석해 보자. 그리고 저자의 분석 내용과 비교해 보자. 실습 노력이 중요하다.

3) 제목부터 다루자

신경(Creed)은 '나는 믿는다'라는 라틴어 '크레도'(*credo*)에서 나왔다. 사도신경은 이 '크레도'로 시작한다. 믿음의 선언이자 고백이다. 이런 점에서 사도신경은 '나는 믿는다'는 말을 중심으로 하는 핵심 신조들의 모음이다.

그런데 '사도'(또는 사도적)라는 말을 '신경' 앞에 덧붙임으로써 신경의 특성을 말해 주려 했다. 어떤 사람들은 사도적 기원을 가리킨다고 생각했다. 사도들이 한 사람 한 사람씩 어구를 만들어 이은 신경이라 본 것이다. 어거스틴이 대표적인 인물인데, 그는 처음 베드로로부터 시작해서 마지막으로 맛디아에 이르기까지 12사도의 공동 연속 작품으로 추정했다. 그러나 이에 대한 확실한 증거는 없다. 사도신경이 가장 오래된 신경이라는 데는 의심할 여지가 없지만 사도적 기원을 지지하는 증거는 별로 없다는 것이 정설이다. 그보다는 사도들이 보여준 신앙과 가르침에 부합하는, 초대 교회로부터의 오래된 전승적 신경이라 보는 것이 바람직할 것이다. 가장 오래되었고 사도들의 가르침과 일치하기 때문에 사도적 권위가 인정된다. 그래서 '사도신경'의 권위가 보존된다. 사도신경은 초대교회에서부터 지금까지 최상의 '크레도' 선언이다.

4) 사도신경의 기본 구조

신경의 골격은 '내가 믿는다(믿사옵나이다)'이다. 한역에는 '믿는다'(a2)는 말을 네 번 반복하는데 본래의 헬라역과 라틴역에는 첫 부분과 성령 앞에 두 번 반복한다. (앞부분에 한 번만 쓴 예도 발견된다.) 본래의 역본이 세 가지 부분, 즉 성부, 성자, 그리고 성령과 관련 진리들로 신경의 내용을 전체적으로 삼분할하는 데 강조를 둔 반면, 한역은 성령 부분에 따로 '믿사오며'라는 말을 첨가함으로써 삼분할 구도의 균형보다는 삼위일체의 형평성에 더 중점을 두고자 한 의도가 드러난다. 설혹 한역의 역자가 그 같은 점을 염두에 두고 번역한 것은 아닐지라도 오늘날 신경을 고백하는 한국인 신자들은 원본보다는 더 삼위일체적인 부분에 강조점을 느끼고 신경의 삼각구도 자체는 원본이나 다른 역본을 접하는 신자들보다는 덜 실감하게 될 것이다. 다만 한 가지 아쉬운 점은 성령 뒷부분의 고백들을 번역상에서 성령과 분리시킴으로 원래 성령의 사역들로 성령과 연결해서 말하려 했던 원본의 의도가 약화되었다는 것이다.

주어와 술어 부분인 '내가 믿는다'(a1)는 말이 이같이 중심적으로 부각되면서 사도신경의 기본 내용이 무엇인지 분명하게 드러나게 된다. 즉, '내가 무엇을 믿는가?'에 대한 선언 또는 고백의 내용인 것이다. 특히 '믿는다'(믿사옵나이다)라는 현재형 동사를 사용해서 이 고백이 과거의 역사적 사실에서 비롯된 것일 뿐 아니라 현재와 미래의 시간을 잇는 영원한 고백임을 강조한다. '내가' 믿는 한, 사도신경을 고백하는 영원한 교회 그룹의 일원이 되는 것이다.

다음으로, 신경을 믿는 주체가 '우리'나 '그들'이 아니라 '나'(a1)라는 점을 부각시켜야 한다. 특히 '우리'의 고백으로 사도신경을 만들지 않은 이유는 무엇일까 생각해 보아야 한다. 사도신경이 신자들 모두의 공통적인 고백이라는 사실은 부인할 수 없다. 그렇기 때문에 '우리는 이것들을 믿는다!' 하고 쓸 수 있었다. 그런데도 '크레도'(내가 믿는다)라고 고백한 이유는 무엇일까? 그건 개인의 신앙 고백을 중시하는 요청이 있기 때문일 것이다. 교회가 오랫동안 세례문답 시에 이 신경을 강조해 온 이유와 부합할 것이다. 개인적인 고백이 공동체적인 고백에 우선한다. 개인적인 신앙 고백 없이 교회적인 신앙 고백을 이룰 수 없다는 것이다. 그러므로 사도신경은 믿는 '나'의 고백이다. 사도들 또는 초대교회의 신경이 이제 '나의 신경'이 되는 것이다. 한마디로 사도신경은 '내가 믿는 진리들' 중 가장 중요한 것들을 추려 모은 것이다.

5) 하나님에 대한 신앙

첫 번째 신경 내용은 성부 하나님에 대한 것이다. 이 부분이 첫 번째 등장하는 이유는 신앙의 출발이 하나님께로부터 시작한다는 오래된 믿음 때문일 것이다. 또한 성부 하나님이 삼위 중 첫 위(位)이시기 때문이기도 하고 성부 없이 성자와 성령은 생각할 수 없기 때문일 것이다. 순서의 원리를 기억하자.

'나는 하나님을 믿습니다'(a3)는 고백으로 시작한다. 그것이 신자('나')의 첫번째 신앙 선언이다. 다른 그 어떤 존재도 신앙의 대상으로 인정하지 않지만, 오직 하나님(a3)을 믿는다. 하나님 신앙, 이것이 신자의 첫 번째 신앙이다. 그리고는 하나님을 아버지로 고백하는 신앙(a4)으로 이어진다. 이 고백은 일종의 선언이다. 먼저는 '그 외아들'(b3) 예수 그리스도와 대조해서 아버지, 성부 하나님으로 인정하는 선언이다(왜 본문에 '아버지'와 '외아들'이 함께 나왔을까?). 그리고 한편으로는 하나님의 특별한 부성적 사랑과 이를 신앙하는 나의 존재가 자녀로서 그분께 (또 세상 앞에) 특별함을 나타낸다. 바로 '나'는 하나님이 아버지이심을 믿는 것이다.

그런데 '나'는 어떤 '하나님 아버지'를 신앙하는가? 두 가지 어구를 덧붙임으로써 '하나님 아버지'가 어떤 분이신지 묘사했다. 여기에 언어 사용에서의 '수식의 원리'와 '선택의 원리'가 적용된다. (사실 '아버지'라는 말이 선택되어 '하나님'이라는 말에 덧붙여지면서 이미 '선택의 원리'와 '수식의 원리'가 적용됐다.)

우선 '수식의 원리'와 관련해서 하나님이 아버지이신 것만으로 충분하지 않아 신자는 그분이 '전능하신 분'(a5)이시며 '천지를 만드신 분'(a6)이심을 덧붙여 선언한다. '전능하사(하신)'와 '천지를 만드신' 이 두 가지 어구가 서로 어떤 관계인지 밝히는 것도 필요하다. 이 두 가지가 서로 병렬적인 관계여서 모두 '하나님 아버지'(a3-4)를 동일한 비중으로 수식하는 것인지, 아니면 '전능하사(하신)'를 '뒤의 '천지를 만드신'이 보충해 주고 있는 것인지를 판별해야 한다. 전자의 경우라면, 두 가지를 따로따로 해석해서 '하나님 아버지'에 덧붙여야 하고, 후자의 경우라면, 두 가지를 따로 해석한 후 다시 서로 연결해서 뜻을 이해하고 나서 '하나님 아버지'에 덧붙여야 하는 것이다. 여기서는 전, 후자 모두 의미상으로 가능하다. 필자는 후자를 선호한다.

하나님은 약한 하나님이 아니다. '전능'(모든 것에 능함)하신 하나님(a5)이시다. 바로 그 같은 하나님을 아버지(a3-4)라 고백하는 것이다. 그 누구보다도 그 무엇보다도 능력이 있으신 하나님, 그분이 아버지가 되신다. '전능'에 대한 한 가지 예를 들어보자. 그것은 천지를 만드신 사건(a6)이다. 하늘과 땅, 모든 것을 창조하신 분, 그분이 '내가' 믿는 하나님 아버지가 되신다. 모든 신은 거짓되나 천지를 지으신 전능하신 하나님만이 살아 계신다. 그것도 내게 '하나님 아버지'(a3-4)로 계신다. 이것이 바로 '내가' 믿는 첫 번째 믿음이다.

여기서 '선택의 원리'와 관련해서 생각할 때, 신자는 하나님에 대해 더 많은 것을 덧붙일 수 있었지만 위의 것만을 추려 명백히 선언해야 한다고 봤다. '하나님'(a3)과 '아버지'(a4)와 '전능하사'(a5)와 '천지를 만드신'(a6)이라는 어구의 결합 속에 하나님에 대한 신앙 선언의 응집이 농축적으로 이루어졌기 때문이다. 그 외의 다른 부분을 사도신경은 필요로 하지 않았다. 그래서 이 부분만이 선택되어 신경이 만들어진 목적을 이루고 있는 것이다. (이 몇 가지 어구만 선택되어 사용된 것으로 보아, 신경이 만들어질 때는 하나님에 대한 이단들에 대한 문제가 많지 않았던 것으로 보이며 구약의 창조주 하나님에 대한 신앙의 연속성 부분은 어떤 이유에서든 필요했던 것이라 생각할 수 있다.)

이 부분까지 분석했을 때, 필자의 분석 내용과 대략 일치가 되는 분은 어구 분석에 어느 정도 자신감을 가져도 좋다. 분석의 내용이 많고 적음은 문제가 아니다. 그 분석하는 과정과 방향이 어떤가를 보는 것이 필요하다. 혹 부족하다고 보신 분들은 필자의 분석을 읽고 다시 한 번 앞의 분석을 해보시기 바란다. 그리고 다음 부분으로 넘어가자.

6) 예수에 대한 신앙

두 번째의 신앙 고백은 예수님에 대한 것이다. '순서의 원리'에 따르면, 이 두 번째의 고백은 '하나님 아버지'에 대한 고백 다음으로 중요한 것이다. 두 분의 존재의 우열을 말하는 것이 아니라, 아버지와 아들, 이 두 분의 역할이 다르다는 것을 뜻하는 것이다.

그런데 이 두 번째 신앙이 사도신경에서 제일 많은 분량을 차지하고 있는 점('강조의 원리')에서 볼 때, 당시 이 부분과 관련하여 이단적인 주장들이 많아 가장 논란이 많았거나, 예수의 성육신과 사역에 대한 고백이 신자의 가장 중심되는 고백으로 보고 예수님에 대한 보다 확실한 역사적인 사건들을 기술하여 각 사건마다에 의미를 부여해야 했거나 했을 것이라는 점을 짐작할 수 있다. 그것이 이 부분의 기술 동기일 것이다. 달리 말해서, 예수님에 대해선 상세히 기술하는 것이 필요했다는 뜻이다. 예수 그리스도에 대한 역사적인 실사건들의 인정 없이 기독교가 존재할 수 없으므로 예수에 대한 고백이 이같이 길어진 것임을 어렵잖게 알 수 있다.

우선 '나'는 예수를 그리스도로 신앙한다(b1). 역사에 실재로 '나타나신 예수'(b2)를 구약 선지자들이 예언했던 '나타내신 그리스도'(b3)로 믿는다.

그리고 이 예수 그리스도는 하나님의 외아들(b4)이시다. 하나님의 유일하신 아들로서 그리스도를 이해하는 것이다. 사람이 하나님을 아버지로 고백하는 것과는 다른 차원의 뜻이다. 예수는 하나님의 친자이신 것이다. 결국 그는 하나님이시다는 '나'의 고백이다.

나는 '그(의) 외아들 예수 그리스도'를 '주'(b6)로 모신다. 나의 주인이며 나의 하나님이시라는 뜻이다. 여기서 '우리 주'라고 '우리' (b5)라는 말로 덧붙여 수식한 이유는 공동체적인 고백을 강조하기 위해서이다('수식의 원리'). 그분은 나의 주만이 아니시다. 그를 고백하는 우리 모두의 주님이시다. '나의 주'에서 '우리 주'(b5-6)로 고백함으로써 교회와 공동체로 신앙의 범위를 넓혀 준다. 예수는 그리스도신데 실제 하나님의 외아들이시다. 그러므로 우리는 그분을 주님으로 고백한다. 그렇다. '나'는 바로 이분 '그 외아들 우리 주 예수 그리스도'(b2-6)를 믿는다.

이처럼 해석의 순서는 '순서의 원리'에 따라 '예수'(b2)에서 '그리스도'(b3)로, 그리고 다시 '외아들'(b4)과 '우리 주'(b5-6)로 이어진다. 단어를 잇는 이음 그 자체에서 끝나지 않고 서로 연결시켜 이해(해석)하는 작업이 분석 이해의 중점이다.

그런데 '나'라는 신자는 예수에 대한 이 정도의 선언만으로는 부족함을 느낀다. 제대로 또는 충분히 설명이 되지 않았다고 여길 수 있을 뿐 아니라 아직도 상술하지 않은 부분에서 잘못된 신앙들과는 확실한 구별이 필요하다고 생각된다. 그래서 더 필요하다고 판단되는 것(b7-28)을 선택해서 순서대로 수식해 놓는다('강조', '선택', '순서', '수식'의 원리). 선택한 사항들의 면면을 보면 왜 이같이 했는지, 해야 하는지에 대한 동기가 나온다.

'나'라는 신자는 예수 출생의 초월성과 그 생애의 역사성을 강조하고, 그의 죽으심과 부활과 현존과 심판을 믿음으로 선언한다. 그것도 역사적 실재에 대한 확실한 믿음 고백이다. '나'는 이 같은 역사적으로 실재한(할) 사건들을 믿음으로 '나'의 신앙이 없는, 믿지 않는 이들과 구별된다. 그래서 '마리아'(b11)와 '본디오 빌라도'(b13)라는 실재했던 인물들을 등장시켜서 자신의 신앙 고백이 역사적인 영역에 속하는 것임을 분명히 한다. 마리아에게 나심과 빌라도에게 고난을 받아 십자가에 죽으셨던 것(b12-15)이 역사적으로 일어났던 것이라면 그 외의 다른 것, 즉 성령수태(b8-9), 부활(b16-19)과 승천(b20-21), 또 우편에 앉으심(b22-24)과 재림(b25-28)이 역사적으로 일어났거나 장차 일어날 역사적 사건들인 것이다. 이것이 '나'의 레토릭이다. '나'는 최선의 수사적 노력을 기울여 역사적 예수 신앙을 선언하고자 했던 것이다.

이제 좀더 세분해서 살펴보자. 신자는 '이는'(b7)이라는 관계사로 연결하여 '그 외아들 우리 주 예수 그리스도'에 대한 설명을 덧붙인다('수식의 원리'). 첫째는 성령수태에 대한 선언이다. '성령으로 잉태하사'(b8-9), 이 고백을 통해 예수 그리스도의 초월성과 그의 탄생의 초자연성을 드러내고자 했다. 왜 예수께서 그리스도이신가, 또 어떻게 '우리 주'가 되실 수 있는가 하는 첫 번째 이유가 되기도 한다. (엄밀하게는 예수에 대한 앞의 고백, 즉 '그 아들'이라는 어구가 첫 번째가 되겠지만 '이는' 이후의 것들 중에서 말하면 그렇다는 것이다.) 예수는 인류 역사상 유일하게 성령으로 잉태되신 분이시다. 그는 하나님의 아들이시기 때문에 출생부터 보통 인간과는 달랐던 것이다.

두 번째는 동정녀에게 나신 사건(b10-11)이다. 첫 번째와 두 번째는 서로 연결되어 있다('순서의 원리'). 성령으로 잉태함과 동정녀에게서 나신 것은 서로 직접 연관되어 있기 때문이다. 두 가지가 서로 인과관계에 있는 것이다. 원인이 없이는 결과가 없다. 그리고 여기에 동정녀가 '마리아'(b11)였다는 것을 밝힘으로써 역사적 사건됨을 한층 강조했다.

세 번째는 본디오 빌라도에게 고난을 받으신 사건(b12-13)이다. 이는 역사적으로 잘 알려진 일이다. 이 역시 역사성을 부각시키는 부분이기도 하다. 구약의 예언에서처럼 메시야는 고난을 받으셔야 했다. 그러나 '나'는 여기서 고난의 의미를 강조하지는 않는다. 다만, 그 역사성과 실재성을 고백하고자 했다. (실제 메시지에 들어가서는 고난의 의미를 강조할 수 있다.

현재의 회중에게는 고난의 역사적 사실성을 강조하는 것만으로는 충분하지 않기 때문일 경우이다.) 고난 받은 그리스도를 고백하는 것이 쉬운 것은 아니다. 그러나 고난의 역사성이 없이는 그 후에 이어지는 위대한 사건이 있을 수 없다.

네 번째는 십자가에 못박혀 죽으신 일(b14-15)이다. 십자가에 못박혔다는 것(b15)과 그로 인해 죽으셨다는 사실(b14)을 말씀하고 있다. 십자가에 죽으심의 의미를 상기하는 것만큼 중요한 일은 없겠지만 일단 여기서는 신앙고백으로서의 역사적, 사실적 선언에 그친다. 이것은 신경이기 때문이다. 신경은 신경으로서의 역할이 있다. 예수는 죽으셨다. 그것도 사형수의 틀, 십자가에서 죽으셨다. 그는 죽으심으로써 메시야의 역할을 하셨다. '나'는 고난 받으시고 십자가에 죽으신 그분을 '우리 주'로 고백한다.

다섯 번째는 부활에 대한 것(b16-19)이다. 예수는 장사한 지 사흘 만에 죽은 자 가운데서 다시 살아나셨다. 초기의 여러 원본은 이 부분을 세 가지로 나눈다. 장사된 것(b17)과 지옥에 내려가신 것과 사흘 만에 죽은 자 가운데서 다시 살아나신 것(b16, 18-19)이다. 그런데 한역본에는 이 부분을 하나로 축약했다. 장사된 것과 부활을 서로 직접적으로 연결시켜서 전자(장사된 것)는 보조의 위치에, 후자(다시 살아나신 것)는 중심에 놓았다('순서의 원리'). 이것은 앞에 나온 죽으심과 이곳의 부활을 강하게 비교시키며 전면으로 부각시키기 위함이다. 단순히 열거한 원문의 내용에 만족하지 않고 죽으심과 부활하심이라는 두 사건을 크게 부각하려는 번역자의 의도와 고민이 엿보이는 대목이다.

특히 '지옥 하강설'이라는 논란이 일 수 있는 부분을 의도적으로 삭제함으로써 불필요한 논쟁으로 신경의 중심 부분이 손상되지 않도록 하는 의도적인 배려를 했다(한역만 아니라 여러 개신교 번역에서 이 부분에 '지옥으로 내려가셨다'는 것이 없는 경우가 있다. 그것은 무엇보다 성경적 지지를 받기 힘든 데다가 로마 교회의 교리를 뒷받침하는 것처럼 보였기 때문이다). 그래서 나타난 것이 이 문장이다: '장사한 지 사흘 만에 죽은 자 가운데서 다시 살아나시며.' (실제로 사도신경을 외우는 신자들은 이 부분에 '지옥하강설'이 있는지조차 모르고 대부분 지나친다. 간혹 설교를 통해서나 그 사실을 알게 될 뿐이다. 신자들이 설교나 강의를 통해 설명을 듣고서는 최소한 어느 정도 '지옥하강설'에 대해 이해를 할 수 있기 때문에 별다른 의문이 없이 지나간다. 이렇게 볼 때 이 부분을 부가적인 설명 없이 넣어 번역했을 때 야기할 수 있는 문제를 미리 제거하는 것이 좋겠다고 판단한 역자의 생각이 성공한 경우라 할 수 있다.)

여기서 '사흘'(b18)이라는 단어는 부활의 역사성을 더 신뢰하게 만드는 촉진제 역할을 한다. '죽은 자 가운데서'(b19)라는 말을 덧붙임으로써('선택'과 '수식'의 원리) 우선 그가 예전에 한 번 분명히 죽으셨다는 것, 그리고 예수의 다시 살아나심을 한층 더 강조하면서 그분이 더 이상 '죽은 자 가운데서' 머물러 계시지 않으신다는 진리를 말 속에 담는다. 이제 영원히 '산 자'로서 '죽은 자'와 확연히 구별되신 것이다.

여섯 번째는 승천에 대한 말씀이다. '하늘에 오르사'(b20-21), 아주 간단한 표현에 예수 승천의 역사적인 사건이 담겨 있다. 신경이기 때문에, 왜 오르셨는가, 어떻게 오르셨는가를 자세히 말할 필요가 없었다. 역사적 사실만 말해주면 됐다. '그가 하늘에 오르셨다.' 하늘(b21)을 말함으로 땅의 영역 이외의 특별한 곳이 있음을 전제해 주는데, 여기서는 예수께서 결국 하늘에 오르심으로 더 이상 땅에 계시지 않고 하나님이 계신 그곳에 계시다는 것을 말해주고자 했다. 물론 이 말씀은 다른 부분들과 함께 예수가 그리스도이심을 증거해주는 부분이 된다.

일곱 번째는 전능하신 하나님 우편에 앉아 계심(b22-24)을 선언한다. '내'가 선호하는 하나님의 명칭은 '전능하신 하나님'(b23)이다. '전능하신 하나님 아버지'라고 하는 역본도 눈에 띄는데 앞의 하나님에 대한 신조(a3-5)와 연계되어 있는 점은 틀림없는 사실이다. 바로 그 하나님 우편에 앉아 계신다. 우리말로 번역할 때 특별히 고려한 부분이 눈에 띄는데 '앉아 계시다가'(b22)라고 번역한 부분이다. 우리말로 현재의 계속을 강조하기 위해 현재동사 '앉다'에다 진행보조어인 '계시다'를 덧붙였다. 하나님의 우편(b24)이 하나님과 동등한 능력과 권위와 영광을 말해준다면 예수 그리스도는 지금 성부 곁에서 성부의 권한을 행사하고 있으신 것이다.

여덟 번째는 재림에 대한 말씀(b25-28)이다. '저리로서'(b28)는 '하나님 우편의 자리에서'(b23-24)라는 뜻이고, '산 자와 죽은 자'(b27)는 이제까지 지구상에 있었던 모든 인류를 말할 것이다. 모든 자를 심판하러 오실 것이다는 말씀은 예수께서 심판자라는 사실(b26)과 그가 다시 오실 것(b25), 그리고 그가 오셔서 하실 가장 중요한 일이 심판이라는 것(b25-27) 등 세 가지 진리를 말해준다.

심판자가 되심은 그분이 성부의 권한을 위임받았다는 것을 뜻한다. 그리고 그가 다시 오실 것과 그가 오셔서 심판할 것임을 동시에 언급해서 이제까지의 예수님에 대한 역사적 사건들이 이루어진 것처럼, 장차 역사적 사실로 반드시 이루어질 것을 믿음으로 선언한 것이다. 즉, 오르신 그곳에서 그는 다시 내려 오신다. 그것이 '나'의 신앙이다.

이처럼 예수님에 대해 부가하는 설명 여덟 가지에는 예수와 관련한 초월성과 일반(역사)성이 서로 섞여 있다. 마치 날실과 씨실로 짜 벽에다 걸어 놓은 '태피스트리'(tapestry)처럼 예수의 신성과 인성이 어우러져 짜여 있다. 그 어느 것이 단독으로만 나타난 것이 아니기 때문에 보이는 것에서 두 가지를 엄밀히 분리한다는 것은 의미가 없다. 이 모든 것이 종합하여 예수(b2)께서 '그리스도'(b3)이심을, 그리고 그가 하나님의 '외아들'(b4)이심을, 결국 그래서 '우리 주'(b5-6)가 되심을 증거한다. 그와 함께 예수님의 생애와 사역의 모든 것을 역사적 실재로서 신앙하는 선언 내용이다.

7) 성령과 그의 사역에 대한 신앙

세 번째 신경 내용은 '성령을 믿사오며'(c1-2) 하고 시작한다. 앞에서 말한 것처럼 원본에는 '믿사오며'가 생략되어 있다. 나 자신이 역자는 아니지만 굳이 한역에서 이곳에 '믿사오며'를 삽입했음직한 가능한 이유 두 가지를 상상해 볼 수 있다.

첫째는 삼위일체적인 강조를 하기 위함일 것이다. '하나님을 믿사오며 예수를 믿사오며 성령을 믿사오며' 해야 삼위일체의 균형이 맞을 것이라 생각하기 때문이다. 그렇게 한다고 원문이 훼손되는 것이 아니다. 오히려 역자가 생각하는 신학적인 목적에 부합한다. 실제로 우리 한역본 사용자들은 '성령을 믿사오며' 하며 고백할 때 자연스럽게 삼위일체적인 강조를 느낀다.

두 번째 가능한 이유는 번역의 기술적인 부분이다. 앞에서 '내가 믿사오며(a1-2)…믿사오니(b1)' 했기 때문에 짝을 맞추기 위해서 '믿사오며(c1)…믿사옵나이다(c3)'로 번역했을 가능성이 있다. 또 이 부분에서 '믿사오며'(c1)를 뺀다면 대신 '또한' 등과 같은 말을 앞에 덧붙여야 할 것이다. 예컨대, '…오시리라. 또한 성령과 거룩한 공회와 …믿사옵나이다.' 이런 것을 본다면 번역에도 일반 언어 사용에서처럼 '선택의 원리'와 '순서의 원리'가 사용된다. 어찌되었든 오늘날의 한인 고백자들은 번역자 덕분에 이 부분에 삼위일체적인 강조와 함께 자연스러운 대칭 구조를 가진 사도신경 한글본을 갖게 되었다. 다만, 앞에 말한 바처럼, 성령 이후의 부분이 성령의 사역이라는 점을 간과하기 쉬운 번역이라는 점은 아쉬운 부분이다.

'성령을 믿는다'(c1-2)는 것은 대단히 간단한 선언이지만 그 말 속에 깊은 의미가 포함되어 있다는 것을 이해할 것이다. 성령이 독자적으로 존재하며 삼위 하나님의 한 위로서 계신다는 선언적 고백이다. 이 말은 성령을 거절하고 등한히 하는 모든 언행에 대한 반대하는 선언에 그치지 않고 보다 적극적으로 '나'는 성령을 따르는 신앙인임을 주창하는 것이다. 한편으로는 아직 사도신경이 성령에 대한 이설들이 많지 않았을 기독교 초기의 작품일 것임을 말해주는 특징(기술이 간단히 되었다는 점에서)이라는 점을 역시 부인하기 어렵다.

'거룩한 공회(c4)'는 '거룩한 영' 성령(c2)에 뒤이어 나옴으로써 성령고백의 의도적인 연결 부분으로 보아도 틀림이 없다. 이 점에서 '나'는 의도적으로 성령을 믿는 신앙(c1-2)과 뒤잇는 고백들(c3-9)을 연결시키고 있는 것이다('순서의 원리'). 그런데 실제로 교리적으로 계속되는 고백 내용들,

즉 교회(c4), 성도의 교통(c5-6), 죄사함(c7), 그리고 육체를 살리며(c8) 믿는 자를 영원히 살리는(c9) 구원 사역은 모두 성령의 역할이다. '나'는 뒷부분에서 먼저 성령의 공동체, 교회 사역을 2번 언급한 후(c4-6), 성령이 이루는 개인 구원을 3회 언급했다(c7-9).

'거룩한 공회'(c4)는 '하나된 교회'라는 뜻과 그 교회의 거룩성을 함께 강조하는 말씀이다. 많은 교파와 교회가 있는 지금까지도 '나'는 '하나된 거룩한 교회'를 고백하고 있다. 이 고백으로 흩어져 있는 모든 교회가 한 주인을 모시고 있음을, 또한 모두가 한 성령의 교회임을 증거하는 것이다.

교회가 있고 나서야 '성도가 서로 교통하는 것'(c5-6)이 있다. '순서의 원리'를 적용해 보라. 그것은 성령이 있고서야 교회가 있는 것과 같은 이치다. 거룩한 교회의 특징은 성도의 교통이다. 성도 서로 간의 교통, 이를 통해 사랑과 은혜가 흐른다. 이로 해서 특별한 교회 공동체(c4)가 이 땅에 자리잡는 것이다. 세상에서 볼 수 없는 사랑과 섬김의 모임이 이렇게 해서 생겨날 때 그것은 성령(c2)이 역사하고 계시다는 산 증거가 된다.

사실 이 부분은 신앙 선언에 담을 필요가 있을까 하고 반문할 수 있는 주제이다. 내용이 교리적 사실이라 단정하여 말하기 어려운 것처럼 보이기 때문이다. 그럼에도 '나'의 신앙에 담은 이유는 무얼까? 그것은 '성도가 서로 교통하는 것'이 '나'와 '우리'의 해야 할 의무라는 점을 강조하는 것이기보다는(그것도 있겠지만), 이 성도의 교통(c6)을 성령(c2)의 사역으로 거룩한 공회(c4), 즉 교회에는 이미 실재하는 것이며 또 반드시 실재할 수밖에 없는 것임을 선언하기 위한 것으로 보인다.

'나'는 '성도가 서로 교통하는 것'을 신앙한다. (여기서 한글역에서 '서로'(c5)라는 말을 덧붙임으로 교통에 대한 서로의 책임을 강조했음을 말해두고 싶다. '수식의 원리'에 해당한다.)

죄사함(c7)과 몸의 부활(c8)과 영원한 생명(c9)은 구원 사역과 관련된 성령의 일이다. '죄를 사하여 주시는 것'(c7)은 이제까지의 교리적인 신앙 선언의 열매이다. 삼위 하나님(a1-c2)을 믿으므로 죄사함을 받기 때문이다. 앞 부분에 대한 신앙은 이 뒷 부분에 대한 확신을 가져온다. (한글본에서 사역 보조동사 '주신다'를 덧붙인 것은 죄사함이 위로부터 오는 것임을 좀 더 강조하기 위한 번역자의 노력이다. 그 같은 노력이 꼭 필요한 것인지, 또 그 목적을 이루는 일에 성공했는지, 또는 그 노력이 일관적인 것인지는 여기서 따지지 않겠다.) 죄사함을 믿는 것은 '나'의 중요한 신앙이다. 믿는 자를 사하시는 하나님의 은혜 아래 구원의 소망을 갖기 때문이다.

그리고 마지막에 나오는 몸의 부활(c8)과 영원한 생명(c9)은 구원의 마지막 과정에 일어날 사건이다. 몸의 부활이 '나'의 몸이 후에 똑같은 상태로 복원된다는 것을 믿는 신앙은 아닐지라도, 영적 부활만이 아닌 전인적인 부활을 믿는 '나'의 신앙인 것이다.

영원한 생명에 대한 신앙으로 '나'는 신앙 선언을 마친다. '내가' '영원히 사는 것'(c9)을 '믿사옵나이다'(c3) 할 때 신자는 제한된 현재를 벗어난, 영원한 생명을 소유한 자로서 고백하는 것이다. 그리고 영생을 알고 소유한 자로서 새롭게 살겠다는 다짐을 다시 하는 것이다. 그 다짐이 마지막 신앙 선언에 담겨 있다고 말할 수 있다. 결국 마지막의 '아멘'(c10)이 그것을 보증해 주고 있다. '아멘' 하면서 이제까지의 여덟 가지 신앙 선언을 하나씩 하나씩 인증해 나간다.

앞서 말한 바처럼, 죄사함(c7)과 몸의 부활(c8)과 영생(c9)은 서로 맞물려 연결되어 있다. 이 세 가지는 개인 구원의 내용이다. 개인이 믿음을 고백할 때 위로부터 받을 구원의 결실이다. 먼저 하나님으로 시작한 사도신경의 신앙 선언이 자연스럽게 개인 구원으로 연결된 것이다. 그래서 삼위 하나님에 대한 선언적, 고백적 성격의 사도신경이 뒷 부분으로 가면서 점차 개인 구원적인 측면으로 전환해 간다. 머리가 있으므로 꼬리가 있듯이, 하나님이 계시므로 '나'의 구원이 있다. 그러므로 믿는 '나'의 구원이 있음을 믿으며 선언하는 것은 곧 하나님이 구원하시는 분이심을 증거하는 것이다. 이런 점에서 사도신경은 기독교가 구원 종교임을 선언하는 신경이다.

전체적으로 예수 그리스도에 대한 부분을 대폭 할애함으로써 이 부분에 비중을 두었다. 그래서 단어 사용수에서 성부 - 성자 - 성령이 각각 7 - 43(7+36) - 20(한글역 기준)으로 비중을 두었는데, 이를 볼 때 기독론의 비중이 상대적으로 크고 그 다음은 성령, 성부 하나님 순이다. 그러나 성부와 성령, 이 두 가지는 분량의 차이로 비중을 결정할 수는 없다. '순서의 원리'에 따라 성부에 대한 선언이 먼저 등장하기 때문이다. 분량으로는 예수 그리스도에 대한 선언이, 순서로는 성부 하나님에 대한 선언이 각각 강조된 것으로 볼 수 있다. 따라서 사도신경을 해석할 때, 본문의 이 같은 강조점을 염두에 두고 작업해 나가야 한다.

3. 메시지 개요

만약 이렇게 분석한 것을 가지고 내용을 정리해서 메시지를 만든다면 어떻게 될까? 메시지 작업을 어렵게 생각할 필요가 없다. 메시지 골격을 세우려면 앞의 분석에서의 뼈대 그대로를 반영해서 하면 자연스럽게 된다.

분석 내용과 개요 작업은 실상 긴밀히 연관되어 있다. 어떻게 그런지 살펴보자. 개요는 말 그대로 뼈대, 즉 내용의 골격이 드러나는 것이 지극히 자연스럽다.

사도신경을 고백할 때 '나'의 신앙이 선언되는 것이다. '나'는 먼저 하나님이 누구신지에 대해, 그리고 예수 그리스도가 어떤 분이신지, 마지막으로 성령과 성령이 하시는 일에 대한 분명한 신조들을 선언한다. 이를 통해 내가 구원 받은 그리스도인임을 세상 앞에 선포하는 것이다. 그것은 내가 누구를 따르는 자인지, 그리고 어떤 가치관을 가지고 세상을 살아나가는지 밝혀준다. '크레도' 하면서 신자답게 믿고 살겠다고 결단하는 것이다. '크레도' 하면서 삼위 하나님께 헌약을 다짐하는 것이다. 그러므로 설교는 이 같은 수사적인 목적이 현대를 사는 회중들에게 이루어지도록 그 형식과 내용을 담아야 한다. 이와 함께 신경의 언어적인 강조점이 가급적 그대로 부각되어야 한다는 점에서 세부적인 개요를 잡아보자. (위의 분석표와 분석 내용에 나온 부호와 설교 개요의 부호는 서로 연결되어 있음을 참작하자. **고딕체**와 **견명조체**는 그 부분에서 강조하는 내용이다.)

[표 3. 메시지 개요]

I. '**나는**' 무엇을 **믿는가?**
- A. '크레도' - 누가 믿는 것인가? (a1-2)
- B. '나는' 어떤 믿음을 선언할 수 있는가? (사도적 신경)

II. '나'는 **하나님**을 믿는다.
- A. '나'의 첫 번째 신앙 선언 - '나'는 **하나님을 믿는다**. (a3)
- B. '나'는 하나님 **아버지를 믿는다**. (a4)
  - 1. '나'는 전능하신 하나님을 믿는다. (a5)
  - 2. '나'는 전능하사 천지를 만드신 하나님을 믿는다. (a6)
- C. **'나'는 '전능하사 천지를 만드신 하나님 아버지'를 믿는다**. (a1-6)

III. '나'는 **예수 그리스도를** 믿는다.
- A. 두 번째 신앙 선언의 중요성 (b1-27)
- B. '나'는 **예수 그리스도**를 믿는다. (b2-3)
- C. '나'는 **그 외아들** 예수 그리스도를 믿는다. (b4)
- D. '나'는 그 외아들 **우리 주 예수** 그리스도를 믿는다. (b5-6)
- E. '나'는 예수 그리스도에 대한 **여덟 가지 역사적, 미래적 사실들**을 믿는다.
  - 1. '나'는 예수의 **성령잉태**를 믿는다. (b8)
  - 2. '나'는 예수의 **동정녀 탄생**을 믿는다. (b9-10)
  - 3. '나'는 예수의 **고난**을 믿는다. (b11-12)
  - 4. '나'는 예수의 **십자가** 죽음을 믿는다. (b13-14)
  - 5. '나'는 예수의 **부활**을 믿는다. (b15-18)
  - 6. '나'는 예수의 **승천**을 믿는다. (b19-20)

7. '나'는 예수의 **하나님 우편에 앉으심**을 믿는다. (b21-23)
8. '나'는 예수의 **심판을 위한 재림**을 믿는다. (b24-27)

IV. '나'는 **성령과 성령의 사역**을 믿는다.
A. '나'는 **성령**을 믿는다. (c1-2)
B. '나'는 **성령의 사역**을 믿는다. (c3-9)
1. '나'는 성령의 **교회 사역**을 믿는다. (c4-6)
(1) '나'는 **거룩한 공회**를 믿는다. (c4)
(2) '나'는 **성도가 서로 교통하는 것**을 믿는다. (c5-6)
2. '나'는 성령의 **구원 사역**을 믿는다. (c7-9)
(1) '나'는 **죄를 사하여 주심**을 믿는다. (c7)
(2) '나'는 **몸의 부활**을 믿는다. (c8)
(3) '나'는 **영원히 사는 것**을 믿는다. (c9)

V. '크레도'의 **다짐** - '나는' 이 진리들을 믿는다. **아멘**.

사도신경 설교는 한 번만에 다할 수도 있고, 서너 번에 나눠 할 수도 있지만, 많게는 스무 차례를 넘게 세분해서 항목별로 설교할 수도 있을 것이다. 그러나 얼마나 횟수를 잡아 하든 기본적인 구조와 중심적인 내용의 골격은 가급적 유지되어야 할 것이다. 그와 함께 매 설교마다 사도신경의 수사적 목적을 제대로 달성하고 있는지 계속하여 물어야 한다.

4

구문 분석의 실제 (II)

앞 장의 어구 분석이 좀더 구문론적 형식(format)에 근거한 분석 방법이었다면, 이번에는 주어와 동사와 같은 개념을 굳이 사용하지 않으면서도, 어구를 한 부분씩 분석해 나갈 수 있는 변형된 방법을 익혔으면 한다. 문법적 용어와 개념에 익숙하지 않은 분들에게 주로 도움이 될 것이다.

이 분석법을 위해 주기도문을 선정했다. 그리 길지 않은 본문이라 분석해 나가기 적절하다고 판단된다. 주기도문을 한 단락(절)씩 분석해 나가자. 내용이 간단하고 간구체로 쓰였기 때문에 굳이 별다른 분석표를 만들어 분석해 나가지 않아도 될 것이나 본문을 좀더 분명히 보기 위해 아래의 배열표를 참고하자.

[표 1. 어절 배열]

그러므로 너희는 이렇게 기도하라.
하늘에 계신 우리 아버지여
이름이 거룩히 여김을 받으시오며
나라이 임하옵시며
뜻이 하늘에서 이룬 것같이
땅에서도 이루어지이다.
오늘날 우리에게 일용할 양식을 주옵시고
우리가 우리에게 죄 지은 자를 사하여 준 것같이
우리 죄를 사하여 주옵시고
우리를 시험에 들게 하지 마옵시고

다만 악에서 구하옵소서.
나라와 권세와 영광이 아버지께 영원히 있사옵나이다.
아멘.

바로 분석하는데 다만 순서를 정해서 하나씩 분석해 나가도록 한다. 즉, 한 단어, 한 어구 하나씩 초점을 두고 해석해 나간다. 그리고 그 단어와 어구를 서로 연계해서 해석하는 것이다. '그러므로 너희는 이렇게 기도하라'는 본문에 대해서는 '그러므로' ⇨ '너희는' ⇨ '이렇게 기도하라' ⇨ '그러므로 너희는 이렇게 기도하라'는 방식으로 분석해 나가는 것이다. 이 분석 순서는 바뀔 수 있다. 중요한 것은 하나의 어구도 빼놓지 않고 해석해 나간다는 점이다. 이 때 하나씩 분석하고 어절별로 종합하자.

주기도문을 구문에 따라 배열해 놓는다면 조금 더 명확하게 어구의 표현들이 좀더 명확하게 드러나게 될 것이다. 배열하는 방법은 두 가지가 있다. 하나는 구문 순서로 배열하는 방식이고 또 하나는 앞 장에서 사도신경에 적용한 것과 같이 구문 법칙(주어 + 동사 중심)에 의거하여 배열하는 것이다. 아래의 [표2 구문 배열]을 참조하라.

배열 A는 구문 순서에 따라 배열하는 방법이다. 이것의 장점은 한글의 어순에 따라 배열한 것이기 때문에 본문을 이해하거나 배열하기에 비교적 쉽다는 것이다. 한편으로 한글(또는 원어)의 배열 순서상에 있을 수 있는 의미(순서적 의미)가 드러날 수 있다. 반면에 배열 B는 구문 법칙에 따라 배열한 것인데 이 틀은 본문(어구)의 핵심적인 의미를 앞의 경우보다 좀더 빠르고 정확하게 해석해 나갈 수 있다는 장점이 있다.

이 같은 구문 배열 방식에 대해 조금만 연습하면 본문 해석에 실제적인 도움을 받을 수 있다. 본문의 메시지를 비교적 정확히 접할 수 있는 방법이기 때문이다.

[표 1. 구문 배열]

배열 A. 구문 순서에 따른 배열	배열 B. 구문 법칙에 따른 배열
그러므로 너희는 이렇게 기도하라	그러므로 너희는 기도하라 이렇게
하늘에 계신 우리 아버지여	아버지여 우리 하늘에 계신
이름이 거룩히 여김을 받으시오며	이름이 받으시오며 거룩히 여김을
나라이 임하옵시며	나라이 임하옵시며
뜻이 하늘에서 이룬 것같이 땅에서도 이루어지이다	뜻이 이루어지이다. 땅에서도 이룬 것같이 하늘에서
오늘날 우리에게 일용할 양식을 주옵시고	주옵시고 일용할 양식을 우리에게 오늘날
우리가 우리에게 죄 지은 자를 사하여 준 것같이 우리 죄를 사하여 주옵시고	사하여 주옵시고 우리 죄를 우리가 사하여 준 것같이 죄 지은 자를 우리에게
우리를 시험에 들게 하지 마옵시고	들게 하지 마옵시고 시험에 우리를
다만 악에서 구하옵소서	구하옵소서 악에서 다만
나라와 권세와 영광이 아버지께 영원히 있사옵나이다 아멘	나라와 권세와 영광이 있사옵나이다 아버지께 영원히 아멘

본문을 어떻게 분석해 들어가는가에 대한 전체적인 과정을 한눈에 볼 수 있도록 하기 위해 [표 3. 주기도문과 해석 질문]을 만들었다. 어떤 경로로 질문을 했는지, 그리고 어떤 순서로 분석을 해나갔는지 표 3을 보면서 유추하기를 바란다. 그 표의 해석 질문을 주의해서 보게 되면, 어구의 어떤 부분이 어떤 순서로 부각되는지 그 분석 과정을 이해할 수 있을 것이다.

1. 주기도문 분석

1) 그러므로 너희는 이렇게 기도하라.

그러므로

앞의 내용과 연결되어 있다. 특히 바로 앞부분 5-8절의 외식하는 기도와 중언부언하는 기도를 하지 말라 하신 말씀과 연관된다. '은밀한 중에 계시는 네 아버지'(6절)와 구하기 전에 있어야 할 것을 아시는 '하나님 너희 아버지'는 그 같은 거짓된 기도를 거절하시기 때문이다. '그러므로' 제대로 된 기도를 해야 한다. 주님은 여기서 어떤 기도가 바른 기도인지 '이렇게' 하라고 직접 가르쳐 주신다.

이렇게 기도하라.

'이렇게' 라고 하면서 직접 무엇을 가르쳐 주실 때 그것은 무척 중요한 것임에 틀림없다. 그것은 그만큼 많은 거짓 것들, '이렇게'와는 많이도 다른 것들이 있어 왔기 때문이다. 그래서 '이렇게' 하라고 직접 가르치시는 것이다. 따라서 '이렇게' 할 때 복이 있다.

기도하라

주기도문은 주님께서 기도에 대해서 직접 가르쳐 주신 것이다. '이렇게 기도하라' 하실 때는 어떤 방법과 요령을 가르쳐 주신 것임에 틀림없다. 그러나 먼저는 '기도'에 대해 가르쳐 주셨다는 것을 잊어서는 안된다. 다시 말해, '기도하라'는 것이다. 기도 방법을 아는 데 그치는 것이 아니라, '기도하라'는 데 주목적이 있는 것이다. 다만, 잘못된 기도는 안 하느니만 못하기 때문에 '이렇게' 하라고 가르치신 것이다. 아무튼, '기도하라'는 말씀은 분명하다.

너희는 이렇게 기도하라.

산상수훈은 제자들만 들은 말씀은 아니다. 예수의 말씀을 듣기 위해 모여든 무리들도 그 말씀을 들었다(7:28). 그러나 5장 1, 2절은 주님이 주대상을 제자들로 삼으신 것을 증거해 주고 있다. 그러므로 이 부분의 '너희는' 그의 말씀을 귀담아 듣는 제자들로 보는 것이 옳을 것이다. 듣는 자에게 말씀하신다. 내 말을 듣는 '너희는 이렇게 기도하라.'

주기도문은 하나님에 대한 호칭과, 6개의 간구문 그리고 송영으로 구성되어 있다. 간구문 중에서 앞의 세 개는 하나님에 대한 것이고 뒤의 세 개는 우리에 대한 것이다(실제로 '우리'가 뒷 부분의 기도에 중심어가 된다). 그렇기 때문에 주기도문의 구성은 우리의 관심을 먼저 하나님께로 돌릴 것을 요구하고 있다. 그런 후에야 우리의 것을 구하여 얻을 수 있을 것이다(참조, 마 6:33).

2) 하늘에 계신 우리 아버지여

'너희는 이렇게 기도하라' 하실 때 먼저 '하늘에 계신 우리 아버지여' 하고 하나님을 부르라 하셨다. 이 부름은 하나님께 다가가는 '패스워드'(password)이다. 이 패스워드는 하나님의 영역에 접근(access)할 수 있는 허락된 표이다.

아버지

하나님은 아버지시다는 의식이 전제된다. 즉, 예수는 그의 제자들이 하나님을 '아버지'로 생각하기를 원하셨다. 전능하신 하나님이 우리에게 '아버지'로 계신다는 사실을 이해하는 것만큼 놀라운 축복이 없다. 사실 하나님의 아버지 되심은 마태복음의 중심 사상이다. '너희(네) 아버지'와 '내 아버지'가 반복해서 나오는 하나님의 명칭이다. 후자는 예수님 자신만이 쓰시는 성부 · 성자 관계의 독특한 표현이다.

아버지**여**

하나님을 '아버지여' 하고 부를 수 있는 은혜는 엄청난 것이다. 이것은 기도의 특권을 말한다. 우리가 '아버지여' 하고 부를 때 '하늘에 계신 우리 아버지'께서, 자식의 재롱을 외면하지 않는 사랑 많은 아버지같이 하늘문을 여시고 우리에게 '그래' 하며 응답하시는 것이다. 주님은 우리가 늘 '아버지여' 하고 하나님께 나아가도록 부르신다. 기도에 대한 산상수훈의 또 다른 말씀인 '구하라, 찾으라, 두드리라'(7:7)는 주기도문과 함께 우리로 하나님을 찾게 하여 그 앞에 은총을 입도록 하게 하시려는 주님의 뜻이 잘 담겨 있다.

하늘에 계신

마태복음에서는 '하늘나라'(천국)와 함께 이 어구는 하나님이 계신 처소를 말해준다. '하늘'이란 유대인들에게는 전능하신 하나님의 주권과 통치가 실현되는 특별한 장소이다. 인간이 거하는 '땅'의 제한성 또는 한시성과 대조해서 하나님이 거하시는 '하늘'은 하나님의 무제한적인 능력과 권한을 나타내는 표현이다. 우리가 고백하는 '아버지'는 이 '하늘에 계신' 아버지시다.

하늘에 계신 **우리** 아버지여

하늘에 계신 아버지는 '우리' 아버지시다. 이 말씀은 '나'와 '너'를 포함한 모든 사람들의 아버지가 되신다는 뜻이며 한편으로 주를 믿는 그리스도인들이 함께 고백하는 '우리' 구원 받은 자들의 아버지라는 뜻이기도 하다. 전자로 이해할 때는 모두가 그 앞에 마땅히 무릎꿇고 '우리' 아버지로 고백해야 하는 복음적 당위성을 강조하고 있는 것이다. 이 고백해야 할 의무에서 벗어난 인류는 없는 것이다. 피부와 언어와 배경이 달라도 인류 모두는 오직 한 하나님, 한 아버지만을 가지고 있는 것이다. 그는 우리 모두의 '우리' 아버지시다.

후자의 의미에서 볼 때, 하나님은 '하늘에 계신', '우리' 그리스도인들의 '아버지'시다. 구속받은 '우리'는 감히, 그리고 놀랍게도 '하늘의 아버지'를 '우리 아버지'라고 알고 이제 이렇게 부를 수 있게 된 것이다. 그는 우리를 그의 택한 자녀라 하신다. 영광스럽게도 '우리'를 부르셔서 '아버지여' 하고 부르게 하시는 '우리 아버지'의 은혜는 놀랍다. 늘 찬양 받으시기에 합당하다.

3) 이름이 거룩히 여김을 받으시오며

하나님과 관련된 첫 번째 기도는 그의 이름에 대한 것이다. 이것으로 우리는 모든 인류가 그 앞에 무릎을 꿇고 경배하게 되기를 열망한다.

이름이

이름은 정체성의 표현이다. 누가 어떤 존재인지는 이름으로 알 수 있다. 그래서 이름은 존재를 대변한다. 하나님의 이름은 그분이 어떤 분이신지 말해준다. '하나님'이라는 이름 자체가 그의 전능성을 강조하는 이름이다. 또 구약에 많이 나오는 '여호와'(야웨)는 그분이 영원하신 분임을 가리킨다. '여호와'라는 이름의 거룩성 때문에 그분을 언급할 때 점차 '주'라는 칭호를 사용하게 되었는데 이 말은 만유의 주인, 지배자라는 의미를 가진다. 여기에 마태복음에서는 '아버지'로 부르고 있는 것이다. 그분의 이름을 부를 때 신자들은 그 이름 앞에 마땅한 수식을 덧붙임으로 하나님이 어떤 분이신지 고백하고자 했다.

거룩히 여김을 받으시오며

이름의 거룩하심, 이는 그분의 구별된 신성을 의미한다. 존귀와 영광과 권세를 거룩하신 이름에 담으시는 것이다. 거룩함 앞에서 우린 무릎을 꿇고 모세처럼 신을 벗는다. 따라서 이름이 거룩히 여김을 받으시는 것은 거룩하신 그 이름이 사람들과 민족들 앞에 하나님께서 존귀함과 경배를 받으시는 것을 의미한다(계 15:4).

이름이 거룩히 여김을 **받으시오며**

이 말은 두 가지 의미를 가진다. 하나는 하나님 자신만이 그 이름을 거룩히 하실 수 있는 분이라는 것이다. 하나님만이 그 자신의 이름을 거룩하게 하실 수 있다는, 우리 인간은 감히 그렇게 할 수도 없다는 겸비이다. 그런데 마지막 한 가지 우리의 책임과 관련할 때, 미력하나마 할 수만 있다면 우리도 그 이름을 망령되게 하지 않겠다는 선언이자 다짐이다. 이것이 기도로 나타났다. '이름이 거룩히 여김을 받으시오며!'

4) 나라이 임하옵시며

두 번째 기도는 하나님의 나라에 대한 것이다. 이 땅에서의 하나님의 통치를 열망한다.

나라이

하나님의 나라는 하나님의 통치와 주권과 지배가 있는 영역이다. 이 나라가 하나는 현재적, 또 하나는 종말적이라는 것은 잘 알려져 있다. 주님이 오신 이후 우리 안에 하나님의 나라가 이미 임했다(마 12:28). 그 나라가 구원의 복음으로 확장되고 있는 것이다. 그러나 또 하나는 철저히 미래적, 종말적인 것이다. 주님이 재림하심으로 완전히 이룰 나라가 있다(마 25:34). 그 나라가 임하기까지 우리에게 주어진 것들은 대부분 임시적, 한정적, 제한적이다.

오순절 이후 현재의 하나님의 나라는 이 땅에 세워진 주님의 교회의 형태로 나타난다. 현재 '나라'의 확장은 교회에게 주어진 과업이 되었다. 교회가 미래의 '나라'가 온전히 이를 때까지는 한정적인 면에서 현재의 하나님 나라의 가시적 구현체라는 것을 유념할 필요가 있다. 하나님의 나라와 교회는 이제 결코 분리할 수 없다.

임하옵시며

이 또한 간구하는 기도이다. 하나님의 경륜에 따라 될 일이나 기도하라 하신 것은 그것을 갈망하고 구하라는 것이다. 그의 나라가 이 땅에 임하도록 우리가 끌어당길 수는 없다. 하나님만이 그의 나라를 이 땅에 임하게 하실 수 있기 때문이다. 단지 우린 임하시길 간구함으로써 그 나라를 바라본다. 소망하며 기대한다. 왜냐하면 이 땅은 이미 비참과 죄악과 불경으로 가득 차 있기 때문이다. 주의 나라가 임해야 한다.

그런데 '나라이 임하옵시며' 할 때 기도자는 현재의 하나님 나라의 확장을 소원한다. 동시에 미래의 재림과 함께 임할 영광스러운 나라를 바라본다. 하나님의 통치와 주권이 이루어지는 미래의 나라는 반드시 올 것이다(참조, 마 13:43). 그 날에는 그리스도인들 모두가 참으로 영광스러운 나라에 참여할 것이다. 그러나 한편으로 우리는 하나님의 통치와 주권이 오늘날에도 (즉, 그 날이 오기 전이라도) 이 땅 위에 임하기를 간구하는 마음을 버릴 수 없다. 죄와 어두움의 노예가 된 인간들과 민족들을 풀어내서 아들의 나라로 이끌기를 바라는 것이다.

그런데 오늘날 이 기도는 교회를 염두에 둘 때 보다 명확해진다. 교회가 좀더 온전히 교회다워지길, 즉 말씀으로 성숙해지길 기도하는 소망이 담긴다. 교회에 주님의 직접적인 통치가 이루어지길 간구하며 나라의 백성들이 나라의 왕 되신 분을 만나는 은혜와 감격의 자리가 되길 열렬히 바라는 것이다. 그래야 교회가 구원의 도구로 제대로 쓰임을 받을 수 있기 때문이다.

5) 뜻이 하늘에서 이룬 것같이 땅에서도 이루어지이다.

세 번째 기도는 하나님의 경륜과 사역이 땅에서 이루어지길 소망하는 간구이다.

뜻이 하늘에서 이룬 것같이

뜻은 하나님의 계획과 섭리이다. 또 언약과 약속의 말씀이다. 하나님의 말씀은 늘 이루어진다. 그 말씀이 나와서 헛되이 돌아간 적이 없다(사 55:11). 그의 뜻이 헛되게 무너진 적이 없다. 하나님의 뜻은 늘 이루어진다. 특히 하늘은 그의 뜻이 완벽히 이루어지는 하나님의 집 마당이다. 그런데 하나님의 뜻이 하늘에서 이룬 것과 땅에서 이룬 것에 어떤 성과의 차이가 있는 것은 아니다. 그보다는 하늘에서는 하나님의 계획과 경륜이 세워진다고 보아야 한다. 또 하늘에서는 그 뜻을 집행할 수 있도록 모든 것이 갖추어져 있는 것이다. 그러고 나서 이제는 땅에서 그 뜻이 이루어지는 일이 진행되고 있는 것이다.

땅에서도 이루어지이다.

이렇게 이해하자. 하나는 하나님의 뜻이 완벽하게 시행될 종말의 때를 기다리게 하는 기도이다. 하나님의 구원의 완성을 개인적으로, 또 세계적으로 보고 싶어하는 불완전한 피조물의 갈망이다.

또 하나는 그 종말의 완성을 위해 현재 구속의 기간에 구원의 뜻을 이루어가시기를 간구하는 태도이다. 이 때 우리는 그 일을 위해 나의 몸 모두를 사용해달라는 간청을 하는 것이다. 주님은 이 같은 기도를 통해 언제 마지막 구원이 이루어집니까 하고 먼저 갈구하게 하신다. 언제 우리의 갈증이 풀립니까 하고 하나님을 바라게 하시는 것이다. 그리고 그같이 기도하는 사람들을 서서히 변화시키셔서 이들을 통해 하나님의 현재의 뜻을 이 땅에 이루어지게 하시며 그 마지막 완성을 위해 하나님의 나라를 다가오게 하시는 것이다.

그러므로 제자들이 이 기도를 할 때, 하나님의 뜻을 기다리는 자세로 변화할 것이다. 그것이 중요하다. 간구를 통해 그 뜻을 담을 그릇들이 먼저

▶ **하나님에 대한 세 가지 기도**

이름이 거룩히 여김 받기를 기도할 때 우리는 하나님의 이름을 만 백성이 알고 경배하길 열망한다. 두 번째의 나라에 대한 기도에서는 하나님의 주권과 통치가 이 땅에 굳게 세워지길 소원한다. 세 번째의 기도, 뜻이 이루어질 것에 대한 기도를 통해 신자는 하나님의 실제적인 사역과 활동이 이 땅에 펼쳐지길 기대하는 것이다. 그래서 이 땅을 치료하는 하나님의 손길을 바라보고 싶은 것이다. 이 세 가지가 모두 종말적이며 동시에 현세적이다. 미래에 완전히 이루어질 것이나 또한 하나님께서 현재에도 이루어가실 것이기 때문이다. 우리는 끝없는 갈증과 기대로 큰 소망을 바라며 21세기에도 여전히 이 기도를 이어가야 한다.

▶ **우리를 위한 세 가지 기도**

두 번째 부분의 이 기도들은 우리의 필요를 위한 것들이다. 먼저는 우리의 육체적 필요를 위한 기도로 우리의 물리적인 삶을 가능케 하기 위한 기도이다. 두 번째는 용서의 마음과 이와 관련된 영혼의 짐을 풀기 위한 기도이다. 이 기도를 통해 우리는 형제 간, 이웃 간 새로운 관계를 맺어갈 수 있는 생활을 할 수 있게 된다. 세 번째 기도는 죄와 시험과 악으로부터의 보호를 위한 기도이다. 이 기도를 통해 죄와 시험을 이기며 악의 지속된 공격으로부터 보호받기를 원하는 것이다. 세 가지 모두 하나님으로부터 간구하여 받아야 할 것들이라는 점에서 공통적이다. 육체의 필요, 관계의 승리, 악으로부터의 보호, 이 세 가지를 주님은 우리에게 무척 필요한 것들로 보신 것이다.

만들어지는 것이다. '그 뜻을 이루겠습니다' 하고 자신할 수 있는 사람이 있는가. 누가 하나님의 뜻을 이 땅에 이루는 자라고 말할 수 있는가. 다만 그 뜻이 이 땅 위에 이루어지길 간구하는 자로 먼저 있을 일이다. 그러면 간구하며 갈망하는 자를 바꾸셔서 자신의 뜻을 이루는 도구로 삼으시는 분은 역시 하나님이시다. 이들은 하나님의 큰 경륜을 위해 쓰일 징검다리를 놓는 그 안의 작은 돌로서 영예롭게 생명 사역을 감당할 수 있을 뿐이다. 그 이상은 누구도 아니다.

6) 오늘날 우리에게 일용할 양식을 주옵시고

'우리'를 위한 첫 번째 기도는 육체적 필요를 위한 간구이다.

일용할 양식을

매일 필요한 음식을 말한다. 일종의 주식이다. 마치 하루 품삯을 먹고 사는 노동자가 하루의 음식을 구하며 살듯 우리에게 일용할 양식을 구하라 하시는 이유는 무얼까? 우린 대개 이미 이들에 비해 대체로 풍족하고 하루의 양식을 구하며 나날이 살지 않아도 되는데 말이다.

그 당시 팔레스틴의 경제적인 사정이 어려웠고 날품팔이식의 노동자들이 많았을 것이라는 점을 생각해 볼 수 있다. (예수님의 비유에 그 같은 일꾼들에 대한 소재가 많은 것도 그 이유일 것이다.) 그들에게는 특별히 이 기도가 절실했을 것이다. 그러나 아무리 그들이라도 하루의 음식을 위해 기도하는 것은 성에 차지 않을 것이다. 하루보다는 일주일을, 일주일보다는 한 달의 먹을 것을 원하지 않겠는가.

그러나 주님은 '일용할 양식'을 구하라 하셨다. 그것은 하루 하루 하나님을 의지하게 하려는 의도이다. 광야에서 하루치 만나를 먹고 살아가며 주를 의지했듯이, 양식이 본래 하나님으로부터 온다는 사실을 일깨우기 위한 말씀이다. 오늘의 우리에게 이 기도는 실감이 나지 않는다. 이미 대부분 하루 이상의 먹을 것을 소유하고 있기 때문이다. 그럼에도 이 기도를 드려야 하는 이유는 분명하다. 하루 하루 주님을 참으로 의지하는 자가 되도록 하기 위함이다. 우리의 이 기도에 우리를 먹이시고 입히시는 분이 진정 하나님이심을 인정하며 겸비하게 하는 빈 마음이 담긴다. 하나님의 보호와 돌보심이 없이는 모든 것이 무너진다는 것을 알기 때문이다.

우리에게 주옵시고

'우리에게' 달라 간구하면서 첫째는 나와 나의 가족을 생각하고 간구한다. 둘째는 형제들과 교회의 가족들을 생각하고 간구한다. 마지막으로 우리 주변의 가난한 이들을 생각하고 간구한다. '우리에게' 일용할 양식을 주옵소서. 둘째와 셋째의 간구로 이어지지 않을 때 이 기도는 진정한 의미를 잃어버린다. '우리에게' 달라 하며 '우리가' '우리에게' 무엇을 해야 하겠느냐고 물어야 한다는 말이다. 또 할 수 있는 힘을 달라고 구한다는 말이기도 하다.

오늘날 주옵시고

내일을 위한 간구가 아니라 오늘을 위한 기도인데 만일 먹을 양식만을 구하는 것이라면 우리에게 이 기도는 '오늘날' 간절함으로 기도하기 참으로 어려운 기도가 됐다. (물론, 아직도 기아에 허덕이는 세계의 이웃이 있음을 모르는 바 아니다.) 이 기도를 오늘의 모든 육체적 필요(양식, 건강, 공부, 직업 등)를 위한 기도로도 이해할 필요가 있다. 그리고 '오늘날' 주옵소서 할 때 주님은 우리가 육체의 필요를 위해 하나님께 간구하며 날마다 의지할 것을 가르치고 있는 것이다. 또 한 가지 가난한 자들을 위한 기도와 관심을 잊지 말아야 한다는 말씀이기도 하다.

7) 우리가 우리에게 죄 지은 자를 사하여 준 것같이 우리 죄를 사하여 주옵시고

이 기도는 하나님과의 관계와 이웃과의 관계를 온전하게 하기 위한 것이다. 육체의 필요를 넘어서서 이제는 관계의 필요를 가리킨다.

우리의 **죄**

본래는 '빚'(debt)이다. 다른 이들에게 진 여러 가지 부채이자 빚이다. 갚아야 할 것들을 갚지 못한 것을 말한다. 그러므로 우리의 죄는 서로가 서로에게 지은 죄, 허물과 부족함을 함께 말한다. 아직 청산이 다 되지 않은 것이다. 그런 빚은 용서해야 한다. 빚을 용서하는 것은 청산되지 않은 빚을 탕감하는 노력이다. 용서했을 때 용서함을 얻을 수 있다. 일흔 번씩 일곱 번 용서하라는 말씀(마 18:22)은 이런 데서 연유한다.

우리가 우리의 죄를 사하여 준 것같이

청산되지 않은 아픔과 상처들, 또 손해들을 탕감할 수 있는가. 그렇다면 우리는 이 기도를 참마음으로 드릴 수 있다. 그러나 아직도 다 그렇지 못하기 때문에 우린 다시 겸손해진다. 부족함을 느낀다. 사실 이 기도를 통해 주님은 '우리'가 '우리에게 죄 지은 자'를 사하여 주었음을 당연시하신 걸까? 아닐 것이다. 이 기도를 가르쳐 주심으로 '우리가 우리의 죄를 사하여' 주도록 명령하신 것이다. 서로의 죄를 사해줌 없이 하나님의 은혜를 얻을 수 없기 때문이다.

우리의 죄를 사하여 주옵시고

주기도문을 읽거나 외울 때, 우리의 마음을 아프게 때리며 멈칫하게 하는 부분이다. 여전히 부족함이 남았음을 느끼기 때문이다. 그럴 때 '내가 용서해야지, 이해해야지, 사랑해야지' 하고 생각하게 한다. 또는 '내가 조심해야지, 용서를 빌어야지, 그러지 말아야지' 하고 생각해야 한다. 그리고 무릎 꿇고 주께 용서를 빌며 말씀에 순종해 살면 우린 주님이 이 기도를 가르쳐 주신 목적에 한층 다가서는 것이다. 이 때 우리는 기도할 수 있다. '우리의 죄를 사하여 주옵소서.' 나의 죄만이 아니라, '우리'의 죄 모두를 위해 간구하는 것이다. 또한 아픔과 상처를 입고 있는 '우리'를 위한 '우리'의 사죄 기도가 되는 것이다. 용서함 받지 않은 사람이 용서할 수 없듯이, 하나님의 사죄의 은혜를 입지 않고서는 '우리'가 서로를 사할 수 없기 때문이다. '우리'가 '우리'를 사하려는 조그마한 몸짓을 불쌍히 보시고, '우리'의 많은 허물과 죄를 사하여 주셔서 '우리'로 하여금 '우리'를 참으로 용서하고 사랑할 수 있게 해달라고 간구하는 기도로 본다면 지나친 해석일까.

우리가 우리의 죄를 사하여 주려는 시도는 사실 몸짓에 불과하다. 그러나 하나님이 우리의 죄를 사하여 주셔야 하는 죄는 철저하고 전체적이다. 이 두 가지 일, 즉 '우리가 우리의 죄를 사하는 일'과 '우리 죄를 사함 받는 일'은 순환적이다. 서로를 상호작용해서 더 나은 길로 나아가게 한다. 이 일을 통해 우리는 하나님과 사람들과의 관계를 새롭게 해나갈 수 있는 것이다.

8) 시험에 들게 하지 마옵시고 다만 악에서 구하옵소서.

'우리'를 위한 세 번째 기도는 시험과 악의 문제이다. 이 기도는 어두움의 세력에 말려들지 않고 승리하도록 악에서의 보호를 하나님께 요청한다.

시험에 들게 하지 마옵시고

여기서의 시험은 '유혹'이다. 하나님의 훈련이 아니다. 정욕을 통해 오는 유혹에 빠지지 않게 해주시길 간구하는 기도이다. 그런데 잘못하면 하나님이 시험하는 자가 될 수 있다. '시험(유혹)으로 이끄시지 마옵소서'로 번역할 수 있기 때문이다. 그러나 야고보서의 말씀(1:13)처럼 하나님은 아무도 시험하지 않으신다. 그러므로 이 기도는 시험을 막아 달라는 기도로 보아야 한다.

그런데 문제는 이 기도를 함으로 우리가 시험을 받지 않게 되기를 주님은 원하셨는가 하는 것이다. 이 또한 성경의 내용과 일치하지 않는다. 예수님 자신이 시험을 받은 분이셨다. 시험하는 자, 사단이 어떻게 하든지 성도를 거꾸러뜨리려 시험하는 것은 공공연한 사실이다. 그러므로 문제는 시험 받는 것 자체가 아니라 시험을 이길 수 있느냐 하는 것임을 알 수 있다. 시험을 받아 이길 때 성도는 더욱더 강해질 수 있다. 다만 한 가지 '감당할 시험'(고전 10:13)을 넘어서 더 깊어지지 않도록 막아 주실 것을 간구할 필요가 있다. 그러므로 이 기도는 사실 시험을 만났을 때 그 시험을 이길 수 있는 능력을 주시길 간구하는 기도인 동시에 시험에 더 깊이 빠져들어가지 않도록 하늘의 힘을 주시길 간구하는 기도라 할 수 있다.

다만 악에서 구하옵소서.

누가복음에는 없는 부분이긴 하지만 앞의 시험에 대한 기도를 더 강화한 내용으로 이해할 수 있을 것이다. 여기서의 '악'은 우리의 삶에 슬픔과 고통과 상처를 가져다주는 것이다. '악한 자'가 와서 때론 유혹을 통해, 때론 일방적인 비방을 통해, 때론 무자비한 공격을 통해 믿는 자에게 상처와 고통을 가져다준다. 하나님의 말씀을 통해서만 치유될 수 있는 일인데도 '악한 자'는 말씀을 듣지 못하도록 가까이하지 못하도록 방해하기까지 한다(참조, 마 13:18-23). 그래서 해결되지 않은 채 더욱 큰 고통 속에 사는 것이다. 이 때 위로부터 오는 건지심이 필요하다. 하나님께서 이 같은 악의 고통에서, 상처의 고통에서, 틀어짐의 고통에서 우리를 건져내셔야 한다. 그래야 우리는 참으로 모두 회복될 수 있다.

'다만'(alla)이라는 단어를 사용해서 문맥상으로 간절함을 더 강조했다. 꼭 구해 달라는 간구이다. 하나님은 구하는('건지는') 자이시다. 다윗의 고백처럼 하나님은 '나의 건지시는 자'(삼하 22:2)시다. 그분만이 우릴 참으로 악에서 구하실 수 있다.

9) 대개 나라와 권세와 영광이 아버지께 영원히 있사옵나이다. 아멘.

개역성경에서 괄호로 처리한 데서 보듯이, 이 부분은 본래 주님의 기도에 없었는데 초대교회에서 주님의 가르치신 기도에 대한 신앙적인 반응으로 첨가한 송영이 아닌가 한다. 그러나 주기도문을 다른 말로 요약한 내용이라 할 수 있을 정도로 그 내용이 귀하다. 앞의 기도문을 제대로 이해하지 않고서는 이런 구절을 고백할 수 없다. 의미가 압축된 형태로 '아버지'를 찬양함으로써 그의 하나님 되심과 그분의 경륜에 대해 마땅히 드려야 할 반응을 보이고 있는 것이다.

나라가 아버지께 영원히 있사옵니다.

현재와 미래의 나라, 그 모든 나라가 아버지의 소유라는 믿음의 고백이다(참조, 대상 29:11). 이 '나라'는 우선 하나님의 나라를 말한다. 그러나

이 땅에 이루어지는(이루어질) 하나님의 나라의 모든 것은 다 하나님 '아버지'께 귀속된다. 모두 아버지의 것이다.

여기서 다시 한번 '나라이 임하옵시며'의 간구를 드리는 셈이다. 세상 나라와 모든 나라 위에, 그리고 내 가정과 이웃과 이 사회 위에, 죽음과 고통과 절망의 땅 위에, 슬픔과 아픔과 탄식의 땅 위에, 속임과 타락과 더러움의 땅 위에 '아버지의 나라'가 임하시길 다시 한번 갈망하는 것이다(참조, 계 11:15). 나라가 아버지께 영원히 있기 때문에 그 나라를 이 땅 위에 임하게 하실 분도 오직 하나님 한 분뿐이시기 때문이다.

한 가지 신약에서 더 발전된 '나라'의 개념은 계시록에 나타난다. 그것은 우리 믿는 이들이 그의 '나라'가 되었다는 것이다(1:6; 5:10). 그러므로 "'나라'가 아버지께 속하였다"는 고백은 "우리의 주인이 '아버지'입니다"라는 선언이기도 하다.

권세가 아버지께 영원히 있사옵니다.

모든 일을 가능케 하실 수 있는 분은 '우리 아버지'시다. 권세는 그분에게 영원히 속해 있기 때문이다. 그의 손에 권세와 능력이 있고 모든 자를 크게 하심과 강하게 하심이 오직 주의 손에 있다(대상 29:12). 그래서 권세가 아버지께 영원히 있습니다, 하는 고백은 하나님으로서는 모든 것이 가능하십니다, 하는 선언이다(막 10:27). 권세가 아버지께 있음을 선언할 때 우리는 세상의 그 어느 것도 두려워하지 않을 수 있다. 그의 '뜻'을 이루실 수 있는 분이 오직 '아버지'밖에 없기 때문에 '아버지'께서 영원한 권세로 그의 '뜻'을 이 땅에 이루실 것을 믿는 것이다.

영광이 아버지께 영원히 있사옵니다.

권세와 영광은 늘 하나님의 것이다(계 4:11; 7:12). 그러므로 영광은 그분께만 돌려지는 마음과 입술의 마땅한 찬송의 고백이다. 특별히 하나님 나라의 사역과 관련해서 나라가 이 땅에 이루어진 이후 나타날 영광은 모두 아버지께 속했다는 고백이다. '영광'은 '거룩' 처럼 영원히 하나님의 몫

이기 때문일 뿐 아니라, 하나님 나라의 일은 오직 하나님께서 하시는 일이기 때문이다. 그래서 영광을 아버지만이 영원히 받으셔야 한다.

이 땅의 그 누구도 참으로 영광을 받을 자격이 없다. 때로 하나님께서 누군가를, 혹은 어떤 민족을 한시적으로 영광스럽게 하실 수 있지만, 하나님의 영광과 결코 비교할 수 없는 것이다(참조, 계 24:23-26). 하나님의 영광은 영원하고 그 영광의 빛이 사람의 영광과 다르다.

대개 나라와 권세와 영광이 아버지께 영원히 있사옵니다. 아멘

오직('대개') 나라와 권세와 영광이 아버지께 영원히 속했다는 이 선언은 우리 삶을 지탱하는 철학이 되어야 한다. 이것이 사실 기독교 세계관인 것이다. 세상 사람들은 '썩어지지 아니하는 하나님의 영광'을 썩어질 것으로 바꾸어 산다(롬 1:23). 언젠가 그들에게 하나님의 진노가 하늘로서 닥칠 것이다(참조, 롬1:18). 그들이 그같이 영원한 고통과 절망의 구역에 들어가기 전에 그리스도를 통해 영원한 생명을 알고 하나님의 나라의 영광에 참여하는 자가 되도록 우리의 선언은 선교적이어야 한다. '대개 나라와 권세와 영광이 아버지께 영원히 있사옵니다.'

마지막으로 '아멘'을 덧붙임으로 한번 더 전체적인 기도내용을 다짐하며 동의한다. 그리고 기도에 헌신한다.

[표 3. 주기도문과 해석 질문]

주기도문과 해석 질문	중 점
가. 그러므로 너희는 이렇게 기도하라.	**서론**
1. 어떤 배경 아래 하신 말씀인가?	외식과 중언부언의 거절
2. '그러므로'란 말이 뜻하는 것은?	앞의 단락 연결
3. 왜 '이렇게' 기도하라 말씀하시는가?	기도의 모범
4. '기도하라'는 말씀에 주목해 보자.	기도의 당위성
5. 누구에게 하라는 말씀인가?	제자들

주기도문과 해석 질문	중 점
나. 하늘에 계신 우리 아버지여	**하나님에 대한 호칭**
1. 먼저 호칭을 불러야 하는 이유는?	패스워드
2. 왜 '아버지'라 하라 하시는가?	아버지 되심
3. '아버지여'하고 부를 때 무엇을 기대할 수 있는가?	액세스
4. '하늘'이란 무슨 뜻인가?	땅과 대비
5. 왜 '우리 아버지'라 불러야 되는가?	우리의 두 가지 뜻
6. 왜 이 호칭이 필요한가?	하나님에 대한 인식
다. 이름이 거룩히 여김을 받으시오며	**하나님께 대한 첫 번째 간구**
1. '이름'이 말해주는 것은 무엇인가?	정체성
2. 이름의 '거룩히 여김'은 무얼 의미하나?	존귀와 경배
3. 왜 '받으시오며'라 해야 하나?	하나님만이 하심
4. 이 기도가 우리에게 왜 필요한가?	경배로 나아감
라. 나라이 임하옵시며	**하나님에 대한 두 번째 간구**
1. '나라'가 의미하는 뜻은?	주권과 통치
2. '나라'와 '교회'의 관계는 무엇인가?	가시적 구현체
3. '임하옵시며' 할 때 간구하는 것은?	확장과 미래임재
4. 이 기도가 우리에게 왜 필요한가?	나라를 소망함
마. 뜻이 하늘에서 이룬 것같이 땅에서도 이루어지이다.	**하나님에 대한 세 번째 간구**
1. 무엇이 하나님의 '뜻'인가?	섭리와 말씀
2. '뜻이 하늘에서 이룬 것'이라는 의미는?	계획과 경륜
3. 왜 땅에서도 이루어지길 간구해야 하는가?	변화와 완성
4. 이 기도가 우리에게 왜 필요한가?	주님의 사역을 기대
바. 오늘날 우리에게 일용할 양식을 주옵시고	**우리에 대한 첫 번째 간구**
1. 왜 일용할 양식을 구하라 하시는가?	의지함과 겸비

주기도문과 해석 질문	중 점
2. 일용할 양식이 필요한 '우리'는 누구를 가리키나?	가족에서 이웃으로
3. '오늘날'이라는 부사가 쓰인 이유는?	늘, 모든 것을 의뢰
4. 이 기도가 우리에게 왜 필요한가?	하나님을 의뢰함
사. 우리가 우리에게 죄 지은 자를 사하여 준 것 같이 우리 죄를 사하여 주옵시고	**우리에 대한 두 번째 간구**
1. '죄'는 무엇을 말하는가?	빚, 청산의 필요
2. '우리에게 죄 지은 자'를 어떻게 사할 수 있는가?	탕감으로 청산
3. 왜 '우리의 죄'를 사하여 달라 하는가?	서로를 계속 용서함
4. 용서와 죄사함은 어떤 관계가 있는가?	순환관계
5. 이 기도가 우리에게 왜 필요한가?	관계의 회복
아. 시험에 들게 하지 마옵시고 다만 악에서 구하옵소서.	**우리에 대한 세 번째 간구**
1. 시험이 의미하는 뜻은?	정욕의 유혹
2. 시험에 들지 말게 해달라는 말의 의미는?	힘 주시길 간구
3. '악'은 무슨 뜻으로 사용하는가?	악한 자, 사단
4. 왜 악에서 구해 달라 하는가?	상처의 회복
5. 이 기도가 우리에게 왜 필요한가?	악의 공격을 막음
자. 대개 나라와 권세와 영광이 아버지께 영원히 있사옵나이다. 아멘.	**송영**
1. 괄호로 처리된 이유는 무엇인가?	첨가 부분
2. '나라'가 영원히 아버지께 있다는 뜻은?	소유와 귀속
3. '권세'가 영원히 아버지께 있다는 뜻은?	뜻을 이루실 능력
4. '영광'이 영원히 아버지께 있다는 뜻은?	이루심의 결과
5. 세 가지가 모두 아버지께 있다는 고백의 시각은?	기독교 세계관
6. 아멘을 덧붙임으로써 얻는 효과는?	다짐과 헌신
7. 이 송영이 주기도문에 필요한 이유는?	요약과 찬양

2. 설교 구조

설교 구조는 주기도문의 분석 작업에 근거해야 한다. 분석과 해석을 한 것을 설교로 이어지게 해야 하기 때문이다. 그래서 설교 구조와 본문 분석은 아주 직접적인 관계가 있다. 잘된 설교 구조는 본문을 제대로 드러내고 성령이 말씀하고자 하는 수사적인 목적을 이루게 한다.

[표 4. 주기도문과 설교 구조의 예]는 구절별 분석에 근거를 둔 설교 구조를 만들어 본 것이다. 아홉 번에 걸친 설교문을 담아 보았다. 참고를 위해 몇 가지 덧붙이자. '설교 요약문'은 설교의 내용을 한두 문장으로 요약한 것이다. 이는 설교의 목표를 분명히 하기 위해서이다.

표 4의 '설교 구조'를 보라. 구조의 내용은 본문의 분석 작업에 철저히 근거한다. 단지 회중의 적용과 반응을 고려한 것들은 분석에 기초해 더 세워가야 할 것이다. 만일 독자가 앞의 표 3과 본문 분석의 내용을 비교하면서 표 4의 설교 개요를 살펴본다면 어떻게 위의 설교 개요가 만들어졌는지 쉽게 이해할 수 있을 것이다. 본래 설교에는 분석한 모든 내용을 다 담을 필요가 없을 것이다. 그러나 여기에서는 독자의 이해를 돕기 위해서 가급적 빼놓지 않고 담고자 했다.

그런데 표 4의 설교 구조에 굳이 '예'라 한 이유는 독자의 경우에 구조를 달리 할 수 있기 때문이다. 특히 여기서는 구조를 세우되 짜임새보다는 무슨 내용으로 할 것인가에 초점을 두었다. 그래서 구조의 간결성보다는 내용을 염두에 두고 설명체로 써넣었다. 그러므로 좀더 정돈된 적절한 설교 개요는 설교자가 최종적으로 회중을 염두에 두고 기도로 씨름하며 만들어야 할 것이다.

주기도문은 기도이다. 기도의 사람이 되지 않고 주기도문을 강해할 수는 없는 것이다. 기도 없이 본문을 이해하고 연구할 수 있고 심지어 기도 없이 본문을 분석해 낼 수 있지만, 기도 없는 주기도문 설교는 상상할 수 없다. 주기도문을 지어 가르치신 주님이 기도하는 자의 모델이셨다. 그가 기도하며 아버지께 묻지 않고 하신 일이 있을까? 밤새워 기도하며 새벽 미명에 깨어 기도하신 분, 바쁘면 바쁠수록 더욱 기도의 기회를 찾고자 하셨던 주님이셨기에 기도문을 지어 가르치실 수 있었다. '너희는 이렇게 기도하라.' 화려한 말이 영혼을 움직일 수 없기 때문이다. 먼저 기도의 사람이 되자. 그러고 나서 주님이 가르쳐 주신 대로 '이렇게 기도하라' 하고 힘있게 전할 수 있을 것이다.

[표 4. 주기도문과 설교 구조의 예]

	주기도문	분석 요약	설교 구조
가	그러므로 너희는 이렇게 기도하라.	이런 것이 잘못된 기도이기 때문에 기도는 이렇게 바로 배워야 한다.	1. 잘못된 기도들, 응답되지 않는 기도들 : (1) 위선적 기도 (2) 중언부언의 기도 (3) 동기의 문제 2. 새롭게 주님께 배워야 할 바른 기도: 주기도문 '이렇게 기도하라.' 3. 누가 기도할 것인가? 오늘 나의 결단이 필요하다.
나	하늘에 계신 우리 아버지여	먼저 하나님을 이같이 불러라. '하늘에 계신 우리 아버지여!'	1. 왜 하나님을 불러야 하는가? 2. 무엇이라 하나님을 부를 것인가? (1) '아버지' (2) '하늘에 계신 아버지' (3) '하늘에 계신 우리 아버지' 3. '아버지여!' 하며 그에게 나아가자. 그가 우리를 만나주실 것이다.
다	이름이 거룩히 여김을 받으시오며	하나님께 드릴 첫 번째 기도는 그의 이름이 거룩히 여김을 받으시라는 것이다. 이 일이 하나님을 통해 이루어질 때 세계는 하나님을 경배할 것이다	1. '이름'은 하나님 자신을 나타낸다. 2. 이름이 거룩히 여김을 받아야 한다는 것은 하나님께서 존귀와 경배를 받아야 한다는 것이다. 3. 그러나 이 일은 하나님이 하셔야만 할 일이다 4. 우리가 이 기도를 함으로 하나님의 경배에 온전히 나아간다. 5. 그리고 이 일을 위해 오늘 나는 결단을 한다.

	주기도문	분석 요약	설교 구조
라	나라이 임하옵시며	하나님께 드릴 두 번째 기도는 그의 나라를 땅 위에 임해달라는 간구이다. 그의 나라가 교회를 통해서 온전히 이루어져야 한다. 이것을 열망하자.	1. 나라는 주권과 통치를 나타낸다. 2. 하나님의 나라는 두 가지로 나타난다. (1) 종말론적 나라 (2) 현재 임하신 나라 3. 교회는 '나라'의 가시적 구현체이다. 그러므로 교회는 '나라'답게 온전함을 향해 나아가야 한다. 4. 그러나 우리의 구원을 완성하기 위해서는 반드시 완전한 하나님의 나라가 임해야 한다. 5. 이 기도를 하면서 나는 오늘 그 '나라'를 소망하며 새로운 생을 살아간다.
마	뜻이 하늘에서 이룬 것같이 땅에서도 이루어지이다.	하나님께 드릴 세 번째 기도는 뜻이 이 땅위에서 이루어지기를 간구하는 기도이다. 이 기도로 하나님의 역사가 땅 위에 넘쳐 흐를 것을 기대한다.	1. 하나님의 뜻은 섭리와 말씀으로 나타난다. 2. 하나님은 하늘에서 그의 경륜과 계획의 뜻을 세우신다. 3. 그의 경륜을 따라 땅에서 그의 뜻이 이루어진다. 하나님의 활동이 나타나는 것이다. 4. 이 기도는 먼저 우리를 변화시키는 기도이다. 변화를 통해 우리는 그의 사역의 도구가 되는 것이다. 5. 주의 사역의 완성을 기대한다.
바	오늘날 우리에게 일용할 양식을 주옵시고	우리에 대한 첫 번째 간구이다. 먼저 우리의 육체의 필요를 위해 간구하라 하셨다.	1. 일용할 양식을 구함으로 우린 하나님을 의지한다. 2. 우리는 이제 누구를 위해 이 기도를 드려야 하는가? (1) 가족 (2) 교회와 형제 (3) 이웃과 세계 3. '오늘날' 우리가 육체의 필요를 위해 기도해야 할 것들은 무엇인가? 4. 왜 나는 육체의 필요를 위해서 기도해야 하는가?
사	우리가 우리에게 죄 지은 자를 사하여 준 것같이 우리 죄를 사하여 주옵시고	우리에 대한 두 번째 간구이다. 관계의 해결과 승리를 위한 기도이다.	1. 우리에게 무엇이 관계의 죄인가? 그리고 무엇이 용서인가? 2. 우리는 우리에게 죄 지은 자를 어떻게 사할 수 있는가? 어떻게 얼마나 사해야 하는가? 3. 하나님이 '우리 죄'를 사해 주셔야 할 것

	주기도문	분석 요약	설교 구조
			을 간구하는 이유는 우리가 우리에게 죄지은 자를 더 잘 사할 수 있기 위해서이다. 이 두 가지는 순환관계를 가진다. 4. 참된 관계의 회복을 위해 이 기도는 드려져야 한다. 오늘의 기도가 되게 하자.
아	시험에 들지 말게 하옵시고 다만 악에서 구하옵소서.	우리에 대한 마지막 간구이다. 악으로부터의 보호를 기도했다.	1. 마지막 간구는 악으로부터의 보호이다. 이것이 참으로 필요한 세대가 됐다. 2. 시험과 악은 각기 어떤 의미가 있는가? (1) 왜 시험에 들지 말게 해달라 했는가? (2) 왜 악에서 구해 달라 했는가? 3. 왜 기도가 지금 그렇게 필요한가? 악으로부터의 보호를 '우리 아버지께' 요청하라.
자	대개 나라와 권세와 영광이 아버지께 영원히 있사옵나이다. 아멘.	송영이다. 나라와 권세와 영광이 아버지께 영원히 있다는 찬양의 귀결이다.	1. 이 송영은 주기도문의 귀결로 참으로 적절하다. 2. '나라'가 영원히 아버지께 있다. 그러므로 모든 것이 그분께 속했다. 3. '권세'가 영원히 아버지께 있다. 그러므로 '나라'의 일을 아버지께서 이루실 것이다. 4. '영광'이 영원히 아버지께 있다. 그러므로 '나라'의 사역이 이루어진 후 아버지께서 영광을 받으실 것이다. 5. 마지막으로 우린 이 모든 것을 아멘으로 동의하며 다짐한다.

5

원어 구문 분석(I)

이제까지 한글(개역) 본문으로 구문 분석 방식을 익혀 왔다. 이번 장에서는 성경 원어 본문에 그 방식을 적용해 보고자 한다. 구약 히브리어나 신약 헬라어나 비슷한 방식으로 할 수 있는데 여기서는 둘 가운데 일반적으로 좀더 익숙한 헬라어 본문을 가지고 구문 분석을 해 보려고 한다.

분석을 위해 해야 할 첫 번째 작업은 본문을 적절히 배열하는 것이다. 배열한 다음, 각 어구별로 코드를 선정해서 분석하면 된다. 마지막으로 해석된 부분을 전체적으로 종합하는 것으로 기본적인 구문 분석의 과정을 마치게 된다. 이를 단계별로 좀더 자세히 이해해 보자.

1. 원어 구문의 배열

1) 세 가지 배열 방식

원어를 배열하는 방식은 기본적으로 한글의 경우와 그리 다르지 않다. 세 가지 방식이 있을 것이다. 첫째는, 가장 쉬운 방법으로 절이나 긴 구를 끊어 행을 바꿔 주는 것이다. 둘째는, 주어와 동사를 중시하는 구문 구성의 원리에 입각해서 본문을 재구성하는 것이다. 셋째는, 본문의 순서를 그대로 살리되 어구의 자리를 적절히 배열하고 이에 따라 행을 바꾸는 방식이다. 빌립보서 1:9을 가지고 예를 살펴보자.

A. 절이나 구로 끊어 준 경우이다.

헬라어	한글역
καὶ / τοῦτο / προσεύχομαι,	그리고 / 이것을 / 내가 기도한다.
ἵνα / ἡ ἀγάπη ὑμῶν	~하도록 / 너희의 사랑이
ἔτι μᾶλλον καὶ μᾶλλον / περισσεύῃ	점점 더 많이 / 풍성해지기를
ἐν ἐπιγνώσει	지식 안에서
καὶ / πάσῃ αἰσθήσει	또한 / 모든 총명(이해) 안에서

어구를 적당한 크기로 잘라 주기 때문에 본문을 배열하는 데 어려움이 거의 없다. 구문론에 대한 지식이 없이도 이 정도는 할 수 있을 것이다. 이렇게 어구를 알맞게 구분하여 행을 바꿔 주는 것만으로도 본문을 해석하는 데 많은 도움을 준다. 이 단계에서 각 단어(원어)를 이해하고 이를 한글로 번역하는 일이 필요하다. 아무렇게나 어구를 나누는 것이 아니라, 어느 정도는 서로 가까이 있는 것들끼리 묶어 배열하는 것이 필요하다.

원어의 의미를 잘 이해하기 위해서는 전문적인 원어 사전이나 원어의 의미를 잘 밝혀주고 있는 주석 등을 참고한다. 혹은 행간번역본(Interlinear Bible)을 사용하는 것도 유익하다. 행간번역은 히브리어나 헬라어 단어마다 그 밑에 한글이나 영어로 번역을 달아놓아 원어에 대한 지식이 많지 않아도 본래의 원문이 어떻게 배열되어 있고 또 어떤 의미로 쓰였는지 이해하는 일에 쉽게 도움을 얻을 수 있다. 요즈음에는 성경 연구를 위한 컴퓨터 소프트웨어들이 많이 나왔고 대부분 그 내용이 뛰어나 본문 연구에 큰 도움을 주고 있다.

B. 주어, 동사 중심으로 본문을 재배열한 경우이다.

다음의 배열은 주절의 주어-동사(προσεύχομαι, '내가 기도한다')와 종속절(ἵνα, '~하도록')의 주어(ἡ ἀγάπη, '사랑이')와 동사(περισσεύῃ, '풍성해지도록')를 중심으로 배열하였다. 그 결과 구문(문장)의 구성이 어떻게

헬라어	한글역
καὶ	그리고
προσεύχομαι,	**내가 기도한다.**
τοῦτο	이것을
ἵνα **ἡ ἀγάπη ὑμῶν**	~하도록 **너희의 사랑이**
περισσεύῃ	**풍성해지기를**
ἔτι μᾶλλον καὶ μᾶλλον	점점 더 많이
ἐν ἐπιγνώσει καὶ	지식 안에서 또한
πάσῃ αἰσθήσει	모든 총명(이해) 안에서

되는지 분명하게 드러난다. 배열하는 것이 조금 어려워 보이지만 일단 배열해 놓은 것은 이해하는 데 상당히 편리하다는 것을 알 수 있다.

본문을 한눈에 파악할 수 있어서 저자가 전하고자 하는 메시지의 핵심이 무엇인지 빠르게 이해할 수 있다. 위의 본문에서는 '너희의 사랑'의 풍성함을 위해 저자('내')가 기도한다는 내용이 메시지의 핵심이 된다. (강조를 위해 중심 부분을 굵은 글자로 처리했다.)

C. 원문의 순서를 살리면서 구문 구성에 따른 배열을 한 경우이다.

헬라어	한글역
καὶ	그리고
τοῦτο	이것을
προσεύχομαι,	**내가 기도한다.**
ἵνα **ἡ ἀγάπη ὑμῶν**	~하도록 **너희의 사랑이**
ἔτι μᾶλλον καὶ μᾶλλον	점점 더 많이
περισσεύῃ	**풍성해지기를**
ἐν ἐπιγνώσει καὶ	지식 안에서 또한
πάσῃ αἰσθήσει	모든 총명(이해) 안에서

이런 배열은 원문의 순서를 살리는 것이므로 원저자가 어떤 순서로 단어들을 배열하고 있으며 그래서 그 의미들이 나열되어 있는지 이해하는 데 매우 적절하다. 그런 순서가 뭐 그리 중요한가 하며 의아해하는 분이 있을 것이다. 순서의 중요성을 모르는 말이다.

원문의 순서를 볼 때, 저자는 '이것을'(τοῦτο)을 강조하고 있다는 것을 알 수 있다. 적어도 앞의 B의 배열과 비교할 때 그런 점이 강조된다. 또한 종속절에서도 '점점 더 많이'(ἔτι μᾶλλον καὶ μᾶλλον)가 상대적으로 강조되고 있다고 볼 수 있다. 그러므로 본문 해석의 미묘한 뉘앙스를 발견할 가능성이 앞의 경우보다 더 많아진다.

본문의 구문론적 구성이 중요하기 때문에 주어와 동사를 다른 부분보다 앞에 위치한 점은 B의 경우와 같다. 그러면서도 본문의 순서가 분명히 드러난 배열이다. B의 경우보다는 덜 정돈되어 보이지만 이 배열에서도 본문의 핵심을 파악하는 일은 쉽다. (강조를 위해 중심 부분을 굵은 글자로 처리했다.) 그러면서도 어떤 순서로 저자가 말을 이어가는지 깨닫게 해준다.

앞의 세 가지 방식의 배열이 모두 가능하다. 여기서는 C 방식을 사용하도록 하겠다. 배열하는 법과 배열된 것을 해석하는 법만 조금 익숙해지면 가장 장점이 많은 방식이라 할 수 있다.

2) 빌립보서 1:9-11의 배열

빌립보서 1:9를 가지고 배열하는 방식에 대한 예를 살펴보았으니, 이제 본문을 좀더 추가해서 배열하는 법을 살펴보도록 하자. 10-11절을 추가하겠다. 1:9-11은 빌립보 교인들을 위한 바울의 기도의 내용으로 하나의 의미 단락을 이룬다.

(1) 음역

편의를 위해 우선 9절에 이어 10-11절에 대한 음역을 먼저 달아보았다. 읽을 수 있다면 한 단어씩 그 뜻을 이해해 가면서 구문의 배열을 해 나갈 수 있게 된다.

[본문 음역]

9절	음 역
καὶ τοῦτο προσεύχομαι,	kai touto proseuchomai
ἵνα ἡ ἀγάπη ὑμῶν	hina hē agapē hymōn
ἔτι μᾶλλον καὶ μᾶλλον περισσεύῃ	eti mallon kai mallon perisseuē
ἐν ἐπιγνώσει	en epignōsei
καὶ πάσῃ αἰσθήσει	kai pasē aisthēsei
10절	**음 역**
εἰς τὸ δοκιμάζειν	eis to dokimazein
ὑμᾶς τὰ διαφέροντα,	hymas ta diaferonta
ἵνα ἦτε	hina ēte
εἰλικρινεῖς καὶ ἀπρόσκοποι	eilikrineis kai aproskopoi
εἰς ἡμέραν Χριστοῦ,	eis hēmeran Christou
11절	**음 역**
πεπληρωμένοι καρπὸν δικαιοσύνης	peplērōmenoi karpon dikaiosynēs
τὸν διὰ Ἰησοῦ Χριστοῦ	to dia Iēsou Christou
εἰς δόξαν καὶ ἔπαινον θεοῦ.	eis doksan kai epainon theou

(2) 문법적 사항의 이해와 어구 번역

배열을 하기 전에 한 단어, 한 단어에 대한 번역을 한다. 성경 프로그램이나 사전 또는 전문적인 주석 등을 참고한다. 원문 배열은 원문을 먼저 해석(번역)하지 않고선 이뤄질 수 없다. 배열 자체는 본문에 대한 해석이 반영된 것이다. 원문에 대한 문법적인 사항과 단어의 사전적 의미를 잘 알수록 원문의 구문 배열이 정확할 수 있다.

이 단계에서는 한 단어 한 단어씩 그 뜻을 이해하며 문법적인 특징을 살펴야 한다. 특히 동사, 명사의 형태에 주의하자. 한글 개역 성경을 참고

하되, 자신의 번역과 개역이 일치하지 않는 부분은 주석 등을 참고할 필요가 있다. (원어의 기본 지식이 없는 독자는 이 부분을 생략하고 그 대신 적절한 주석의 도움을 받을 것을 권한다.)

아래는 각 단어, 또는 어구에 문법적 사항과 그 역을 달아놓은 것이다. 위 첨자로 된 수로 표기된 코드를 오른편에 설명하고 있다.

[문법 이해, 어구 번역]

9절	문법 이해, 어구 번역
καὶ[1] τοῦτο[2] προσεύχομαι,[3] ἵνα[4] ἡ ἀγάπη[5] ὑμῶν[6] ἔτι[7] μᾶλλον καὶ μᾶλλον[8] περισσεύῃ[9] ἐν ἐπιγνώσει[10] καὶ πάσῃ αἰσθήσει[11]	1: 접속사, '그리고' 2: 목적격, '이것을' 3: 직설법 1인칭 동사, '내가 기도한다'. 4: 기도의 내용을 담은 that-목적절이다; 5: 주격, '사랑이' 6: 소유격: '너희의' 7: 부사, '더욱' 8: 두번 반복된 데다가 7번과 합쳐질 때 '점점 더 많이'로 번역할 수 있겠다. 9: 가정법 현재 단수, '풍성해지기를' 10: '지식 안에서 11: '모든 총명 안에서'

10절	문법 이해, 어구 번역
εἰς[1] τὸ δοκιμάζειν[2] ὑμᾶς[3] τὰ διαφέροντα,[4] ἵνα[5] ἦτε[6] εἰλικρινεῖς καὶ ἀπρόσκοποι[7] εἰς ἡμέραν Χριστοῦ,[8]	1: 목적격을 취하는 전치사구이다 2: 부정사 현재, '분별하는 것' 3: 목적격이지만 전치사구 내에서는 주어 역할, '너희가' 4: 전치사구에서 목적어, '가장 선한 것을' 5: 목적/결과를 나타내는 종속절 6: 가정법 현재 2인칭 복수, '너희가 ~되도록' 7: 복수형 형용사, '순전(들)하고 흠(들)이 없이' 8: 목적격 전치사구, '그리스도의 날에 이르도록'

11절	문법 이해, 어구 번역
πεπληρωμένοι[1] καρπὸν[2] δικαιοσύνης[3] τὸν διὰ Ἰησοῦ Χριστοῦ[4] εἰς δόξαν καὶ ἔπαινον θεοῦ.[5]	1: 분사 완료형 수동태 남성 복수 2인칭, '너희가…가득하게 되면서', 수동이므로 하나님이 '너희'에게 가득하게 해주시는 것이 된다. 2: 목적격, '열매를', 3: 소유격, '의(義)의'; 1-3: '의의 열매가 가득하게 되면서' 또는 '의의 열매를(로) 가득하게 하는 일이 일어나면서(되면서, 하나님에 의해, 너희에게)'라 할 수 있을 것이다. 4: 목적격, '의의 열매를'이 한 번 더 강조된 것이다. 이번에는 '예수 그리스도로 말미암는 의의 열매'가 되겠다. 5: 목적/결과를 강조하는 전치사구, '하나님의 영광과 찬양이 되도록'

(3) 원어 및 번역본 배열

배열이 해석이라는 점을 밝힌 바 있다. 앞 단계에서 각 단어에 대한 해석과 본문의 번역이 잘 되었다면 이를 배열하는 것은 그리 어렵지 않다. 다시 말해, 본문에 대한 이해, 즉 한 단어 한 단어에 대한 이해가 될 때 그 단어(또는 어구)들을 배열할 수 있는 것이다.

[본문 배열]

9절	배 열
καὶ	그리고
τοῦτο	이것을
προσεύχομαι,	**내가 기도한다.**
ἵνα **ἡ ἀγάπη ὑμῶν**	~하도록 / **너희의 사랑이**
ἔτι μᾶλλον καὶ μᾶλλον	점점 더 많이
περισσεύῃ	**풍성해지기를**
ἐν ἐπιγνώσει καὶ	지식 안에서 또한
πάσῃ αἰσθήσει	모든 총명(이해) 안에서

10절	배 열
εἰς	~하도록
τὸ δοκιμάζειν	분별하도록
ὑμᾶς	너희가
τὰ διαφέροντα	가장 선한 것을
ἵνα **ἦτε**	~하도록 **되기를**
εἰλικρινεῖς καὶ	**순전하고**
ἀπρόσκοποι	**흠이 없이**
εἰς ἡμέραν Χριστοῦ,	그리스도의 날에 이르도록

11절	배 열
πεπληρωμένοι	**가득해지면서**
καρπὸν δικαιοσύνης	의의 열매,
τὸν	그것을
διὰ Ἰησοῦ Χριστοῦ	예수 그리스도로 말미암아
εἰς δόξαν καὶ	영광과…이르도록
ἔπαινον	찬양에
θεοῦ.	하나님의

이 때 주절은 앞에, 종속절은 이보다 뒤에 위치하게 하면서 주어, 동사, 수식어(보어, 목적어 등) 순으로 배열을 한다. 이러한 배열을 통해 단어와 단어, 어구와 어구의 관계가 분명해진다. 원어를 중심으로 배열하되, 번역한 내용도 이에 준하여 배열해 본다.

(4) 배열 방식의 원칙

여기서는 위의 본문 배열에서 어떤 이유(근거)로 행을 나누고 또 열의 간격을 띄었는지 한 부분씩 살펴보고자 한다. 각 부분의 배열에 대한 설명을 아래에 달아놓았다.

다음 도표의 '배열 방식'의 설명을 보면 어떤 식으로 배열이 되었는지 알 수 있을 것이다. 구문의 배열 자체가 해석 행위이긴 하지만, 배열하는 목적이 본문의 내용과 흐름을 제대로 파악하기 위해서란 점을 잊지 말아야

9절	배열 방식

καὶ[1]
    τοῦτο[2]
προσεύχομαι,[3]
    ἵνα **ἡ ἀγάπη ὑμῶν**[4]
            ἔτι μᾶλλον καὶ μᾶλλον[5]
        περισσεύῃ[6]
            ἐν ἐπιγνώσει καὶ[7]
                πάσῃ αἰσθήσει[8]
	1. 문장 처음 나오는 접속사는 문장의 앞에
	2. 목적어이므로 동사보다 한 칸 뒤에
	3. 주어-주동사는 가장 앞 부분에
	4. 목적절을 목적어와 같은 칸에, 주어는 앞에
	5. 부사구는 동사 뒤에
	6. 종속절의 동사로 주어 다음에
	7. 전치사구는 부사구와 같은 위치 또는 한 칸 뒤에
	8. '지식'과 '총명'이 서로 병렬관계이므로 같은 열에

10절	배열 방식

εἰς[1]
                        τὸ δοκιμάζειν[2]
                    ὑμᾶς[3]
                            τὰ διαφέροντα,[4]
  ἵνα   **ἦτε**[5]
            εἰλικρινεῖς καὶ[6]
            ἀπρόσκοποι[7]
                εἰς ἡμέραν Χριστοῦ,[8]
	1. 이 목적 /결과의 전치사구는 내용상 뒤에
	2. 전치사구 안에서 동사 역할이므로 두번째
	3. 전치사구 안에서 주어이므로 앞에
	4. 전치사구 안에서 목적어 역할로 마지막에
	5. 두번째 목적절로 앞에 것과 같은 위치에 배열
	6. 보어는 동사 뒤에
	7. 두 단어의 병렬 관계로 같은 열에
	8. 전치사구이므로 당연히 보어 뒤에

11절	배열 방식

πεπληρωμένοι[1]
            καρπὸν δικαιοσύνης[2]
            τὸν[3]
                διὰ Ἰησοῦ Χριστοῦ[4]
                    εἰς δόξαν καὶ[5]
                        ἔπαινον
                            θεοῦ.[6]
	1. 종속절의 분사 구문(절), 앞의 절보다 한 칸 뒤에
	2. 목적어이므로 동사 다음 칸에
	3. 역시 목적어
	4. 전치사구이므로 한 칸 뒤에
	5. 같은 전치사구이지만 최종적인 목적/결과를 나타내므로 가급적 한 칸 뒤에, 병렬은 같은 칸에
	6. '하나님의'는 '영광'과 '찬양'을 수식하니 한 칸 뒤에 배치해도 좋으나 작은 단위 내의 배열은 생략할 수 있다.

한다. 해석은 번역이나 배열에서 끝나는 것이 아니다. 그 다음 단계의 분석 작업으로 나가야 한다.

2. 본문 분석

배열된 것을 한 부분씩 연구(묵상)하며 각각의 의미를 새겨보는 일이 분석 작업이다. 이러한 분석은 해석 과정에서 매우 중요한데, 이 작업을 통해 구체적인 해석 결과가 나오게 되기 때문이다. 물론 분석의 정도를 얼마나 철저히, 또 깊게 할 것인가는 해석자에 따라, 연구의 목적에 따라 다를 것이다. 학문적인 목적을 가진 경우는 그만큼 깊고 철저할 것이다. 반면에 일반 사역자나 해석 연구자는 그와 같을 수는 없다. 미시적(마이크로) 단위를 분석할 때는 단어나 구에 코드를 붙이고 코드에 따라 하나씩 분석해 나가면 된다. 물론 코드를 단 단어 그 자체만 해석하는 것이 아니라, 구문의 흐름과 짜임새를 살리는 방식(단어와 어구의 연계하는 시각에서)에서 해당 어구를 해석해 나가야 한다. 이 때 절별 또는 단락별로도 묶어서 해석해야 한다는 것을 잊지 말자.

[코드 넣기와 본문 분석]

9절	번 역
καὶ[1]	그리고[1]
τοῦτο[2]	이것을[2]
προσεύχομαι,[3]	**내가 기도한다.**[3]
ἵνα **ἡ ἀγάπη ὑμῶν**[4]	~하도록 / **너희의 사랑이**[4]
ἔτι μᾶλλον καὶ μᾶλλον[5]	점점 더 많이[5]
περισσεύῃ[6].	**풍성해지기를**[6]
ἐν ἐπιγνώσει[7] καὶ	지식 안에서[7] 또한
πάσῃ αἰσθήσει[8]	모든 총명(이해) 안에서[8]

10절	번 역
εἰς	~하도록
τὸ δοκιμάζειν[1]	분별하도록[1]
ὑμᾶς[2]	너희가[2]
τὰ διαφέροντα,[3]	가장 선한 것을[3]
ἵνα **ἦτε**[4]	~하도록 **되기를**[4]
εἰλικρινεῖς[5] **καὶ**	**순전하고**[5]
ἀπρόσκοποι[6]	**흠이 없이**[6]
εἰς ἡμέραν Χριστοῦ,[7]	그리스도의 날에 이르도록[7]

11절	번 역
πεπληρωμένοι[1]	**가득해지면서**[1]
καρπὸν δικαιοσύνης[2]	의의 열매,[2]
τὸν[3]	그것을[3]
διὰ Ἰησοῦ Χριστοῦ[4]	예수 그리스도로 말미암아[4]
εἰς δόξαν καὶ[5]	~이르도록, 영광과[5]
ἔπαινον	찬양에
θεοῦ.[6]	하나님의[6]

〈위의 코드가 어떻게 분석되는지 살펴보라〉

9절 분석

1: 바울이 앞 부분에서 쓴 그의 감사와 사모(3-8절)의 내용이 본문과 연결되어 있다는 것을 보여준다.

2: 여기서 '이것'은 4번 이하의 기도 내용이다. 그것은 두 가지, 즉 '너희의 사랑'이 풍성해지는 것, 그리고 그들('너희')이 순전하고 흠이 없게 되는 것이다.

3: 이 부분이 주동사로 9-11절 전체를 받는다. 바울은 '내가 기도한다'는 점을 강조한 것이다. 바울은 편지를 쓰면서 이 기도를 하고 있는 것이다. 그러면서 그가 하고 있는 기도가 어떤 것인지 알려 주고자 했다.

4: 바울의 첫 번째 기도 내용은 바로 '너희의 사랑'에 대한 것이다. 다른 이들에 대한 것이 아니다. 바울이 빌립보 교회를 생각할 때 첫 번째 기도한 내용이 그들의 사랑이었다는 점은 이 주제가 빌립보서 전체에서 매우 중요할 것임을 시사해 주는 것이라 할 수 있다.

5: '너희의 사랑'이 멈춰 있는 것이 아니다. '점점 더 많이' 되길 원했다. 한 번으로 그치거나 적은 것 그대로 있기를 원치 않았다. 달라져야 했다.

5-6: 점점 더 많이 '풍성해지길' 기도했다. 점점 더 되어야 할 것은 '너희 사랑'의 풍성함이다. 현 수준에 그대로 머물러 있지 않고 더 높고 더 부요한 수준으로 나아갈 것을 권했다.

7: 그런데 그 사랑의 풍성함의 더 많아지는 일이 '지식' 안에서 되길 원한다. 그 지식은 하나님을 아는 지식일까? 하나님으로부터 오는 지식일까? (3:8은 '내 주 그리스도 예수를 아는 지식'을 말씀한다.)

8: '지식'과 함께 '총명'(이해), 특히 '모든' 총명으로(~안에서) 되어져야 했다. 여기서 '모든'(하나나 둘 정도가 아니라)은 총명의 중요성을 강조한다. '지식'(epignõsis)이 뭔가를 깨닫고 아는 것이라면, '총명'(aisthesis)은 뭔가를 분명하게 알고 판단할 수 있게 되는 것이다. 그러나 이 두 단어는 동의어로 이 부분에서 반복과 강조의 뜻을 가진다. 바울이 강조하는 것은 사랑의 풍성에는 지식과 총명이 함께 있어야 한다는 것이다.

1-8(9절 종합): 바울이 기도하는 첫 번째 기도는 빌립보 교인들의 사랑이 점점 더 풍성해지는 것이다. 단, '지식'과 '모든 총명'으로 그렇게 되길 원하고 있다. 지식과 총명이 없는 사랑은 무의미하거나 위험하다고 보았다. 또한 점점 더 풍성해지지 않는 사랑을 가진 것으로 만족해선 안된다는 점을 말씀했다.

10절 분석

1: 사랑의 풍성함은 결국 그들로 뭔가 중요한 것을 분별할 수 있게 되는 것이다. 사랑이 점점 더 많이 풍성해지지 않으면 이것을 분별할 수 없다.

2: 바울은 빌립보 성도들이 그렇게 분별할 수 있기를 원했다.

3: 그 분별하게 될 내용은 '지극히 선한 것'(참으로 가치 있는 것), 즉 하나님의 뜻일 것이다. 사랑의 풍성이 커갈 때, 그리고 그것이 지식과 총명으로 그리 될 때, 그리스도인들은 하나님 앞에 참으로 가치 있는 것이 무엇인지, 하나님께서 원하시는 것이 무엇인지 분별할 수 있게 된다.

4: 두 번째 hina(that)-절로 두 번째 기도 제목이 된다. 만일 이 부분을 10절 앞 부분(eis-전치사구)을 수식하는 절로 본다면 첫 번째 기도 내용(사랑의 풍성해짐)의 결과로 해석해야 한다. 그럴 때는 가장 선한 것을 분별하여(10절의 1-3번) 4-7번과 같은 존재가 될 수 있도록 기도한 것이다. 가능한 해석이다. 여기서는 이 부분을 두 번째 기도 제목으로 취급하겠다. (그러나 두 번째 기도로 인정한다 해도 첫 번째 기도 내용이 두 번째 기도의 내용을 가능하게 할 수 있다는 점을 지적할 수 있겠다.) 따라서 바울이 '너희 사랑의 풍성해짐'(첫 번째)과 특별한 어떤 존재들이 되길(두 번째) 기도하고 있는 것이 된다.

5-6: 순전하다는 것은 정직하고 진실하다는 것이고, '흠이 없이'란 말은 허물(죄악)이 없다는 것이다. 빌립보 성도들이 그런 존재가 되는 것이 바울의 기도 제목인 것이다. 하나님께서 원하시는 성도의 상이 어떤 것인지 보여준다.

7: '순전하고 흠이 없는' 존재가 되는 것은 '그리스도의 날'에 이를 때까지 되는 것이다. 지속적인 목표가 된다. 그것은 우리 존재가 어떻게 되어야 하는지를 알려 주는 방향이 되면서 동시에 그리스도의 날에 이 부분이 그리스도인에 대한 상벌의 근거가 될 수 있다는 것을 시사해 준다. '그리스도의 날', 주님께서 다시 오시는 그 날은 그리스

도인이 소망으로 기다리는 날이다. 그 날을 마땅히 준비해야 한다.

1-7(10절 종합): 9절이 10절의 전제라고 생각할 때, 이 부분에서 '너희의 사랑'이 첫 번째 기초가 된다. 사랑의 풍성함이 점점 더해져야 하고 그럴 때 참된 지식과 총명이 참으로 필요하며, 이를 통해 가장 선한 것을 분별할 수 있게 되고, 이를 통하여 결국 순전하고 흠이 없는 존재로 그리스도의 날까지 서 갈 수 있게 되는 것이다.

10절을 중심적으로 생각하면, '가장 선한 것'의 '분별' 없이는 순전하고 흠이 없는 존재가 되지 못한다는 사실을 발견한다. '지식'이 필요한 '사랑' 없이 '분별' 없고, '분별' 없이 바른 존재가 될 수 없다.

11절 분석

1: 새로운 hina(ἵνα)-절이 아니고 분사절인데다 동작의 완료된 상태를 뜻하는 완료형이라 이 부분은 앞의 두번째 hina(ἵνα)-절('순전하고 흠이 없이 되도록')을 수식하는 종속절로 이해하는 것이 좋겠다. '순전하고 흠이 없는' 존재가 되기 위해 먼저 전제되어야 하는 것이 있는 것이다. 또는 그 앞 부분에 보충되어야 할 내용이 된다. 충만하게 되어야 할 무엇이 먼저 있다. 그런 후에 순전하고 흠이 없는 존재가 되는 일이 일어나는 것이다.

수동태로 나타난 이유는 그같이 충만하게 하시는 일은 하나님의 일이기 때문이다. 그리고 그런 일은 이미 이뤄졌다(완료).

2-3: 가득채워져야 할 내용은 '의의 열매(결과)' 바로 그것이다. '열매'보다는 '결과'로 보아야 할 이유는 그 단어(karpos)가 단수로 쓰였고 하나님께서 충만하게 하시는 일이 이미 이뤄졌기 때문이다. 하나님께서 그를 믿는 자들을 의롭게 하신 결과로 이해하는 것이 타당할 것이다(3:9의 '믿음으로 하나님께로서 난 의'를 보라).

그렇다면 1번의 pl-eroõ도 '가득하다', '충만하다'로 이해할 것이 아니라, '이루다'로 번역하는 것이 좋을 것이다. 즉, 하나님에 의해 의의 결과가 그들에게 이미 이뤄진 것이다. (이것은 분석 과정에서 앞서 했던 번역이 수정된 경우이다.)

이 이미 이루어진 '의' 때문에 그리스도인들이 '순전하고 흠이 없는' 존재가 될 수 있는 것이다. 이 이뤄진 '의'는 우리의 존재의 성숙('순전하고 흠이 없는')을 가능하게 하는 반석 같이 굳은 기반이 된다.

4: 의의 결과가 이뤄진 것은 당연히 '예수 그리스도로 말미암아' 된 것이다. 이것이 강조된다. 우리의 주 예수께서 생명이 되셨기 때문이다(참조, 빌 2:11). 우리가 한 것이 아니다.

5-7: 하나님께 영광과 찬양을 돌려드리는 일로 바울의 기도는 귀결된다. 이 부분은 크게는 9-11절의 기도 전체를 마무리하는 내용이 될 수도 있고 작게는 10절에 나타난 두 번째 기도제목(hina-절)의 귀결로도 이해할 수 있다. (11절 분사 구문에만 해당되는 전치사구로 볼 필요는 없다.) 전자로 이해할 때, 사랑의 풍성해짐과 온전한 존재가 되는 일을 통해 결국은 하나님의 영광과 찬양이 온전히 드려지는 것이 되길 원하는 것이다. 후자로 이해하면, 온전한 존재가 되는 것은 결국 하나님의 영광과 찬양을 위한 것이 된다. 순전함과 흠이 없는 삶은 하나님의 영광과 찬양과 직결된다. (단어 구성이나 위치로 볼 때, 후자의 경우가 더 설득력이 있다. 뒤의 9-11절 종합을 보라.)

1-7(11절 종합) : 예수 그리스도로 말미암아 이뤄진 의의 결과 때문에 그리스도인은 이제 순전하고 흠이 없는 존재가 될 수 있다. 이를 통해 하나님은 영광을 받으시고 그 이름은 찬양을 받으신다.

9-11절 종합 : 바울의 기도는 크게 두 가지이다. 하나는 '너희의 사랑'이 풍성해지길 원하는 것이다. 또 하나는 순전하고 흠이 없는 존재가 되는 것이다. 이를 통해 하나님의 영광과 찬양이 들려지길 원한

다. 이 두 기도 제목은 모두 hina(ἵνα, that)-절로 이뤄졌다. 흥미롭게도 각 절의 마지막 부분은 eis(εἰς)-전치사구로 짜여 있다. 또한 두 부분 모두 20개의 헬라어 단어로 구성된 것도 특이하다. 이 두 내용이 분량에 있어 균형을 이루고 있다.

바울은 사랑과 의의 주제, 두 가지를 다루고 있는 것이다. 이 둘 중 어느 하나에 치우치지 않았다. 이 둘 모두 중요하다고 본 것이다. 어느 것 하나를 잃으면 다른 것도 약해진다. 굳이 말한다면, 사랑이 먼저이고 그 다음이 순전함이다. 사랑에는 지식과 분별이 필요하되 더 자라나야 하고, 순전함은 그리스도의 의로 인해 가능해졌으되 그리스도의 날까지 그 본질적 모습을 잃지 말아야 한다. 그렇게 함으로 하나님께 영광과 찬양이 드려져야 한다. 그것이 그리스도인의 삶이다. 바울은 이를 위해 기도한 것이다.

이렇듯 분석 작업에는 한 단어, 한 단어를 놓치지 않고 해석해 내는 것이 필요하다. 또한 그 단어들을 서로 연결해서 해석하려는 노력이 요구된다. 마지막 중요한 것은 그 모든 분석 데이터를 종합하는 것이다.

3. 개요 세우기

본문이 충분히 분석되었고 또 어느 정도 종합이 되었다면 본문의 내용을 조직화하는 것은 어렵지 않다. 조직화된 구조는 본문을 통해 저자가 무엇을 말씀하는지를 분명히 보여주는 틀이 될 뿐 아니라, 본문을 다른 이들에게 나누는 이(설교자와 같이)들이 무엇을 전할 것인지를 명료하게 해주는 메시지 개요가 될 수 있다.

앞에서 분석한 빌립보서 1:9-11을 이 같은 개요로 만들면 어떻게 될까? 유념해야 할 일은 본문 내의 골격이 그대로 살아나도록 해야 한다는 것이다.

1) 잘못된 개요

다음의 개요를 보자. 무엇이 잘못되었는가?

[잘못된 개요의 예]

1. 바울의 기도
2. 사랑의 풍성함을 간구
3. 선한 것을 분별하게 될 것을 간구
4. 순전하고 흠이 없게 될 것을 간구
5. 의의 열매가 가득하게 될 것을 간구
6. 하나님의 영광과 찬양이 될 것을 간구

위의 개요의 문제점은 다음과 같다.

- 1번은 실제로는 전체 메시지의 내용(주제)이 된다. 그러므로 하나의 항목으로 놓기보다는 제목으로 뽑거나 서론에서 거론하는 것이 나을 것이다.
- 2번에서 '사랑의 풍성함'에 대한 간구를 대지로 본 것은 지극히 옳다. 반면에 3번의 경우는 또 하나의 대지로 놓을 수 없는 내용으로, 2번의 내용에 속하는 것이 되어야 했다. 이런 점은 5번의 경우도 비슷하다.
- 다만 5번의 경우가 3번의 경우와 다른 것은, 이 부분은 4번의 '순전하고 흠이 없게 됨'에 대한 전제가 되어야 한다는 것이다. 그것이 앞서 분석한 결과를 따르는 것이다. 다시 말해, 5번은 간구의 내용이 아니라, 이미 된 사실에 대한 고백이다. 그리고 이 사실은 4번을 위해 존재한다.
- 6번을 하나의 대지로 뽑은 것도 앞의 원리로 볼 때, 바람직한 것은 아니다. 다만, 결론적인 부분으로 놓고 이를 강조하고 싶을 때 가능하다 할 수 있다. 특히 설교 구조(개요)로 본다면 일리는 있다.

2) 개요 세울 때 유의점

본문의 개요를 세울 때 중점적으로 생각해야 할 점이 있다.

• 중심 골격을 세우라.

본문 자체가 전하고자 하는 말씀의 골격이 개요의 큰 틀이 되어야 한다. 그래야 본래 전하고자 하는 성경의 저자(또는 하나님)의 의도를 파악할 수 있기 때문이다.

빌립보서 1:9-11에서 본문의 핵심이 '나는 기도한다'라면, 기도의 내용을 이루는 큰 골격은 두 가지로 나타나는데, 하나는 '너희 사랑의 풍성함'이고 또 하나는 '순전하고 흠이 없게 되는 것'이다. 그러므로 바울의 기도의 내용을 떠받치는 두 기둥만이 있을 뿐이다. 그 두 내용이 큰 대지로 반영되어야 옳다.

• 주메시지와 부메시지를 분별하라.

따라서 본문에는 세 가지 핵심적인 내용이 서로 연계되어 나타난다고 할 수 있는데, 즉 다음과 같다.

'나는 기도한다'

(a) '너희 사랑이 풍성하게 될 것을'

(b) '순전하고 흠이 없게 될 것을'

반면에 그 외의 내용들은 부메시지(요점)가 된다. 부메시지는 위의 주메시지를 보충(보완)하기 위해 존재한다. 즉 부메시지는 주 메시지를 위해 있다. 그러므로 부메시지를 주메시지의 위치에 놓지 않도록 하는 것이 옳다. 종속적인 특성이 구조에 나타나야 한다.

• 주메시지에 부메시지를 연결하라.

골격 세우기는 주메시지를 열거하는 것으로 끝나지 않는다. 부메시지의 내용들을 주메시지와 연계시키는 것이 그 다음 단계에 필요하다. 본문 기도 내용의 첫 번째 기둥인 '너희 사랑이 풍성하게 될 것'에 부속되는 부메시지는 '점점 더 많이', '지식과 모든 총명 안에서', '가장 선한 것을 분별하도록' 하는 등의 어구들이 된다.

첫 번째 큰 대지에 이들을 연계해서 조직화하면 다음과 같이 될 것이다.

[빌립보서 1:9-11 개요A]

1. 사랑이 풍성하게 될 것을 간구

(1) '너희 사랑'의 '풍성함'
(2) '점점 더 많이' 풍성해짐
(3) '지식과 모든 총명 안에서' 그리 될 것
(4) 그 결과, '너희가 가장 선한 것을 분별하게 되도록'

(1)은 1번('사랑이 풍성하게 될 것을 간구') 자체에 초점을 둔 것이다. 이 부분에서는 '너희 사랑'(다른 이들의 사랑이 아니라)과 그 사랑이 '풍성해져야 함'(그냥 있어서는 안 되고)을 각각 강조할 필요가 있다.

두 번째 주메시지인 '순전하고 흠이 없게 되는 것'에 대한 부메시지들은 '그리스도의 날에 이르도록', '예수 그리스도로 말미암아 의의 결과가 이루어진 사실', '하나님의 영광과 찬양에 이르도록' 등이 된다.

2. 순전하고 흠이 없게 될 것을 간구

(1) 순전하고 흠이 없게 된다는 것
(2) 그것이 가능할 수 있는 이유: 예수 그리스도로 인하여 이뤄진 의의 결과
(3) 그리스도의 날에 이르기까지
(4) 그리하여 하나님의 영광과 찬양에 이르도록

이렇게 조직화된 개요를 세울 때 주의해야 할 것은 구조의 일관성을 가급적 지켜야 한다는 것이다. 이렇게 되면 전체적인 메시지의 짜임새가 드러나게 된다. 다음의 개요는 본문의 구조와 내용을 드러내고 있다. 저자의 의도가 제대로 드러난 개요가 되도록 주의할 필요가 있다.

[빌립보서 1:9-11 개요B]

바울의 간구

1. 바울의 간구, 간구하게 된 배경
2. 사랑이 풍성하게 될 것을 간구
   (1) '너희 사랑'의 '풍성함'
   (2) '점점 더 많이' 풍성해짐
   (3) '지식과 모든 총명 안에서' 그리 될 것
   (4) 그 결과, '너희가 가장 선한 것을 분별하게 되도록'
3. 순전하고 흠이 없게 될 것을 간구
   (1) 순전하고 흠이 없게 된다는 것
   (2) 그것이 가능할 수 있는 이유: 예수 그리스도로 인하여 이뤄진 의의 결과
   (3) 그리스도의 날에 이르기까지
   (4) 그리하여 하나님의 영광과 찬양에 이르도록

이처럼 본문의 내용과 구조를 파악하여 이를 토대로 본문의 개요를 세워나가는 일이 상당 부분 가능하다. 물론 해석과 분석이 제대로 되어 있어야 하는 것은 당연하다. 개요를 어떻게 세웠는지를 보면 본문이 제대로 파악되었는지, 그렇지 않았는지 알 수 있다. 해석상의 논란이 있는 부분이 있다 할지라도 근실한 해석자의 해석 노력이 반영되어 있으면 된다. 다만, 현장의 필요를 반영하려 할 때 개요를 어느 정도 수정할 수 있다. 예컨대, 특정한 성도를 위해 설교하려 할 때 본문의 개요에 현장의 상황을 고려한 수정된 개요 설정이 나올 수 있다는 것이다.

이럴 때라도 해석자로서의 정직성과 성실성이 먼저 전제되어야 한다. 전하기 전에 듣는 것이 먼저다. 그분의 말씀을 제대로 귀담아듣고자 할 때 그분의 뜻을 제대로 전할 수 있다. 무엇을 말씀하시는가 듣는 것이 해석이다. 물론 제대로 듣는다 해도 제대로 전하지 못할 수는 있다. 그러나 '듣고 행하는' 자의 사역만이 반석 위에 남아 있을 것이다.

다음의 개요는 주제의 짜임새에 신경을 더 써서 만든 것이다. 앞의 것(개요B)과 비교했으면 한다.

[빌립보서 1:9-11 개요C]
사랑과 온전함을 위한 기도

1. 왜 이 시대에 사랑과 온전함을 구해야 하는가?
2. 첫 번째 간구, 사랑!
   (1) 사랑이 풍성해야 하는 이유는 무엇인가?
   (2) 사랑의 풍성함이 지속되어야 하는 이유는 무엇인가?
   (3) 사랑에는 왜 지식이 필요한가?
   (4) 사랑의 목적은 무엇인가?
3. 두 번째 간구, 온전함!
   (1) 온전하다는 것은 어떤 것인가?
   (2) 온전할 수 있는 근거는 무엇인가?
   (3) 언제까지 온전해야 하는가?
   (4) 온전함의 목적은 무엇인가?

6

원어 구문 분석 (II)

다른 본문을 선택해서 원어 분석 과정을 한 번 더 살펴보도록 하겠다. 이번에는 에베소서에 있는 바울의 기도(1:15-19)를 분석하려 한다. 본문의 원어를 해석하고 본문을 배열한 후 한 부분씩 분석하도록 하자.

1. 원어의 해석

본문에 대해 한글로 음역을 달겠다.

[한글 음역, 엡 1:15-19]

원 문	음 역
15 Διὰ τοῦτο καγὼ ἀκούσας τὴν καθ᾽ ὑμᾶς πίστιν ἐν τῷ κυρίῳ Ἰησοῦ καὶ τὴν ἀγάπην τὴν εἰς πάντας τοὺς ἁγίους	Dia touto kagō akousas tēn kath' hymas pistin en tō kyriō Iēsou kai tēn agapēn tēn eis pantas tous hagious
16 οὐ παύομαι εὐχαριστῶν ὑπὲρ ὑμῶν μνείαν ποιούμενος ἐπὶ τῶν προσευχῶν μου,	ou pauomai eucharistōn hyper hymōn mneian poioumenos epi tōn proseuchōn mou
17 ἵνα ὁ θεὸς τοῦ κυρίου ἡμῶν Ἰησοῦ Χριστοῦ,	hina ho theos tou kyriou hēmōn Iēsou Christou

원 문	음 역
ὁ πατὴρ τῆς δόξης,	ho patēr tēs doksēs
δώῃ ὑμῖν πνεῦμα σοφίας καὶ	dōē hymin pneuma sophias kai
ἀποκαλύψεως ἐν ἐπιγνώσει αὐτοῦ,	apokalypseōs en epignōsei autou
18 πεφωτισμένους τοὺς ὀφθαλμοὺς τῆς	pephōtismenous tous ophthalmous tēs
καρδίας [ὑμῶν]	kardias [hymōn]
εἰς τὸ εἰδέναι ὑμᾶς	eis to eidenai hymas
τίς ἐστιν ἡ ἐλπὶς τῆς κλήσεως αὐτοῦ,	tis estin hē elpis tēs klēseōs autou
τίς ὁ πλοῦτος τῆς δόξης	tis ho ploutos tēs doksēs
τῆς κληρονομίας αὐτοῦ	tēs klēronomias autou
ἐν τοῖς ἁγίοις,	en tois hagiois
19 καὶ τί τὸ ὑπερβάλλον μέγεθος	kai ti to hyperballon megethos
τῆς δυνάμεως αὐτοῦ	tēs dynameōs autou
εἰς ἡμᾶς τοὺς πιστεύοντας	eis hēmas tous pisteuontas
κατὰ τὴν ἐνέργειαν τοῦ κράτους	kata tēn evergeian tou kratous
τῆς ἰσχύος αὐτοῦ.	tēs ischyos autou

이제 해야 할 작업은 한 단어씩 번역(문법적 해석)을 하면서 적당한 간격으로 끊어서 배열하는 것이다. 이번에는 문법적인 사항을 생략했다. (이와 관련된 것은 행간역 또는 주석 등을 참고하기 바란다.)

[번 역]

원 문	번 역
15 Διὰ τοῦτο / καγὼ / ἀκούσας	15 이를 인하여 / 나도 / 듣고
τὴν καθ᾽ ὑμᾶς πίστιν	너희의 믿음을(대하여)
ἐν τῷ κυρίῳ Ἰησοῦ καὶ	주 예수 안에서
τὴν ἀγάπην /	사랑을 /
τὴν εἰς πάντας τοὺς ἁγίους	모든 성도에 대한 (그것을)
16 οὐ παύομαι / εὐχαριστῶν / ὑπὲρ ὑμῶν	16 쉬지 않는다 / 감사하기를 / 너희를 위하여
μνείαν ποιούμενος /	말(언급)하기를 /
ἐπὶ τῶν προσευχῶν μου,	나의 기도(들)의 때에
17 ἵνα / ὁ θεὸς / τοῦ κυρίου ἡμῶν	17 하시도록 / 하나님께서 / 우리 주(의)
Ἰησοῦ Χριστοῦ, / ὁ πατὴρ τῆς δόξης,	예수 그리스도의 / 영광의 아버지께서
δώῃ / ὑμῖν / πνεῦμα / σοφίας καὶ	주사 / 너희에게 / 정신(영)을 / 지혜와
ἀποκαλύψεως / ἐν ἐπιγνώσει αὐτοῦ,	계시의 / 그의 지식 안에서
18 πεφωτισμένους /	18 밝히사 /
τοὺς ὀφθαλμοὺς τῆς καρδίας [ὑμῶν]	[너희] 마음의 눈(들)을
εἰς τὸ εἰδέναι ὑμᾶς	너희로 알도록
τίς ἐστιν / ἡ ἐλπὶς / τῆς κλήσεως αὐτοῦ,	무엇인지 / 소망이 / 그의 부르심의
τίς / ὁ πλοῦτος / τῆς δόξης	무엇인지 / 충만이 / 영광의
τῆς κληρονομίας αὐτοῦ	그의 기업의
ἐν τοῖς ἁγίοις,	성도(들) 안에서
19 καὶ / τι / τὸ ὑπερβάλλον μέγεθος	19 또한 / 무엇인지 / 지극히 크심이
τῆς δυνάμεως αὐτοῦ	그의 능력의
εἰς ἡμᾶς / τοὺς πιστεύοντας	우리 / 믿는 자들에게 (베푸신)
κατὰ τὴν ἐνέργειαν / τοῦ κράτους	역사하심을 따라 / 강력(의)으로
τῆς ἰσχύος αὐτοῦ.	그의 힘의

2. 구문 배열

그 다음 단계는 구문을 배열하는 것이다. 주어, 동사를 중심으로 해서 본문을 배열해 보자. 본인의 형편에 따라 원어로만 배열하든지, 원어의 밑에 아래의 경우처럼 한글역을 달든지, 혹은 한글로만 배열하든지(SBI의 「문맥성경」처럼) 선택할 수 있을 것이다.

배열한 이후에 할 일은 배열한 내용을 하나씩 하나씩 분석해 가기 위해 각 부분(어구)별로 코드를 넣는 일이다. 아래의 표에서는 하나의 어구마다, 즉 행이 구분된 단위마다 코드가 매겨져 있는 것을 볼 수 있을 것이다.

[구문 배열과 코드 넣기]

15
Διὰ τοῦτο[1]
이를 인하여(말미암아)
καγὼ[2]
나도
　　ἀκούσας[3]
　　듣고
　　　　τὴν καθ᾽ ὑμᾶς πίστιν[4]
　　　　너희의 믿음을
　　　　　　ἐν τῷ κυρίῳ Ἰησοῦ[5] καὶ
　　　　　　주 예수 안에서
　　　　τὴν ἀγάπην[6]
　　　　사랑을
　　　　　　τὴν εἰς πάντας τοὺς ἁγίους[7]
　　　　　　(즉) 모든 성도에 대한 (그것)

16
　　οὐ παύομαι[1]
　　쉬지 않는다
　　　　εὐχαριστῶν[2]
　　　　감사하기를

ὑπὲρ ὑμῶν[3]
너희를 위한
μνείαν[4]
말(언급)
ποιούμενος5
하기를
ἐπὶ τῶν προσευχῶν μου,[6]
나의 기도(들)의 때에

17

ἵνα[1]
하시도록
ὁ θεὸς[2]
하나님
τοῦ κυρίου ἡμῶν[3]
우리 주
Ἰησοῦ Χριστοῦ,[4]
예수 그리스도의
ὁ πατὴρ τῆς δόξης,[5]
영광의 아버지께서
δώῃ[6]
주사
ὑμῖν[7]
너희에게
πνεῦμα[8]
정신(영)
σοφίας[8] καὶ
지혜와
ἀποκαλύψεως[9]
계시의
ἐν ἐπιγνώσει αὐτοῦ,[10]
그의 지식 안에서

18

πεφωτισμένους[1]
밝히사
τοὺς ὀφθαλμοὺς τῆς καρδίας [ὑμῶν][2]
(너희) 마음의 눈(들)을
εἰς τὸ εἰδέναι ὑμᾶς[3]
너희로 알도록

τίς ἐστιν[4]
무엇인지
ἡ ἐλπὶς[5]
소망이
τῆς κλήσεως αὐτοῦ,[6]
그의 부르심의
τίς ὁ πλοῦτος[7]
무엇인지 충만이
τῆς δόξης[8]
영광의
τῆς κληρονομίας αὐτοῦ[9]
그의 기업의
ἐν τοῖς ἁγίοις,[10]
성도(들) 안에서

19

καὶ
τί τὸ ὑπερβάλλον μέγεθος[1]
무엇인지 지극히 크심이
τῆς δυνάμεως αὐτοῦ[2]
그의 능력의

εἰς ἡμᾶς[3]
우리 (베푸신)
τοὺς πιστεύοντας[4]
믿는 자들에게
κατὰ τὴν ἐνέργειαν[5]
역사하심을 따라
τοῦ κράτους[6]
강력으로
τῆς ἰσχύος αὐτοῦ.[7]
그의 힘의

3. 구문 분석(해석)

구문 배열의 장점은 본문에서 핵심적인 사항(내용)이 어떤 것들이고 그와 관련해서 다른 어구들이 어떤 관계에 있는지 쉽게 파악할 수 있는 것이다. 한 어구 한 어구씩 분석해 가면서 이 어구들 사이에 어떤 의미로 서로 연계되어 있는지를 살피는 것이 필요하다.

15절에서 예를 들어 보자. '이를 인하여' 다음에 '나도'가 나오는 이유는 무엇인가? 왜 '이를 인하여'가 첫 부분에 등장하는가? '듣고'에 '나'라는 1인칭 주어가 포함되어 있는데 왜 '나도'라는 말이 그 앞서 나타나는가? '듣고'의 목적어로 '너희의 믿음을'을 먼저 말하는 이유는 무엇인가? '듣고'의 두 번째 목적어로 '사랑을'이 제시된 이유는 무엇일까? '너희의 믿음을'에는 왜 '주 예수 안에서'란 어구가 수식되어야 했는가? 또 '사랑을'에는 '모든 성도에 대한 (그것)'이란 어구가 덧붙여져야 했는가? 이런 것들을 통한 저자의 의도는 무엇인가? 왜 본문에서 15절이 16절보다 더 앞서 나와야 했는가?

이런 질문들은 모두 서로의 연계 속에서 본문을 철저히 살펴보려는 해석 질문들이 된다. 이런 맥락에서 다음과 같이 해석을 달았다. 독자는 각자 그 같은 해석 질문을 스스로 하면서 이 책의 내용과 비교해 보기 바란다.

15절, 바울이 들은 믿음과 사랑

1) '이를 인하여': '이'(중성)는 앞의 문장(13-14절)을 받는 것으로 보인다. 이 때는 '너희'도 듣고 믿어 인치심을 받았고, 이와 관련해서 성령께서 보증이 되신 일을 뜻한다. 이렇게 할 때, 그 의미는 '그 같은 구원이 일어났음으로 인하여'가 된다. (앞의 3-14절 전체를 받는 것으로 볼 수 있다. 혹은 13절의 '성령'을 받는 것일 수도 있는데, 이 때는 '성령을 인하여'로 이해해야 한다. 13-14절이나 3-14절 전체를 받는 것으로 보는 것이 좋겠다.)

2-3) '나도 듣고': 바울이 그의 서신의 수신자들에 대해 무언가를 들었

다는 것을 말씀한다. 혹시 앞의 13절의 '너희도 듣고'와 대구되는 내용인가? 형식적 특성상 그럴 가능성이 있다. 만일 그렇다면, '너희'는 진리의 말씀을 듣고 믿어 인치심을 받았다면, '나'는 '너희' 믿음과 사랑을 듣고 감사하기 등을 쉬지 않는다는 것을 대구 형식으로 나타낸 것이 된다. '너희'는 듣고 구원을 얻었다면, '나'는 듣고 쉬지 않고 감사한다.

4) '너희의 믿음을': 바울은 그들의 믿음에 대해 들었다. (여기서 τὴν καθ' ὑμᾶς πίστιν은 about your faith로 번역하면 되겠다.) 그 믿음은 13절의 '너희의 구원의 복음을 듣고 그 안에서 또한 믿은' 그 믿음이다. 그 믿음은 성령으로 인치심을 받게 한 그 믿음이다. 그들(수신자)이 '듣고 믿은' 것이다. 그래서 인치심을 받았던 것이다.

5) '주 예수 안에서': 그 믿음은 특히 '주 예수 안에서'의 믿음이다. 주 예수 안에서 얻게 된 믿음은 그리스도로 말미암아 얻게 된 믿음을 가리킨다. 13절의 '그 안에서…믿어'란 부분을 기억하자. 바울의 '예수 그리스도 안에서'의 중요성이 계속 강조된다.

6-7) '사랑을', '모든 성도에 대한': 바울이 그들에 대해 들은 두번째 것은 그들의 사랑이었다. 사랑은 믿음과 짝을 이룬다. 이 둘이 분리되지 않는다.

그 사랑은 모든 성도에 대한 것이었다. 믿음은 주 예수와 관련된 반면, 사랑은 성도에 대한 것이다. 특히 '모든 성도'라 하여 제한된 사랑이 아니라, 열린 사랑에 대해 말하고자 했다. (믿는 자를 성도, 거룩한 자라고 부르는 의미를 생각하자.)

1-7 종합) 그들에게 믿음과 사랑이 있다는 것은 그들이 그리스도 안에 있다는 것을 말해준다. 이것이 중요했다. 이것이 그들이 구속된 증거가 되기 때문이다. 다시 말해, 그들이 분명하게 '우리'와 함께 하나님의 기업이 되었다는 것(11절)을 뜻하는 것이다. (더 이상 '우리'와 '너희'는 구별되지 않는다.) 바울이 들은 그들의 '믿음과 사랑'을 강조한

다. (그러므로 참으로 감사할 수 있었다.)

16절, 감사와 기도를 쉬지 않음

1-2) '쉬지 않는다', '감사하기를': 바울은 감사하는 것을 멈추지 않았다. 계속 감사했다. 그것은 바울이 그들의 믿음과 사랑을 들었기 때문이다. 그들의 '믿음과 사랑'이 어떤 이유로 바울에게는 감사의 조건이 되는 것일까?

이 부분에서 바울이 '감사하기를 쉬지 않는' 사람(사역자)임을 가리킨다. 감사의 대상은 당연히 하나님이었을 것이다. 바울은 하나님께 감사하는 사람이었고, 그 감사는 쉬지 않는 감사였으며, 그 감사의 이유는 성도가 가진 '주 예수 안에서의 믿음'과 '모든 성도에 대한 사랑'을 들었기 때문이다.

3) '너희를 위한': 이 부분이 '감사하기를 쉬지 않는다'와 관련된다고 볼 수도, '말하기를 쉬지 않는다'와 관련된다고 볼 수도 있다. 전자의 경우라면 '너희를 인하여'(because of you)라고 번역하는 것이 옳을 것이다. 후자의 경우라면 '너희를 위하여'(for you)라 해도 좋다.

4-6) '말(언급)' '하기를' (쉬지 않았다), '나의 기도의 때에': 두 번째 쉬지 않았던 것은 바울이 기도할 때에 그들을 위하여 말하는 것(mentioning), 즉 그들을 기억하고 기도하는 것이었다. 바울이 기도의 사람이라는 것과 그가 성도를 위하여 어떻게 기도해 왔는지 보여주는 부분이다.

1-6 종합) 그는 다른 이(성도)들과 관련해서 적어도 두 가지를 쉬지 않았다. 하나는 그들로 인한 감사였고 또 하나는 그들을 위한 기도였다. 감사에서 그치지 않고 바울이 기도로 나아갔다는 것을 뜻한다. 이 두 가지 사역은 결국 바울이 사람에 대한 책임과 관심을 가진 주님의 사역자였음을 드러내준다. 또 그들을 위해 기도해야 했다는 것은 성도들이 믿음과 사랑에 기초하더라도, 무언가 더 얻어야 할 것이 여전히

있다는 것을 뜻한다.

17절, 지혜와 계시의 정신을 주시도록

1) '하시도록': 바울이 그의 기도의 때에 어떤 기도를 주로 해왔는지 알려준다. 그는 이처럼 기도했다.

2-4) '하나님', '우리 주' '예수 그리스도의': 기도할 때 하나님을 부른다. 그 하나님은 주 예수 그리스도의 하나님(그분을 통하지 않고서는 알 수 없는 하나님)이시다. 이 호칭에서 예수를 그리스도, 우리 주로 부르며, 그 예수 그리스도의 하나님께 기도하는 바울의 마음을 읽는다.

5) '영광의 아버지께서': 그분은 '우리 주 예수 그리스도의 하나님'이시면서 동시에 '영광의 아버지'로 일컬어진다. 영광을 떠나 그분을 말할 수 없다. 여기서 하나님은 예수 그리스도의 하나님이자 영광의 아버지이시다. 예수 그리스도는 우리의 주님이 되시고, 성부 하나님은 예수 그리스도의 하나님과 아버지가 되신다.

6) '주사': 하나님께서 다음의 것들을 그들에게 주시도록 기도했다.

7-9) '너희에게', '정신을', '지혜와' '계시의': 하나님이 그들에게 주시도록 기도한 첫 번째 것은 '지혜와 계시의 정신(영)'이었다. '지혜'와 '계시', 모두 하나님 편에서 인간에게 무언가를 드러내고 알리시는 것과 관련된다. 바울은 하나님께서 뭔가 중요한 것을 그들에게 알리시길 원했다.

10) '그의 지식 안에서': 이 어구는 '그분(하나님)을 아는 지식 안에서', 또는 '그를 알아가면서'란 뜻으로 이해된다. 하나님을 아는 것이 지혜와 계시의 정신을 얻는 일의 전제가 된다. 하나님을 아는 일 없이 지혜와 계시의 정신이 주어질 수 없기 때문이다. 하나님 지식이 없는 그 어떤 지혜나 계시도 진짜가 아니다.

1-10 종합) 바울이 하나님께 간구하는 것은 그들에게 하나님을 아는 지

식 가운데 지혜와 계시의 정신을 주시도록 하는 것이다. 하나님을 아는 것이 없이는 그 어떤 지혜와 계시도 얻을 수 없다. 그래서 바울은 지혜와 계시의 정신을 주시되, 하나님을 아는 지식 가운데 주시도록 요청한 것이다.

18절, 부르심의 소망과 그의 기업의 영광의 충만

1-2) '밝히사', '마음의 눈을': 지혜와 계시의 정신을 주시길 원했던 것은 그래야 그들의 마음의 눈이 밝혀져 깨닫게 되기 때문이다. 바울이 원했던 것은 그들의 육체의 눈이 밝혀지는 것이 아니라, 마음의 눈이 그같이 되는 것이었다. 성령에 의해 그렇게 계속되는 것이다(현재 완료의 계속적 용법).

3) '너희로 알도록': 그래야 마땅히 알아야 할 것을 알 수 있게 되기 때문이다. 마음의 눈이 밝혀지기 전까지는 깨닫지 못하게 되는 무엇이 있다. 바울이 그들이 참으로 알기를 간절히 바라는 내용이 나온다.

4) '무엇인지': 이 단어가 18-19절에 걸쳐 세 번 나타난다. 그들이 깨닫고 알아야 할 세 가지 내용들이다.

5-6) '소망이', '그의 부르심의': 첫 번째 알아야 될 사실은 '그의 부르심의 소망'이 무엇인지에 대한 것이다. ('부르심'- κλῆσις은 4:1, '부르심을 입은 부름에 합당하게 행하여'; 4:4, '너희가 부르심의 한 소망 안에서 부르심을 입었느니라'에 나온다.)

앞의 3-14절에서 하나님께서는 '우리'와 '너희'를 부르셨다. 택하시고(4절) 예정하시며(5절) 기업이 되게(11절) 하셨다. 그것이 부르심의 내용이다.

그런데 그 부르심의 '소망'(ἐλπίς, elpis)이라 한 것은 그 부르심의 목적, 미래적인 결과와 관련된다. 예컨대, '그 앞에 거룩하고 흠이 없게'(4절), (온전히) '자기의 아들들이 되게'(5절), '하늘에 있는 것이나 땅에 있는 것이 다 그리스도 안에서 통일되게 하려 하심'(10

절), 하나님께서 '그 얻으신 것을 (결국) 구속'(14절)하게 되시는 것과 관련이 있을 것이다.

미래적인 '소망'은 현재의 믿음과 관련이 있다. (부르심의) 소망을 가진 자는 그 소망 때문에 현재 어떤 상황에서도 흔들리지 않을 것이다. 바울은 그것을 원했다. 하나님께서 그들을 부르신 목적이 무엇이고, 그 부르심의 결과가 미래에 어떻게 나타날지를 깨닫는 일이 중요했다. (사실상 그 소망의 내용은 에베소서 곳곳에 담겨 있다. 바울은 이 서신을 통해 그 내용을 알려주길 원한다.)

1-6 종합) 마음의 눈이 밝혀지지 않으면, 지혜와 계시의 영이 주어지지 않으면, 하나님을 아는 지식이 없으면, 부르심의 소망을 알 수 없다. 그 내용의 문자적 지식을 모르는 것이 아니라, 그 내용의 엄청난 사실을 마음으로 느끼며 깨달을 수 없다. 하나님의 부르심의 계획에 참여할 수 없다. 그러나 하나님에 의해 사람의 마음의 눈이 밝혀질 때 그 거대한 계시의 목적을 이해할 수 있다. 그 부르심이 우리의 간절한 소망이 된다. 그로 인해 현재에서 미래를 바라본다. 바울은 그것을 기도했다.

7-9) '무엇인지 충만이', '영광의', '그의 기업의': 두 번째 알게 되길 원하는 것은 그리스도와 관련된 '충만'(πλοῦτος, 부요함)이었다. (앞의 것이 미래적이라면, 이것은 과거 · 현재적인 것이다.) '무엇이 충만한지'는 '얼마나 충만한지'로 말해도 좋다. (바울은 그 충만의 정도를 알고 있었을 것이다.)

'그의 기업'은 앞의 11, 14절의 '기업'(κληρονομία)과 관련이 있다: '우리가 예정을 입어 그 안에서 기업이 되었으니'(11절), '이는 우리의 기업에 보증이 되사'(14절). 우리는 하나님의 기업이 되었고 한편으로 하나님의 기업을 잇는 존재(후사)들이 되었다.

10) '성도들 안에서': 그러한 풍요가 바로 우리 성도들 안에 존재한다는

사실을 강조한다. 다른 사람들은 알 수 없는, 누릴 수 없는 하늘의 부요함이 있다. 그것은 영광스럽고 풍성하다. 그것이 성도들 안에서 이뤄진다.

7-10 종합) 그(하나님)에게 속한 기업의 영광이 어떠한지, 그리고 그 영광의 풍성이 어떠한지 알게 해달라고 바울이 구하고 있는 것이다. 앞서 14절에서는 성령께서 '기업'에 보증이 되신다고 말씀하셨다. 이제 18절에서는 그 기업(우리가 그 앞에 받은 바)의 영광의 부요함이 우리 성도들 안에 어떠한지 알게 해달라고 기도하고 있는 것이다.

이것도 우리 마음의 눈이 밝혀져야 깨닫고 알게 되는 것이다. 그렇다면 이 눈이 밝지 못하면 이미 받은 바, 그 기업의 영광과 그 부요함이 어떠한지 모를 수 있는 것이다. 그 사실을 참으로 안다면, 사람은 늘 감사하는, 그런 넉넉한 삶을 살 것이다. 무엇이 부족하다고 생각지 않고 하나님의 풍요를 누리는 부요한 마음을 소유할 것이다. 세상의 복과 비교할 수 없는 놀라운 '하늘의 모든 복'(3절)이 우리에게 주어졌음을 안다면, 복 있는 자로서의 풍요를 경험할 수 있을 것이다. 바울은 이것을 기도했다.

19절, 그의 능력의 지극히 크심

1-2) '무엇인지 지극히 크심이', '그의 능력의': 세 번째 기도는 하나님의 능력과 관련이 있다. 그의 능력이 얼마나 '지극히 큰지'(τὸ ὑπερβάλλον μέγεθος) 알게 해달라는 것이다. '모든 이해 또는 그 어떤 크기를 능가하다'의 의미를 가진 동사(ὑπερβάλλω)의 분사형과 '큰 것'의 의미를 가진 명사(μέγεθος)가 함께 사용되어, 크다는 개념의 중복적인 강조가 일어났다. 그렇게 큰 것이 있을 수 없다는 것이다. 하나님의 능력이 그렇다. 본래 하나님이 소유하신 능력이 지극히 크다는 것에 이의를 제기할 수 없을 것이다.

3-4) '우리', '믿는 자들에게': 그런데 하나님의 그 능력은 그분이 단지

가지신 능력이 아니다. '우리 믿는 자들에게' 역사하시는 능력이다. 그러므로 이 능력은 뭔가 행하시는 하나님의 능력이다. 특히 믿는 자들에게 행하시는 능력이다. 그 능력은 엄청난 것, 지극히 큰 것이다.

이것을 모르면 뭔가 할 수 없다. 나약해진다. 하나님의 힘이 얼마나 크게, 그리고 강하게 우리에게 역사하시는지를 알지 못하고는 그 힘을 의지할 수 없다. 그 힘을 알지 못할 때 우린 나약해진다. 믿는 자는 그 마음의 눈이 밝혀져, 믿는 자에게 베푸시는 하나님의 능력의 지극히 크심을 알아야 한다.

5-7) '역사하심을 따라', '강력으로', '그의 힘의': 하나님의 능력이 어떻게 역사하시는지 알려준다. 하나님의 힘의 강력으로 역사하신다. 그의 능력 자체도 얼마나 크신가('지극히 크심'). 그런데 그 지극히 크신 능력이 그의 힘의 강력으로 역사하신다. 여기서 능력(δύναμις: power, act of miracle), 힘(ἰσχύς: strength, power), 강력(κράτος: power, mighty deed)은 서로 비슷한 단어로 능력 또는 힘이라는 의미에 중복 효과를 준다. 그 엄청난 하나님의 강력한 힘이 능력 있게 역사하시는 것이다. 믿는 자에게 그같이 역사하고 계시는 것이다.

18-19절 종합) 바울이 그들의 믿음과 사랑을 듣고 감사하기를 쉬지 않고 기도하기를 쉬지 않으며 그들을 위해 기도했던 내용은 그들이 뭔가를 꼭 알게 해달라는 것이었다. 그것을 위해 지혜와 계시의 정신을 주셔야 했다. 그래서 그들의 마음의 눈이 밝아져 반드시 세 가지 사실을 깨달아야 했던 것이다. 그래야 하나님의 뜻을 따라 하나님의 이 능력의 사역에 참여할 수 있는 것이다. 첫째는 부르심의 소망을 알아야 했다. 둘째는 그의 기업의 영광의 풍성을 알아야 했다. 셋째는 믿는 자에게 역사하시는 그의 능력의 지극히 크심을 알아야 했다.

4. 개요

앞서 분석한 내용으로 본문의 개요를 세워 보자. 만일 본문 중심의 메시지(강해)를 한다고 할 때는, 그것이 메시지의 골격을 이루는 개요라 할 수 있을 것이다. 첫 번째 개요(A)는 본문 분석적 입장에서 개요를 세운 것이라 할 수 있다. 반면에 두 번째 개요(B)는 강해 설교를 염두에 두고 본래의 개요를 설교적 입장에서 조금 변환시킨 것이다. (이 둘을 비교하기 쉽도록 하기 위해 대지를 구분하는 숫자와 칸을 바꾸지 않고 그대로 두었다.)

[A. 에베소서 1:15-19 본문 개요]

'성도들을 위한 바울의 첫 번째 기도'

1. 바울이 들은 것(15절)
   (1) 주 예수 안에서의 그들의 믿음
   (2) 모든 성도에 대한 사랑
2. 바울이 들은 뒤 쉬지 않고 행한 것(16절)
   (1) 그들을 위한 감사
   (2) 그들을 위한 기도
3. 바울이 쉬지 않고 기도하는 내용(17-19절)
   (1) 기도의 대상: 우리 주 예수 그리스도의 하나님, 영광의 아버지
   (2) 지혜와 계시의 정신을 주셔서 마음의 눈을 밝히시도록
   (3) 그래서 알게 하셔야 할 세 가지 사항
      ① 그의 부르심의 소망이 무엇인지
      ② 그의 기업의 영광의 충만이 무엇인지, 성도 안에서
      ③ 그의 능력의 지극히 크심이 무엇인지, 믿는 자들에게, 그의 힘의 강력으로 역사하심을 따라

[B. 에베소서 1:15-19 강해 개요 모델]

'여전히 우리가 알아야 할 하늘의 지식들'

1. 이 놀라운 지식을 얻기 전에 먼저 점검해야 할 것(15절)
   (1) 주 예수 안에서의 그들의 믿음이 있는가?
   (2) 모든 성도에 대한 사랑이 있는가?
2. 이 믿음과 사랑이 있다면 그 다음은?(16절)
   (1) 감사가 있는가? (왜 감사할 수 있는가?)
   (2) 그리고 이제 기도하자.
3. 쉬지 않고 기도하여 얻어야 할 큰 지식들(17-19절)
   (1) 누구에게 기도하는가?
   (2) 이 지식을 알기 위해 해야 할 선제 기도는 무엇인가?
   (3) 세 가지의 큰 하늘의 지식을 위해 기도하라.
      (그런데 왜 이것들을 기도해야 하는가?)
      ① 그의 부르심의 소망이 무엇인지
      ② 그의 기업의 영광의 충만이 무엇인지
      ③ 그의 능력의 지극히 크심이 무엇인지

7

매크로 해석 (I)

해석법의 두 가지 큰 갈래라 하면 마이크로(미시) 분석과 매크로(거시) 해석을 꼽고 싶다. 마이크로 분석(micro analysis)은 보다 작은 단위의 본문을 세밀하게 해석하는 방법으로 귀납법적 성경 연구와 성경 강해의 기본이 되는 방식이다. 따라서 한 문단 또는 몇 절 정도의 적은 본문을 대상으로 하고 그 부분을 철저히 연구하는 데 목적을 둔다.

반면에 매크로 해석(macro reading)은 보다 큰 단위의 본문을 대상으로 한다. 마이크로 분석이 나무를 정밀하게 보는 것이라면, 매크로는 나무와 나무의 연계의 큰 맥, 즉 더 넓은 숲을 보는 방식의 해석이다. 숲을 보는 것과 나무를 보는 것은 각기 목표하는 바가 다르다. 하늘에서 내려다보는 그림(조감도)에서처럼 큰 영역을 한꺼번에 보는 것이 매크로로 보는 것이라 한다면, 땅에 발을 디디고 어떤 한 부분에 손을 대고 그것을 느껴보는 것이 마이크로로 보는 방식이라 할 수 있다.

사실 한 나무를 보더라도 그 보는 방식과 목적이 같지 않을 수 있다. 나무를 보는 방식에 있어, 어떤 이는 그 나무의 멋을 그냥 마음으로 느끼고자 할 수 있고, 또 어떤 이는 그 나무의 기둥과 뿌리, 가지의 차이를 비교하려 할 수 있으며, 또 어떤 이는 잎사귀마다의 차이를 연구하려고 할 수 있다. 그런 차이는 관찰자의 목적이 서로 다른 데서 나온다.

숲을 보는 것도 다 같은 것이 아니다. 예컨대, 범위도 다르다. 전체의 숲을 보는 것이냐, 숲의 일부분을 떼어서 보는 것이냐, 숲의 각 부분을 서로 비교해서 보는 것이냐 등 많이 다르다. 숲의 일부분을 떼어내 보는 것이라 해도, 그 부분에서 나무들이 서 있는 그 자체의 아름다움을 가슴으로 느끼려고 하는 것인지, 그 나무들의 특징들을 드러내 그 연계 속에 존재하는 숲의 의미를 찾고자 하는 것인지, 그 중에서 선정된 한 나무를 중심으로 다른 나무들의 관계 속에서 그 나무에 대한 철저한 연구를 하고자 하는 것인지 등 여러 방식과 목적이 다를 수 있을 것이다.

본문을 보는 것도 같다. 연구자의 목적에 따라 본문에 접근하는 방식의 차이가 있을 수 있다. 여기서는 본문을 크게 보려고 할 때, 특히 각 부분의 연계를 통해 전체적인 의미를 찾고, 다시 이(전체 의미)에 근거하여(전체적인 맥락에서) 각 부분의 의미를 이해하는 그런 접근을 하고자 한다.

1. 매크로 해석이란 무엇인가?

매크로 해석은 단어나 구, 절보다는 문장 문장의 관계에 주목한다. 그것은 해석 단위가 마이크로의 경우보다 더 크다는 것을 뜻하면서 동시에 그 기본적인 해석 방식에는 큰 차이가 없다는 말일 수 있다. 마이크로가 작은 단위의 관계를 주목했다면, 매크로는 큰 단위의 관계를 주목하는 것이기 때문이다.

마이크로 : 단어 + 단어 + 단어 ⇨ 의미

매크로 : 문단 + 문단 + 문단 ⇨ 의미

이 해석이 하나의 나무보다는 숲을 보는 것이지만, 숲만을 그저 보고자 하는 것은 아니다. 나무들의 관계를 통해 숲을 보고 숲을 통해 각 나무의 의미를 또한 찾고자 하는 것이다.

사람의 몸을 보자. 뇌, 심장, 허파, 위, 신장 등의 장기들과 손, 발, 귀, 입, 가슴 등의 부위들에 대해 알고자 한다고 해보자. 그 하나 하나를 개별적으로 이해하는 것도 필요하지만, 그것이 다른 장기나 부위와 어떤 관계 속에 작동

하는지, 전체적으로는 어떻게 협력하는지를 아는 것도 중요하다. 한 부위의 이상은 그것으로 끝나지 않고 다른 부분 또는 전체에 지장을 주기 때문이다. 해석의 관점에서 말한다면, 하나의 이해는 다른 이해에 영향을 준다는 것이다.

매크로 해석은 보다 큰 본문 내의 단락 간의 관계 의미를 통해 본문의 전체적인 의미를 찾는 해석이라 할 수 있다. 물론 역으로, 전체적인 맥락을 통해 각 단락의 의미를 보다 분명히 할 수도 있다.

2. 매크로 해석법

부분과 전체는 서로 연계되어 있다. 부분은 전체를 이루고 전체는 부분으로 나뉜다. 부분 연계의 합은 전체의 모습이다. 부분의 연계, 즉 단락의 연계를 찾는 것이 전체적 의미를 얻는 데 중요하다. 따라서 단락 간의 연계 의미를 찾는 것이 매크로 해석의 핵심이 된다. 매크로 해석법은 이를 단계화한 것이다.

매크로 해석은 네 단계의 과정을 밟는다. 먼저 단락을 구분하고 그 다음은 그 단락의 내용을 요약(진술)하며, 세 번째는 각 단락 간의 연계성을 파악하고, 마지막으로 전체적인 해석을 하는 것이다.

이런 단계별 해석 과정은 반드시 그 순서를 정형화할 필요는 없다. 1, 2단계를 한꺼번에 할 수도 있고 3, 4단계를 묶어 할 수도 있다는 것이다. 다만, 여기서는 각 부분의 강조점을 명확히 하도록 하기 위해 단계별로 설명을 달았다.

1) 단락 구분

본문의 문단을 나눠 각 단락으로 구분한다. 하나의 주제나 토픽의 여러 문장으로 구성된 '의미 단락'(thought unit, paragraph)으로 본문을 나누는 것이다. 우리가 갖고 있는 성경의 본문은 대개 단락이 나눠져 있다. 동그라미를 넣어 표기하거나 최근에 나온 것은 문단 구분이 쉽게 단락을 띄어 놓은 것들도 있다. 그런 구분을 어느 정도 참고하는 것은 좋으나 그 구분이 완전한 것이 아님을 기억할 필요가 있다. 그 같은 구분 자체가 특정인의 해석 결과인 것이다. 해석자 자신의 구분 노력이 필요하다.

2) 각 단락의 요약

나눠진 단락(문단)은 이유가 있어 나눠졌을 것이다. 앞뒤의 다른 단락과 달리 구분된 이유가 무엇인가? 그것이 그 단락의 핵심적인 내용이 된다. 이렇게 하면 된다. 그 단락의 내용을 전체적으로 이해한 후 그것을 한 문장(예, '하나님이 우리를 사랑하신다.')으로 요약해 보자. 문장이 아니라면 하나의 어구(예, '우리를 사랑하시는 하나님')로 요약해도 좋다.

그 단락에서 중심 되는 주제나 모티브를 추출하는 작업이다. 중심 되는 주제가 무엇인지 파악하는 훈련이 되어 있어야 한다. 이 말은 중심 되는 주제와 부수적인 주제를 구분할 수 있어야 한다는 뜻이다. 부수적인 것은 필요 없는 것이 아니다. 그것도 이유가 있어 쓰인 것이다. 단, 중심 되는 주제와 어우러져 이해되어야 한다는 것이다. 그래야 본문을 통해 저자가 전하고자 하는 정확한 의도를 드러낼 수 있다. 중심과 주변, 핵심과 부수적인 것을 구별하는 눈이 길러져야 한다. 그것은 어떤 특정한 단락 안에서의 경우(중심 내용, 부수적 내용)도 그렇고, 한편으로 단락과 단락의 연계, 즉 더 큰 단위의 종합적인 내용(주요 단락, 부수적 단락)에 있어서도 그렇다. 내용에 있어, 주제에 있어 그 비중의 차이를 이해하자.

3) 단락 간의 연계

각각의 단락은 어떻게 연계되어 있는가? 앞에서 각 단락의 의미를 파악하는 일이 끝났다면, 이제는 그 의미들이 어떻게 서로 연결되어 있고 그렇게 연결하여 어떤 의미를 생성하는지 해석하는 것이다. 주제의 흐름(thematic flowing)이 어떻게 되는지, 그리고 그같이 배열한 저자의 의도가 어떻게 되는지 찾을 필요가 있다.

이렇게 보면 된다. 각 단락은 각기 고유한 주제를 가지고 있어서 구분이 된 것이다. 그러나 단락이 서로 앞뒤로 배열된 논리적인 이유는 있기 마련이다. a, b, c, d 단락이 있다고 할 때, a가 본문에서 먼저, 그리고 a 다음에 b가, 또 b 다음에 c가, 마지막에는 d가 위치한 이유가 각각 있다는 것이다. 그 이유를 찾아 단락 간의 연결을 논리적으로 시도하는 것이다. 그것이 단락 간의 연계를 통해 주제의 흐름을 파악하는 것이다.

때로 단락의 배열에 그 어떤 의미가 없는 경우도 드물게 있다. 그러나 대부분 서로 연계성이 없는 단락들을 모아 배열해 놓지는 않는다. 그렇게 저자가 글을 써나가지는 않는다는 뜻이다. 서로 간의 의사소통이 어려워지고 혼란스럽게 될 가능성이 크기 때문이다.

단락 간의 연계를 파악하기 위해 '단락 연계 관계도'(줄여서 '관계도')를 만들면 도움이 된다. 이 관계도는 단락들 서로 간의 연계가 어떤 방식으로 되는지를 그려주는 것이다. 관계도만으로도 본문의 단락 간의 연계가 어떤 것인지 파악할 수 있게 하기 위한 것이다.

이 부분은 다음과 같은 이해가 필요하다. 네 단락의 관계도를 다섯 가지의 형태로 그려 보았다. (유형에 대한 이름은 임의로 붙였다.)

[관계도 유형 1]

(1)은 열거형이다. 단락 a, b, c, d가 모두 병렬로 열거되어 있다. 그것은 본문의 네 단락이 모두 특별한 연계성은 없고 서로 비슷한 비중으로 병렬로만 연계되어 있다는 것이다. 네 단락은 모두 본문의 네 소주제(또는 주제의

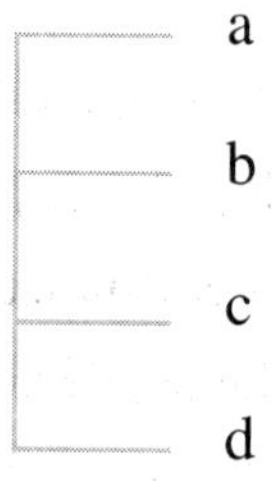

(1) 열거형

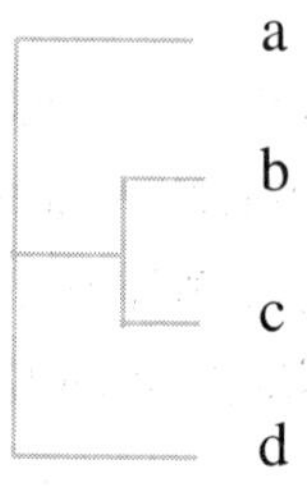

(2) 포함형

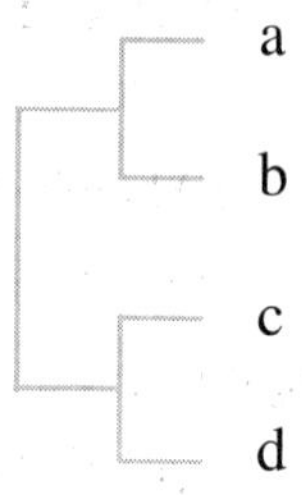

(3) 이이형

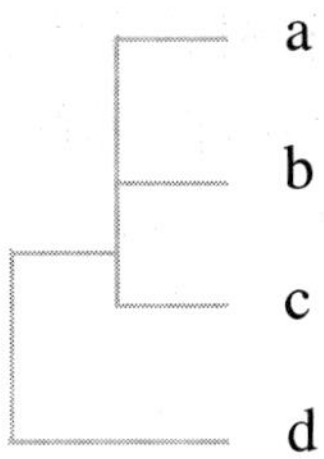

(4) 삼일형

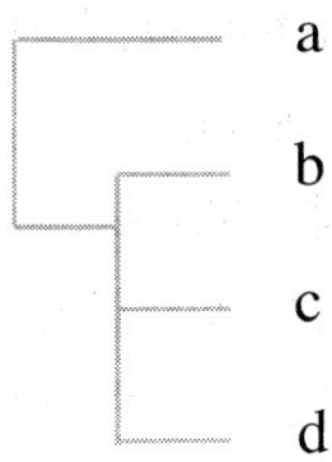

(5) 일삼형

네 요소)가 된다는 뜻이다.

(2)의 포함형은 단락 a, b, c, d의 관계가 각각 a와 d, 그리고 b와 c가 서로 밀접히 연결되어 있는 것이다. 그러면서 a-d의 연계 내용이 b-c의 연계 내용을 감싸고 있다. 이런 경우는 a와 d가 서론과 결론이 되고 b와 c가 본론일 수 있다. 혹은 a와 d가 쌍괄적인 기능을 하고 b와 c는 이를 받쳐주는 단락일 수도 있다.

또 하나의 가능성은 b-c가 서로 밀접한 하나의 연결 단락일 수 있다. 이때는 a, b-c, d 이렇게 크게 세 개의 단락으로 본문이 구성되어 있는 것이 된다. 이상과 같은 세 가지 옵션의 해석 가능성이 존재하는 유형이다.

(3)은 이이(둘둘)형으로 네 개의 단락이 서로 두 개씩 연계되어 있다. 각기 연계된 두 개씩의 단락(즉, a-b와 c-d)은 다른 단락에 비해 서로 밀접한 관계를 가지고 있음을 보여준다. 예컨대, a와 b의 관계는 b와 c의 관계에 비해 더 밀접하다. a-b와 c-d는 비중에 있어 대칭을 이룬다. 작게 보면 네 개의 단락(a, b, c, d)이고 크게 보면 두 개의 단락(a-b와 c-d라는)이 된다.

(4)의 삼일형은 앞의 세 개의 단락(a, b, c)이 서로 묶이고 뒤의 마지막 단락(d)이 다른 단락에 비해 다소 분리된 그런 유형이다. 이 유형에도 최소한 두 가지의 해석 옵션이 가능한데, 하나는 a, b, c 세 단락이 하나의 공통된 큰 주제를 가진 밀접한 단락들이고 d는 또 다른 단락(a-b-c 관계보다는 덜 밀접한)으로 크게 보면 두 단락(a-b-c와 d)으로 구성된 본문인 경우이다.

또 하나는 a, b, c 세 단락이 주제를 설명하는 세 개의 본론 부분인 반면 d는 이 부분에 대한 전체적인 결론(또는 마무리)이 되는 경우이다. 이 때는 d는 a-b-c를 요약하거나 보충해 주는 기능을 한다.

(5)의 일삼형은 첫 번째 단락(a)과 그 이후의 단락들(b, c, d)의 묶음이 서로 연계되는 패턴이다. 앞의 삼일형과 반대 구조라 할 수 있는데, 여기서 a가 서론적인(또는 모두 진술의) 역할을 하고 b-c-d가 본론의 세 가지 주요 부분(대지)이 되는 경우이다. 이 때의 b-c-d는 a를 설명하기 위해 필요한 단락일 수 있다.

그 밖에도 a가 주 단락의 한 축을 형성하고, 서로 밀접히 관련된 b-c-d가 또 하나의 축을 형성하여, 두 개의 큰 단락을 구성하고 있는 경우도 가능하다.

앞의 다섯 가지 유형과는 다소 구별된 패턴도 존재한다. 예컨대, 다음과 같은 병행 구조와 대치적 구조가 있다.

[관계도 유형 2]

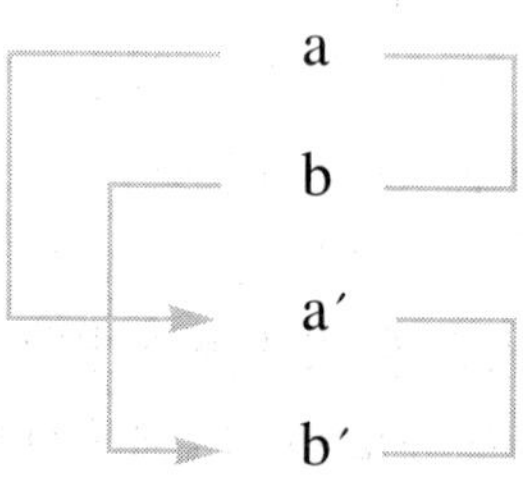

(6) 병행형

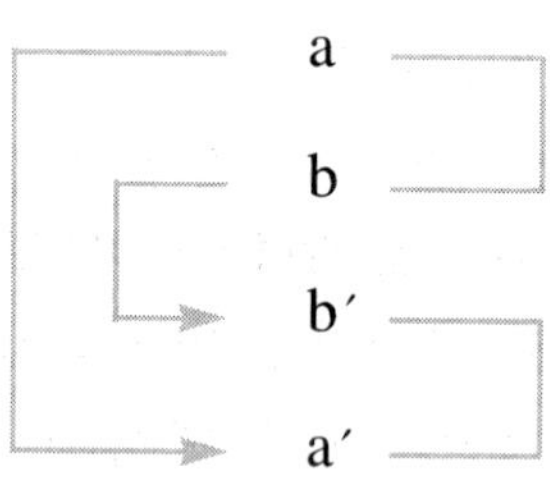

(7) 대치형

(6)의 병행형은 네 개의 단락이 각각 a-b-a′-b′로 연결되어 있는 패턴인데 각각 a와 a′, b와 b′가 서로 밀접한 관계를 가진다. 여기서 a와 a′, 그리고 b와 b′는 사실상 반복적(또는 대조적)인 의미를 가진다. 즉 a와 a′(또

는 b와 b′)는 서로 비슷한 것을 반복한 것이거나 서로 대조되는 것으로 네 단락을 통해 저자는 두 번 반복해서 유사한 메시지를 강조해 주고 있는 것이다.

물론 a와 b, 그리고 a′와 b′는 서로 연계되어 있다(관계도의 오른쪽 부분을 보라). a와 b의 관계는 a′와 b′의 관계와 같다. 다시 말해, a - b는 a′- b′와 의미상 비슷하다.

(7)의 대치형은 (6)의 유형을 뒤집어 놓은 것이다. a-b-a′-b′ 대신에 a-b-b′-a′로 후반부의 a′- b′가 뒤집어져 나타난다. 이 경우는 당연히 앞뒤의 a - a′가 밀접한 관계에 있고, b-b′가 또한 밀접히 관계되어 있다. 반복 혹은 대조적인 관계를 서로 가진다. 그러므로 a를 해석할 때, a′를 염두에 두어야 하며, b′를 해석할 때, b에 대한 이해가 없이 해석할 수 없다. 사실상 a와 b가 두 번씩 반복된 것이다. 물론 이 유형도 a - b와 a′- b′의 관계가 중요하다는 점은 말할 나위 없다(관계도의 오른 쪽 부분을 참고하라).

이런 식으로 각 유형의 해석 방식을 알면, 어떤 방식의 관계도라도 쉽게 읽고 이해할 수 있다. 중요한 것은 단지 관계도를 그리는 일이나 해독하는 일이 아니라, 그 관계도를 통해 의미 단락들을 생성시키고 이들 단락들을 특정한 목적을 위해 적절히 배열해 놓은 저자 자신의 논리 흐름을 파악하는 일이다.

4) 전체적인 해석

관계도를 자세히 보면 단락의 연계성을 이해할 수 있고 이에 근거하여 전체의 내용을 비교적 정확히 파악할 수 있다. 그러므로 이 단계에서 관계도를 해석해 내는 일이 필요하다. 관계도를 설명한 것이 결국 본문의 전체적인 해석이 된다. 이것이 매크로 해석 마지막 단계에서 해야 할 일이다. 단락의 연계 해석을 통해 본문의 흐름을 파악한다. 본문의 순차적인 흐름만 아니라, 서로의 연계성을 이해함으로 저자의 기록 의도를 보다 정확히 해석해 내는 작업이다.

전체적인 해석에서는 관계도를 단지 설명하는 것이 아니다. 관계도에 따라 다시금 해당(특정) 단락을 이해하고 해석해 보는 일이 필요한 것이다. 전체를 통해 부분을 보며, 부분을 통해 전체를 다시 세운다. 이것이 매크로 해석의 원리이다.

3. 로마서 9-11장 매크로 해석

로마서 9-11장 본문을 택하여 위의 매크로 해석법에 근거한 해석 과정을 살펴보도록 하자. 먼저 로마서 전체의 개요에 대해 간략히 살펴본다.

로마서는 서문(1:1-17)과 결문(15:14-16:27)을 제외하면 크게 두 부분, 즉 1:18-11:36과 12:1-15:13로 나눌 수 있을 것이다. 여기서 앞 부분은 구원과 교리에 대한 내용이라면 뒷 부분은 그리스도인의 삶에 대해 말씀하고 계시는 부분이다.

1:18-11:36에서 이방인의 죄(1:18-32)와 유대인의 죄(2:1-3:2), 그리고 모든 이들(이방인 · 유대인)의 죄의 심각성과 심판의 불가피성(3:3-20)을 먼저 부각시킨 다음에, 바울은 3:21-5:11에서 믿음으로 인한 구원과 5:12-8:39까지의 은혜로 인한 구원을 각각 강조하고 있다.

3:21-5:11를 A라 하고 5:12-8:39를 B라 하자. A와 B는 모두 부정적인(negative) 내용에서 긍정적인(positive) 내용으로 흐르는 유사한 구조를 가지고 있다. A에서 바울은 믿는 사람에게 미치는 하나님의 의를 강조하고(3:21-31), 믿음의 조상 아브라함의 경우와 같은 믿음의 중요성을 부각시킨다(4:1-25). 그 믿음의 결과(믿음으로 의롭게 됨, 5:1)는 화평과 즐거워함이 된다. 여기에 그리스도인의 승리가 있다(5:1-11).

B에서는 먼저 아담의 죄와 그리스도의 은혜가 대조된다(5:12-21). 6장에서는 은혜와 죄의 대조가 뚜렷이 강조된다(특히, 6:1과 23을 보라.). 이 부분은 은혜(하나님의 법)로 구원을 얻은 이들은 더 이상 죄의 법에 속하지 않기 때문에 죄에서 해방된 자로서 하나님의 종답게 살 것을 권면 받는다. 비록 7장에서 죄의 법 아래 어려움을 겪는 그리스도인의 모습이 보이지만, 8장에서 그리스도인은 승리를 거둔다. 그는 생명의 성령의 법 아래 있는 존재로 그

누구도, 그 무엇도 그리스도와 하나님의 사랑에서 끊을 수 없다. 이렇게 해서 A와 B 부분이 각각 그리스도인의 승리로 마무리가 된다.

그러고 나서 9-11장에서 이스라엘의 구원에 대한 문제를 다루고 있다. 3:21-5:11의 A 부분과 5:12-8:39의 B 부분이 각각 긍정으로 마친다는 점에서 9-11장의 이스라엘과 관련된 부분도 마지막이 긍정적으로 끝날 것임을 예단해 볼 수 있다. 이런 점에서 이방인(a)의 죄(1:16-32)에서 유대인(b)의 죄(2:1-3:8)를 거론했던(3:9-18, 모두의 죄) 바울이 8장까지에서 일반적인 구원(이방인으로 대표되는, a′)에 대한 주제들을 다룬 이후, 9장에서 이스라엘(b′)의 구원 문제를 다루고 있는 것은 지극히 자연스럽다.

[로마서 구조]

Ⅰ	1:1-17	인사, 서문	
Ⅱ	1:18-3:20	죄인의 모습	
Ⅲ	3:20-5:11	믿음의 승리	a
	5:12-8:39	은혜의 승리	b
	9:1-11:36	이스라엘의 구원	c
Ⅳ	12:1-15:13	그리스도인의 삶	
Ⅴ	15:14-16:27	마지막 인사, 결문	

1) 단락 구분과 단락 요약

매크로 해석의 첫 단계인 단락을 구별하는 일과 두 번째 단계인 각 단락의 내용을 요약하여 정리하는 것은 연구의 실제에 있어서는 분리될 필요가 있을 때가 있다. 각 부분의 강조가 조금은 다르기 때문이다. 그러나 많은 경우에 이 두 과정을 함께 할 수 있다. 단락 구분과 내용 요약은 서로 보완되는 점이 많기 때문이다.

2) 관계도 해설과 내용 종합

이 부분은 관계도를 그리면서 이해된 본문의 내용을 설명한 것이다. 다만, 뒷 부분의 단락별 해석에서 다뤄진 부분을 다시 이 부분에 반영했다는 점을 밝히고 싶다.

다음 도표(로마서 9-11장 관계도)의 13개의 단락은 다음과 같이 묶어 구별할 수 있다. 먼저 이스라엘 구원과 관련된 서론은 1-2단락(A, 9:1-13)으로, 이 부분에서 바울은 이스라엘의 구원을 바라는 바울의 심정을 묘사하면서도 구원과 관련해서 중요한 사실 한두 가지를 전제한다. 구원은 혈통이나 육체의 연으로 자동적으로 얻게 되는 것이 아니다. 구원을 얘기할 때는 항상 구원이 하나님의 선택이라는 점, 그리고 아브라함을 통한 약속의 자녀, 즉 영적 이스라엘의 중요성, 이 두 가지를 잊어서는 안된다는 것이다. 9:6-13(단락 2)을 그 다음의 큰 단락(9:14-10:21)의 초두 부분으로 삼아도 좋을 것이나 여기서는 바울의 수사적 질문에 초점을 맞추기 위해 서문의 내용에 포함해서 이해하기로 했다.

그로 인해 제기된 질문(9:14, 19)에 대한 답변이 3-8단락(B, 9:14-10:21)에서 이루어지고 있다. 질문은 세 가지이다. 하나는, 구원에 있어 하나님이 선택하시는 것이라면 누군 택하시고 누군 택하지 않으시는 것으로 인해 하나님께서 공평하지 않으신 것 아니냐는 질문(14절)이다. 두 번째와 세 번째도 이와 연계된 질문인데, 하나님께서 선택하고 부르시는 것이라면 왜 우리 인간 쪽에 죄를 물으시는가 하는 것과 선택을 단지 운명적으로 받아들여야 하지 않느냐는 그것이다(19절).

여기에 대한 바울의 답변은 다음과 같다.

첫째, 구원은 본래 하나님의 권한이므로 사람이 감히 뭐라 할 수 없는 것이다(15-18절). 이 내용은 다시 20-23절에서 반복되는데 토기장이 등의 비유

[로마서 9-11장 관계도]

A. 이스라엘에 대한 바울의 심정과 하나님의 부르심의 원리

1. 9:1-5 이스라엘 구원에 대한 간절한 심정 ⓐ
2. 9:6-13 부르심을 따라 되는 약속의 자녀 ⓑ

B. 하나님의 구원의 정당성 b′

3. 9:14-18 하나님의 선택의 주도권과 정당성
4. 9:19-29 약속을 따라 그 뜻대로 선택하시는 하나님
5. 9:30-33 믿음으로 반응해야 할 인간의 책임 a
6. 10:1-7 '의'가 되신 그리스도를 믿지 못한 이스라엘 b
7. 10:8-15 그리스도를 믿는 믿음의 중요성 a′
8. 10:16-21 복음을 듣고도 믿지 않는 이스라엘 b′

C. 이스라엘을 버리지 않으실 하나님 a′

9. 11:1-10 이스라엘을 버리지 않으시는 하나님의 계획 a
10. 11:11-14 이방인의 구원과 이스라엘 b
11. 11:15-24 이스라엘 구원의 필요성과 가능성 b′
12. 11:25-32 구원 얻게 될 이스라엘에 대한 비밀 a′

D. 하나님의 구원의 위대하심

13. 11:33-36 구원에 대한 하나님의 섭리의 탁월성 찬양

를 통해 하나님의 권한에 대해 인간이 말할 것은 없다는 것이다. 특히 하나님께서 이방인들을 택하시고 이스라엘은 남은 자만 남겨 놓은 것에 대해 이미 구약에서도 예언해 놓았다는 것이다(24-29절). 이런 점에서 단락 3과 단락 4는 다른 단락보다 더 밀접한 관계를 가진다.

둘째, 믿음으로 반응하지 않는 인간은 그 책임을 자신이 져야 한다는 것이다(단락 5-8, 9:30-10:21). 믿음이 강조된 이 단락 5-8은 인간의 믿음을 강조하는 부분(a-a′)과 믿지 않는 이스라엘에 대한 부분(b-b′)이 a-b-a′-b′로 병행적으로 사용되고 있음에 주목하자.

비록 하나님께서 구원에 관해서 그 자신의 계획을 따라 행하시는 것이 분명하지만, 그리고 그것을 우린 마땅히 인정해야 하지만, 우리 인간 편에서 볼 때 분명한 것 한 가지는 구원 받지 못한 자는 자신의 불신앙 때문에 그렇게 된 것이라는 점이다. 즉, 믿음으로 예수 그리스도에게 반응하지 못한 책임은 각자가 지는 것이다(9:30-33; 10:2-3; 10:16-21).

이 말씀은 구원에 대해 하나님께 불평할 필요가 없고 또 인간 쪽에 죄를 묻는 것에 대해 의아해할 필요가 없을 뿐 아니라(앞의 두 번째 질문), 구원을 단지 운명적으로 받아들여(세 번째 질문) 믿음과 무관하게 살아서도 안된다는 답변이다.

세 번째 묶음인 9-12단락(C. 11:1-32)은 '하나님께서 자기 백성을 버리셨느뇨?' 라는 질문에 대한 답변의 내용을 담은 부분이다. 앞의 9:14의 '그럴 수 없느니라'라는 표현이 다시 이 부분의 초두에 나타난다. '그럴 수 없느니라'(11:1).

네 단락(9-12)은 모두 이스라엘에 대한 하나님의 뜻이 드러나 있지만, 각각 대치적으로 짝을 이뤄 나타나고 있음에 주목하자. a-b-b′-a′로 이스라엘의 구원에 대한 하나님을 향한 믿음(a-a′)과 이방인의 구원과 관련된 이스라엘 이슈(b-b′)를 반복적인 개념으로 다룬 것이 된다.

한편으로 바울이 여기서 강조하고 있는 내용은 다음과 같다. 첫째, 하나님께서 이스라엘에 '남은 자'를 남기셨다(1-5절). 그러나 이것도 행위로 된 것이 아니라 하나님의 은혜의 사역이다(6-10절). 둘째, 이스라엘의 넘어짐은 이방인의 구원을 위해 필요한 것이었다(11, 15, 17, 30절). 셋째, 이방인의 구원을 통해 이스라엘이 시기심(질투)을 갖게 되어 궁극적으로는 이들도 하나님의 구원으로 나아오게 될 것이다(11, 14, 25, 31절). 넷째, 이스라엘의 구원은 이방인을 더 풍성하게 할 것이다(12, 15절). 다섯째, 언젠가 때가 되면 온 이스라엘에게도 구원이 본격적으로 이르게 될 때가 있을 것이다(24, 25-27절).

이 다섯 가지 내용은 이스라엘의 구원과 관련해서 바울이 독자들에게 전하고자 하는 중심 내용들이다. 즉 이스라엘의 넘어짐이 이방인의 구원을 위해 필요했다. 그렇지만 지금도 이스라엘 중에 바울과 같이 '남은 자'들이 있다. 이방인의 구원이 왕성히 일어날 때 이스라엘은 그들의 믿음과 구원 때문에 시기심을 갖게 될 것이다. 그러다가 이방인의 수가 차게 되면, 이스라엘도 전체적으로 구원에 이르는 때가 올 것이다.

그렇기 때문에 하나님의 구원에 대해 너무 쉽게 예단해선 안된다. 하나님의 구원은 후회하심이 없이 완벽하게 진행되고 있다. 그러므로 누구든지 하나님의 구원에 대해 인정할 수밖에 없는 마지막 고백은 하나님의 능력과 우리의 지각을 뛰어넘는 그 구원의 신비에 대한 것이다(D, 11:33-36). 그것이 마지막 우리의 고백이다.

전체적으로 구원에 대한 두 가지 이슈(즉, a-이스라엘 구원의 바람과 b-하나님의 구원의 정당성에 대한 인정)를 다루고 있는 서론적인 부분(A, 9:1-13)과 하나님의 섭리를 찬양하는 결론적인 부분(D, 11:33-36)이 전체를 감싸고 있으면서, 하나님의 구원의 정당성을 거론하는 B 부분(9:14-10:21)과 이스라엘의 구원을 바라는 C 부분(11:1-32)으로 본론을 구성하고 있다. 서론의 두 이슈가 본론에 그대로(순서만 바뀌어서 a-b-b′-a′로) 나타나고 있음을 또한 관찰할 수 있을 것이다.

3) 단락별 해석

이제 각 단락별 이해로 들어가려 한다. 이 부분은 앞서 말한 내용들이 어떻게 실제의 본문에서 강조되고 있는지 다시 살필 수 있게 할 것이다. 앞 단계('관계도 해석과 내용 종합')의 어떤 부분은 이 뒷 부분이 먼저 연구된 후에야 앞에서 한 전체적인 구조에 따른 이해가 더 쉬워질 것이다. 관계도를 중심으로 하는 매크로 해석(1, 2, 3단계)과 각 단락에 대한 개별 해석(4단계) 간에 서로 지속적인 보완 작용이 필요하다는 점을 이해하자.

A. 서 론 (바울의 심정과 하나님의 부르심의 원리)

1. 9:1-5, 이스라엘의 구원에 대한 바울의 간절한 심정

바울에게 있는 큰 근심과 고통은 그의 형제('골육의 친척')인 이스라엘의 구원 문제 때문이다(1-2절). 이들을 대신해 그 자신이 저주를 받아 그리스도에게서 끊어질지라도 그들이 구원을 받길 원한다(3절). 이것을 바울의 '자기 저주'로 이해해선 곤란하다. 그보다는 자신의 희생이 민족의 구원을 이룬다면 그것조차 마다하지 않겠다는 바울의 간절한 심정을 묘사한 것으로 보면 좋겠다. 그러나 분명한 것은 이스라엘에게는 분명한 장점들(양자 됨, 영광, 언약들, 율법, 예배, 약속들, 조상들, 그리스도의 혈통)이 있다(4-5절)는 것이다.

2. 9:6-13, 부르심을 따라 되는 약속의 자녀

구원 문제에서 우선 생각해야 할 점은 하나님의 약속의 말씀이 폐하여지지 않았다는 사실이다. 이스라엘에게서 육체대로 난 자들이 다 이스라엘이 아니라(6절), 약속의 자녀가 아브라함의 적법한 자녀이다(7-8절). 약속의 자녀의 중요성은 아브라함의 씨 중 이삭과 야곱에게서만 아브라함의 계열이 물려져 왔다는 점에서 알 수 있다(7-13절).

그러므로 하나님의 자녀가 되는 것은 인간의 행함으로 되지 않고 하나님의 택하심과 부르심을 따라 된다(11절)는 점에 주의해야 한다. 이 선택(택하심)의 법칙에 있어서, 하나님의 말씀이 폐하여지지 않았다(참조, 6절).

B. 하나님의 구원의 정당성

3. 9:14-18, 하나님의 택하심의 주도권과 정당성

하나님의 선택에 대해 말한다면, 어떤 이들은 하나님의 선택의 문제점을 들먹일지 모른다. 그러나 묻는다. '하나님께 불의가 있느뇨?' '그럴 수 없느니라'(14절). 그것은 하나님께서는 긍휼히 여길 자를 긍휼히 여기시고 불쌍히 여길 자를 불쌍히 여기시기 때문이다(15절). 모세에게 하셨던 말씀이다.

그런데 구원은 원하는 자나 달음박질하는 자 때문에 이뤄지는 것이 아니라 '긍휼히 여기시는 하나님' 때문에 일어난다는 점(16절)을 아는 것이 중요하다. 하나님께서는 하고자 하시는 자를 긍휼히 여기시고, 또 그렇게 하고자 하시는 자를 강퍅케 하시기 때문이다(17-18절). 바로의 경우에서 그 예를 엿볼 수 있다.

이 부분에서 바울은 하나님의 택하심에 대해 누가 뭐라 할 수 없다는 것을 말씀해 준다. 첫째, 그가 하시는 일에 그분의 기준(형평성)이 있다. 둘째, 그러나 이 구원의 일은 하나님의 영역에 속한다. 누가 뭐라 할 수 없는 것이다.

4. 9:19-29, 약속의 말씀을 따라 그 뜻대로 선택하시는 하나님

바울은 계속해서 선택과 구원과 관련된 질문들을 소개한다. '하나님이 어찌하여 허물하시느뇨?', '누가 그 뜻을 대적하느뇨?' 첫 질문은 하나님께서 주도적으로 선택하시는데 '왜 우리에게 죄를 물으시는가?' 하는 것이다(19절). 이것은 앞에서의 바울의 말에 대한 예상되는 반발일 것이다. 하나님의 택하심을 강조할 때면 나타나는 일반적인 질문이다.

나중 질문도 이와 연관되어 있다. '하나님의 뜻에 거역할 수 있겠는가?'라는 질문은 모든 것을 운명적으로 받아들여야 하지 않겠느냐는 말일 수 있다(19절). 이 또한 '하나님의 선택'에 대한 또 다른 오해라 할 수 있다. 하나는 하나님께 책임을 돌리는 것이고 또 하나는 모든 것을 운명적으로 생각하고 마는 것이다. 둘 다 인간의 책임을 회피하고 모든 것을 하나님께 떠맡기는 그릇된 생각이라 할 수 있다.

바울은 이에 대해 먼저 토기장이의 비유를 든다(20-21절). 하나님께서 하고자 하시는 권한이 있다는 것이다. 특히 구원의 영역은 더욱 그렇다. 바울은 '멸하기로 준비된 진노의 그릇'과 '영광 받기로 예비하신 바 긍휼의 그릇'이 있고 또한 각각 그에 대해 오래 참으심으로 관용하시고, 또 그 영광의 부요함을 알게 하고자 하셨다고(22-23절) 기록해 주고 있다.

여기서 그리스도 안에서 구원 받은 자를 '긍휼의 그릇'이라 표현하고 있다(24절). 이들은 유대인이나 이방인이나 출신의 구별됨이 없다. 인용된 호세아 선지자의 글은 이방인들 가운데 구원 얻을 자들이 나올 것을 예견하는 말씀이다(25-26절). "내 백성 아닌 자를 내 백성이라…그곳에서 저희가 살아 계신 하나님의 아들이라 부름을 얻으리라." 호세아 선지자의 글이 이방인에 대한 구원을 가리키고 있는 것이라면, 이사야서의 두 인용 구절(27, 29절)은 이스라엘 중의 구원 얻는 자에 대한 말씀이다. 오직 '남는 자'만 구원을 얻는다.

28절의 말씀은 하나님께서 이 두 가지 말씀을 온전히 이루신다는 확증의 말씀이다. "주께서 땅 위에서 그 말씀을 이루사 필하시고 끝내시리라." 27절과 29절은 모두 이스라엘 중에 '남은 자'가 구원을 얻을 것이라는 말씀(모든 자가 아니라)을 가리키는 것이라 할 수 있다.

5. 9:30-33, 믿음으로 반응해야 할 인간의 책임

'우리가 무슨 말 하리요?' 이것도 질문의 하나인데 반어법에 해당된다. 본래 의를 좇지 않았던 이방인들이 이제 얻게 된 것은 '믿음에서 난 의'이다(30절). 반면에, 과거에 '의의 법'을 따랐던 이스라엘은 지금은 이 의를 얻지 못하고 있다(31절). 그 이유는 그들이 '믿음'에 의지하지 않고 '행위'에 의지하기 때문이다(32절).

이스라엘은 그러다가 '부딪힐 돌'에 부딪히고 넘어졌다(32절). 하나님께서 이것을 이미 시편에 예언해 놓으셨다. '부딪히는 돌'과 '거치는 반석'을 시온에 두겠다고 하셨고, 저를 믿는 자는 부끄러움을 당치 않을 것이라 약속하셨다. 그러므로 이스라엘이 믿지 않음으로 '부딪힐 돌'에 걸려 넘어진 것은 순전히 이스라엘 자신의 불신앙 때문이다.

하나님은 구원하시길 원하시나 이스라엘이 신앙으로 반응하지 않는다. 반면에 이방인들은 믿음으로 반응함으로 의를 얻게 되었다. 그렇다면 이것은 대체 누구의 잘못인가? 하나님의 잘못인가, 이방인의 잘못인가, 이스라엘의 잘못인가? '우리가 무슨 말 하리요?'(30절)

이 부분은 앞의 14, 19절 질문에 대한 실제적인 답변인 것으로 보인다. 어떤 이들이 믿지 않고 있는 것을 하나님의 불의(또는 불공평)로 생각하거나 또는 일종의 운명으로 받아들이지 말고 그들 자신의 믿음이 있고 없음의 기준으로 보라는 바울의 요구인 셈이다.

6. 10:1-7, '의'가 되신 그리스도를 믿지 못한 이스라엘

9장 뒷 부분의 믿음에 대한 강조는 10장에서 그대로 나타난다. 이 장 전체에 걸쳐 믿음의 중요성이 강조된다. 이런 점에서 9:14, 19의 질문에 대한 계속된 답변 부분이라 할 수 있다.

바울의 원하고 기도하는 것은 이스라엘의 구원이다(1절, 9:1-3의 반복 내용). (9장, 10장, 11장 초두에 모두 이스라엘 구원에 대한 바울의 심정이 그려 있다.) 그렇지만 이들의 대부분이 아직 구원에 이르지 아니한 원인과 관련해서 바울은 이스라엘의 실상, 즉 그들이 잘못했던 것들을 지적한다. 그들이 하나님께 열심이 있으나 지식을 좇은 열심이 아니었다. 그래서 하나님의 의를 몰랐고 자기 의를 세우려고 하나님의 의를 복종치 아니하였다(2-3절). 즉, 그들은 의가 되시는 그리스도를 인정하지 않았다. 율법의 마침(완성)이신 그리스도는 믿는 모든 자에게 의가 되신다.

모세는 율법으로 말미암는 의를 설명했는데, 의를 행하는 사람은 그 의로(의 안에서) 살리라 했다(5절). 이 말씀은 의가 되시는 그리스도로 인해, 그 안에서 사람이 살아야 한다는 것을 강조하기 위해 인용된 것으로 보인다.

6-7절의 말씀은 쉽게 이해하기 어렵다. '믿음으로 말미암는 의'는 오직 그리스도를 믿는 믿음으로 얻는 의를 말할 것이다. 이렇게 볼 때, 다음의 질문들 - 곧 '네 마음에 말하지 않겠느냐? 누가 하늘에 오를 것인가?'(즉, 그리스

도를 아래로 내리는 것이다.) 혹은 '누가 깊은 곳에 내려갈 것인가?'(즉, 그리스도를 죽은 자로부터 올리는 것이다.) - 곧 모두 예수 그리스도 외에 다른 이가 하늘에 오를 것과 깊은 곳에 내려갈 것을 염원하는 잘못된 생각을 반박하는 내용으로 보인다(괄호 안에 제시된 내용이 부정적인 것으로 볼 때). 이미 예수 그리스도를 통한 구원의 길은 완성되었다. 그리스도의 사역은 완전하셨다. 더 보충해야 할 무엇이 아니다. 우리가 찾아야 할 것은 또 다른 길이 아니라 오직 예수께서 제시하신 구원의 명백한 길이다.

7. 10:8-15, 예수 그리스도를 믿는 믿음의 중요성

바울은 반문한다. '그러면 무엇을 말하겠느냐?'(8절). '말씀이 너희에게 가까이 있고 그것이 네 입과 네 마음에 있다.' 그것은 '우리가 증거하는 믿음의 말씀이다'. 즉, 이 믿음의 말씀, 온전한 구원의 말씀이 이미 우리 앞에 놓여 있다는 것이다.

그러므로 누구든지 입으로 예수를 시인하고 마음으로 부활을 믿는 사람은 구원을 얻는다(9-10절). 마음으로 믿어 의에 이르고 입으로 시인하여 구원에 이르기 때문이다. 여기서 마음의 믿음과 입으로의 고백은 믿음의 중요성을 강조하기 위한 반복적 문구로 보인다. 저를 믿는 자는 부끄러움을 당하지 않는다고 성경에 기록되었다(11절, 사 49:23). 이 믿음과 구원에는 유대인이나 헬라인이나 차별이 없다. 주님께서 모든 사람의 주님이 되셔서 저를 부르는 모든 이들에게 부요하시다(12-13절). 이렇게 말하자. 주의 이름을 부르는 자는 그 누구나 구원을 얻는다(13절).

그런데 믿지 않는 자를 부를 수 없고, 듣지 못한 자를 믿을 수 없고, 전파하는 자가 없이 들을 수 없다. 또한 보냄 받지 않고 전파할 수 없다(14-15절). 15절에서 좋은 소식을 전하는 자의 발을 아름답다고 묘사한 것은 바울이 여기서 복음 전도의 중요성을 함께 강조하고 싶은 듯하다.

8. 10:16-21, 복음을 들었음에도 믿지 않은 이스라엘

여기서 바울은 복음이 이미 전하여졌으므로 이제는 듣지 않은 사람 자신들에게 책임이 있다는 것을 강조하려 한다. 복음은 전하여졌으나 '저희'(이스라엘)는 이 복음을 순종하지 않았다(16절). 이사야 53:1의 인용은 그러한 상황의 안타까움을 잘 드러낸다.

분명히 믿음은 들음에서 나고 들음은 그리스도의 말씀으로 말미암는 것이 옳다(17절). 그런데 그들 이스라엘은 듣고 알았음에도 믿지 않았다(18, 21절). 그들이 그리스도의 말씀을 많이 듣고 실제로 알고 있었다는 것을 증거하기 위해 바울은 시편 19:4을 인용한다.

바울이 연이어 인용한 신명기 32:21, 이사야 65:1-2은 이스라엘을 시샘하게 하여 그들로 믿음에 이르도록 하려 하시는 하나님의 이스라엘에 대한 사랑이 나타나는 구절들이다. 하나님께서는 그들의 불신앙에도 불구하고 이스라엘에 대한 지속적인 관심을 가지고 계신다. 바울은 이것을 강조한다.

C. 이스라엘을 버리지 않으실 하나님

9. 11:1-10, '자기 백성'인 이스라엘을 버리지 않으시는 하나님의 계획

끝까지 사랑하시는 하나님의 성품과 사역원리에 따라 생각해 볼 때 이스라엘의 구원은 방치될 수 없는 것이다. 바울은 하나님이 '자기 백성'(이스라엘, 1-2절에서 두 번이나 강조)을 버리지 않으셨다고 반어법을 사용하여 강변한다(1절). '그럴 수 없느니라'는 바울 특유의 단언으로 그의 신념의 강도가 드러난다.

특히 바울이 유대인이지만 구원 얻은 것처럼, 유대인이라고 다 구원에서 배제된 것은 아니다. '미리 아신'(2절)이라는 표현은 로마서 8:29의 표현인데, 이는 선택을 강조할 때 쓰는 말씀이다. 바울은 하나님의 '자기 백성'인 이스라엘의 선택된 자들을 '미리 아신' 자들로 묘사한다.

바울은 하나님께서 결코 자기 백성을 버리지 않으시고 극한 상황에서도

'남은 자'를 남겨두신다고 말한다. 여기서 그는 엘리야의 역사적 사건을 인용한다. 엘리야의 시대에도 '남은 자'가 최소한 칠천이 있었다. 이들은 '은혜로 택하심'을 따라 '남은 자'였다(2-5절).

그런데 바울이 은혜를 강조하는 이유는 바알에게 무릎을 꿇지 아니한 무리들 자신의 의지적 행동보다는 하나님께서 이들을 남겨두셨다는 하나님 편에서의 은혜 행위를 부각시키려는 데 있다. 행위로 말미암은 것이 아니라고 강조하는 것은 그렇지 않으면 은혜가 은혜 되지 못하기 때문이다(6절). 오직 '택하심을 입은 자'가 얻었고 그 남은 자들은 완악하여졌다고 말씀하는 것(7절)은 하나님의 선택을 인간의 행위 위에 두고자 하는 데 목적이 있다. 여기서 '이스라엘이 구하는 것'이 무엇을 뜻하는지 분명치 않는데 이스라엘 전체의 구원을 가리키는 것으로 보는 것이 자연스러울 것이다.

8-10절은 구약을 인용하여 그들이 완악하여진 현상을 설명해주고 있다. 하나님이 그들에게 그같이 되도록 허락하신 것이다. 그들의 불신앙과 죄로 인해 결국 눈이 있어도(특히 시편 69:22-23의 맥락에서 볼 때) 보지 못하고 귀가 있어도 듣지 못하게 된 것이다.

10. 11:11-14, 이스라엘의 실족으로 인한 이방인의 구원과 이스라엘의 시기심을 촉발하심

11절에서 앞의 내용(특히 7-10절)과 초점이 달라진다. 구원에 강조점을 둔다. 이스라엘이 완전히 넘어지기까지 실족한 것은 아니다. '그럴 수 없느니라'(11절, 바울의 단언). 하나님께서 이들을 완전히 버리지는 않으신다는 것이다. 이 역시 하나님의 섭리가 아니다. 이스라엘의 넘어짐으로 이방인의 구원이 일어났고 이 구원으로 이스라엘을 다시 시기하게 하신다(11절). 이 말씀은 이스라엘은 완전히 실족한 것이 아니라 이방인의 구원을 얻을 수 있도록 할만큼만 넘어졌다는 점, 그리고 결국은 이방인의 구원이 이스라엘의 구원으로 나아가게 한다는 점을 말해주고자 했던 것이다.

그래서 바울은 12절에서 이스라엘의 넘어짐과 실패가 '세상과 이방인의 부요함'이 되었다고 전제한다. 그런데, 그렇다면 이스라엘의 충만은 얼마나 더 큰 축복과 부요함이 되겠는가 하고 반문한다. 그래서 이스라엘의 충만케 됨(즉, 구원)을 온 세계가 기대해야 할 필요가 있다는 점을 말해 주고자 했다. 이런 흐름에서 바울 자신도 이방인의 사도로서 맡은 사역에 최선을 다함으로써 어떻게 하든지 그의 동족('혈육', 14절)인 이스라엘을 시기하게 하여 저희 중 얼마라도 구원할 수 있기를 원하고 있다.

11. 11:15-24, 이스라엘 구원의 필요성과 가능성

이스라엘을 버리는 것이 세상의 화목이 되었다면 이스라엘을 받아들이는 것은 죽은 자 가운데서 다시 살게 하는 것과 같으므로 더 가치 있는 것이 아니겠는가 말씀한다(15절). 이 말씀은 12절과 같은 맥락의 내용이다.

바울이 여기서 처음 익은 곡식 가루와 떡덩이의 거룩함, 뿌리와 가지의 거룩함을 함께 강조하는 것(16절)은 이스라엘과 이방인 모두의 구원의 중요성을 강조하기 위한 것이다. 또한 이스라엘을 '참감람나무'로, 이방인을 '돌감람나무'로 지칭하여 참감람나무의 가지 일부가 꺾이고 그 후에 돌감람나무인 이방인들이 접붙임이 되었다고 묘사한다(17절). 이 때 이방인들이 가져야 할 넘어진 이스라엘에 대한 태도는 자긍하지 않는 것이다(18절). 왜냐하면 이스라엘이 참감람나무일 뿐 아니라, 뿌리가 되기도 하기 때문이다.

이스라엘의 가지가 꺾이운 것은 이방인들이 접붙임을 받게 하기 위한 것이란 말은 분명히 옳다(19-20절). 이방인들을 교만하게 하기 위한 구원이 아니다. 그렇기 때문에 만일 교만하면 이방인들도 이스라엘처럼 꺾일 수 있다. 원가지를 아끼지 않으셨던 하나님이 접붙여진 가지들에 대해서도 그러하실 것이다. 그러므로 겸손해야 한다.

여기에는 하나님의 '인자'(선하심, 구원)와 '엄위'(엄격함, 심판)가 나타난다. 넘어지는 자(이스라엘)에게 엄위가 나타나고 하나님의 인자에 거하는 자(너희 이방인)에겐 인자가 있다. 그러나 이 인자에 거하는 일이 없으면 역시 이방인들도 찍히는 바(엄위가 나타남)가 된다(22절).

이 원리는 이스라엘에게도 적용된다. 이들이 믿으면 다시 접붙임을 받는다. 그것은 접붙이시는 능력이 하나님께 있기 때문이다(23절). 떨어져 나간 이들이거나 아직 접붙이지 못한 이들이거나 간에 누구든지 주를 믿으면 접붙임을 받는다. 24절은 이 사실을 더 강조한다. 특히 원가지인 이스라엘은 더 자기 감람나무에 접붙임을 받을 수 있다. 이 부분은 이스라엘의 구원의 가능성을 상당히 강조하고 있는 부분이다. 그들은 다시 접붙임을 받을 수 있다.

12. 11:25-32, 구원 얻게 될 이스라엘에 대한 비밀

바울은 이제 구원의 비밀 한 가지를 전해 주길 원한다. 이것은 이스라엘의 구원과 관련되어 있다. 이방인의 충만한 수가 (구원으로) 들어오기까지 이스라엘의 더러는 완악하여졌으나 때가 되면 온 이스라엘이 구원을 얻을 것이라는 내용이다(25-26절). 바울은 이 일이 언제 어떻게 이뤄질지 말해주고 있지 않다. 그러나 그러한 때가 있을 것임을 단지 예언해 준다.

바울은 이사야서에서 인용된 두 구절(26절, 사 59:20-21, 27:9)을 통해 이스라엘이 궁극적으로 구원을 얻을 것임을 시사한다. 구원자께서 이스라엘을 돌이키시고 그들의 죄를 사하실 것이다. 여기서 복음으로 하면 이방인을 인하여 '원수된 자'라는 말씀(28절)은 이방인들의 구원을 위해 이스라엘이 넘어졌다는 사실을 상기시키는 말씀이다(11, 15절). 그들이 비록 지금은 넘어져 있으나 그들의 선택된 조상들로 인해 본래 사랑 받은 자들임을 강조하고자 했다.

'하나님의 은사와 부르심에는 후회하심이 없느니라'(29절)에서 '은사'(*charismata*)와 '부르심'(*klesis*)은 각각 구원을 주시는 은혜로서의 '은사'와 선택하여 구원으로 부르시는 '부르심'을 뜻하는 것이라 이해할 수 있을 것이다. 이렇게 보면, 전자는 주로 이방인과 관련해서, 후자는 주로 이스라엘과 관련해서 사용된 것이라 볼 수 있지만, 이 두 가지가 어떤 한 쪽만의 구원만을 뜻한다고 생각하긴 어렵다. 하나님의 구원의 모든 것을 가리키는 이 두 용어는 모든 이들에 대한 하나님의 구원으로 이해하는 것이 더 적절할 것으로 보인다.

31절은 이방인의 구원이 이스라엘의 구원으로 나아간다는 말씀을 하고 있다. 즉, 이스라엘이 순종치 않음으로 (과거에 순종치 않던) 이방인이 구원을 얻게 되었다. 그러므로 하나님이 과거에 순종치 않았던 이방인들에게 구원의 긍휼을 베푸셨다면, 이제는 아직 순종하고 있지 않은 이스라엘이지만 이들이 그의 백성이기 때문에 그들에게도 다시 긍휼의 기회를 주실 것이라는 말씀이다.

결국 모든 사람이 순종하지 않으나 하나님의 긍휼하심으로 구원에 이를 수 있다는 3장의 말씀을 다시 반복해 주고 있다(32절). 바울은 이것을 하나님께서 모든 사람을 순종치 않은 데 가두어 두셨다고 설명한다. 그리고 그 때문에 하나님의 긍휼이 드러난다고 전해 준다. 순종치 않은 이들을 구원하시는 것이 그분의 긍휼(사랑)이기 때문이다.

바울에게 있어서 구원은 하나님의 긍휼을 떠나서 말할 수 없다. 현재 구원 얻은 이들도 자랑할 것이 없고 과거에 구원의 특권을 얻었던 이들도 자랑할 것이 없다. 모두 하나님의 긍휼이 필요했던 존재들이다. 중요한 것은 이스라엘의 구원만을 원하시지 않았던 하나님은 이제 이방인의 구원만을 원하고 계신 것이 또한 아니라는 것이다. 비록 순서로 볼 때는 이스라엘의 넘어짐으로 이방인에게 구원이 주어졌으나 때가 되면 다시 하나님의 구원이 공평하게 전 이스라엘에게도 주어질 것이다. 이것은 하나님의 긍휼하심 때문이다. 특히 구원과 관련해서 누구도 자랑할 것이 없고 누구도 의심할 필요가 없다. 하나님의 구원은 후회하심이 없다.

이스라엘의 구원이 어떤 방식으로 이뤄질지에 대한 분명한 말씀은 없다. 그러나 이방인의 구원과 다른 방식으로 이뤄질 것으로 생각할 수 없는 것은 바울이 30절에서 말씀하는 '불순종'(*apeitheia*)이란 단어는 하나님의 구원에 대한 '불신앙'이란 뜻이기도 하기 때문이다. 로마서에서 강조하는 하나님을 믿는 신앙은 예수 그리스도를 바로 고백하는 신앙이다. 다시 말해, 이방인과 유대인의 구원의 방법상의 차이를 논할 수는 없다. 그러므로 온 이스라엘이 구원을 얻는다는 것은 바로 예수 그리스도를 마음으로 믿고 입으로 고백하는 일이 그들 모두에게도 일어날 것이라는 것을 뜻한다고 볼 수 있다. 언제가 될지 모르나 언젠가는 그 일이 일어날 것을 바울은 바라보고 있다고 생각한다.

10장을 보면 그리스도에 대한 거절이 구원의 상실을 가져왔다. 그러므로 이스라엘의 구원이 때가 되면 자동적으로 일어나는 것은 물론 아니다. 그리스도를 믿는 믿음으로의 회복을 통해 언젠가는 일어날 것으로 보는 것이 자연스럽다. 믿음과 은혜가 분리되어 있지 않다. 믿음으로 인한 구원과 하나님의 은혜를 통한 구원이 분리되어 있지 않다. 모두 그리스도로 말미암는다. 이것은 이스라엘의 구원에도 마찬가지로 적용되는 법칙이다. (다만, 그 구원의 일이 한꺼번에 일어날지, 서서히 일어날지에 대한 언급은 없다. 그리고 예수 그리스도 외의 구원을 바울은 결코 생각하고 있지 않다.)

D. 결 문 (하나님의 구원의 위대함)

13. 11:33-36, 구원에 대한 하나님의 섭리의 탁월성 찬양

바울이 마지막으로 강조하는 것은 이 모든 구원이 온전하신 하나님의 섭리에 따른 것이라는 점이다. 그러므로 하나님의 지혜와 지식의 부요함이 얼마나 깊은지 바울은 고백한다(33절). 그분께서 무엇을 생각하시는지 아무도 측량할 수는 없다. 또 그분이 계획하시는 길을 누구도 알 수는 없다. 이 말씀은 하나님의 구원에 대해 누구도 왈가왈부할 수 없다는 점을 강조한다.

누가 감히 주의 마음을 알고 그의 모사가 되어 하나님을 재단할 수 있냐는 것이다(34절). 그리고 누가 하나님께 먼저 갚아 그분이 그 빚 때문에 행하도록 할 수 있겠느냐는 것이다(35절). 이 말은 어느 누구도 자기의 행위로 구원을 획득할 수는 없다는 말씀을 하고 있는 것이다.

우리가 할 수 있는 것은 그분의 구원을 찬양하고 그분의 하나님 되심을 찬양하는 것이다. 그리고 모든 것이 그분께 귀속되어 있음을 고백하는 것이다(36절). "만물이 주에게로 나오고 주로 말미암고 주에게로 돌아감이라. 영광이 그에게 세세에 있으리로다. 아멘."

누구도 감히 하나님의 구원에 대해 다 안다고 함부로 말할 수 없다. 오직 하나님의 온전하심을 증거할 뿐이다. 하나님의 택하심과 은혜의 구원을 논할 수 있는 능력을 가진 이는 없다. 그저 고백할 뿐이다. 이것을 바울은 말씀하고자 했다.

이렇게 이스라엘의 구원에 대한 질문은 하나님에 대한 찬양으로 마무리를 짓는다. 그러나 이 찬양은 9-11장의 이스라엘의 구원과 관련된 것만으로 이해할 필요는 없다. 오히려 1-11장까지 죄인에 대한 하나님의 구원, 즉 예수 그리스도로 말미암는, 믿음과 은혜를 통한 구원과 관련된 하나님의 섭리에 대한 바울의 찬양으로 이해하는 것이 옳겠다. 하나님은 언제나 찬양 받으시기에 합당하시다. 구원에 있어 하나님의 섭리와 역사를 인정하자.

8

매크로 해석 (II)

매크로(거시) 해석은 부분을 보되 전체를 통해 보며, 전체의 맥락에서 각 부분을 보자는 것이다. 그렇다고 본문을 글의 흐름(문맥)으로 보는 것에 그치는 것은 아니다. 본문 전체의 구조를 파악하고, 그 이해 가운데 본문 내에서의 각 부분의 기능과 목적을 찾는 것이다.

이런 점에서 매크로 해석은 본문 내 사상(ideas)의 '순차 연계'(sequential connection)와 함께 '상호 연계'(interactive connection)에도 주목한다. 순차 연계라 함은 사상이나 주제의 순서에 따른 흐름을 말한다. 앞의 단락에 의해 뒤의 단락이 이해되는 것이다. 일반적인 문맥에 의한 이해라 할 수 있다. 표 A를 보라. 늘 위에서 아래로 이해된다.

반면에 상호 연계라 할 때는 반드시 출현(배열) 순서에 따른 내용의 흐름에 국한되지 않는다. 앞선 내용이 뒤의 내용에만 영향을 주는 것이 아니라, 뒤의 내용이 오히려 앞의 내용에 영향을 줄 수도 있다고 본다. 저자의 마음(글의 계획)에 이미 짜여진 글의 방향(흐름)이 있었을 것이라는 점이 전제이다. 순서적인 흐름만 주목하지 않고 본문의 내용과 주제의 연계성 자체에 주목하는 것이다. 핵심은 본문 자체가 제시하는 글의 짜임새를 중시하는 것이다. 표 B를 보라. 표와 같은 경우의 사상적 흐름과 연계 상태가 일어나는 것은 아니지만, 표는 역으로의 흐름도 가능함을 보여준다.

[순차 연계와 상호 연계]

저자가 어떤 '글의 짜임새'를 가지는가? 이것이 중요하다. 그에 따라 내용의 전개(저자 편에서)와 해석의 방향(해석자 편에서)이 영향을 받게 된다.

마태복음의 예를 들어 이런 부분을 살펴보도록 하자. 마태복음은 상당히 짜임새가 있는 성서로 매크로 해석을 활용하기에 매우 적당하다. 전체적인 구조를 먼저 살핀 후, 그 중 한 부분을 택해서 문단 간 연계성을 통한 매크로 해석을 시도하고자 한다.

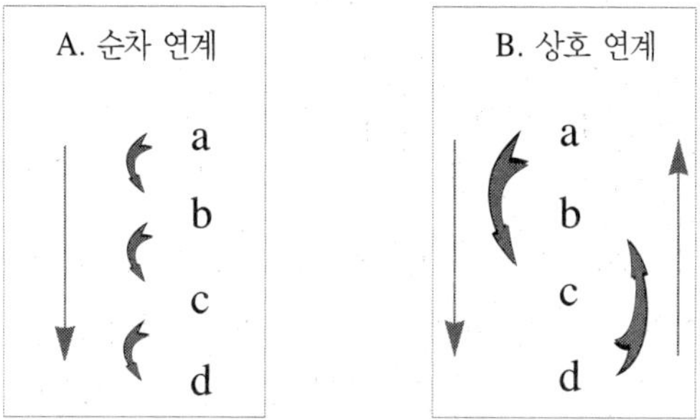

1. 마태복음의 매크로 구조

마태복음은 11개의 부분으로 되어 있다. 전체가 잘 짜여진 대치 구조(chiastic structure)라 할 수 있다. 다섯 개의 담화(discourses: b, d, f, d′, b′)와 여섯 개의 사건 모음(narratives: a, c, e, e′, c′, a′) 단락으로 구성되어, 전체적으로 a-b-c-d-e-f-e′-d′-c′-b′-a′ 구조를 가지고 있다. 유대적인 특징을 보이는 이런 구조는 그 세련된 짜임새 때문에 전달자나 독자들이 전체적인 내용을 이해하고 기억하는 데 실질적인 도움을 주며, 전달하고자 하는 내용에 대해 반복적인 교육 효과를 주기도 한다.

이 대치 구조는 그 특성상 각 부분 간의 상호 연계성이 뚜렷이 나타난다. 즉, a-a′, b-b′, c-c′, d-d′, e-e′가 서로 연계되어 있다는 뜻이다. 반면에 순차적인 맥락도 역시 중요하다. a-b, b-c, c-d, d-e, e-f, f-e′, e′- d′, d′-c′, c′-b′, b′-a′의 흐름 관계가 중요하다는 뜻이다.

다음은 마태복음의 대치 구조를 나타내는 그림이다.

[마태복음 구조]

a. 1:1-4:25, 그리스도의 오심과 나라의 시작
b. 5:1-7:29, 하나님 나라의 백성의 삶
c. 8:1-9:38, 드러나는 그리스도의 권세, 그 나라의 왕
d. 10:1-11:1, 제자들의 사역(파송)
e. 11:2-12:50, 그리스도에 대한 거절
f. 13:1-58, 하나님 나라의 비유
e′. 14:1-17:27, 그리스도에 대한 영접
d′. 18:1-35, 제자들 서로의 관계
c′. 19:1-22:46, 나라의 왕이신 그리스도의 권세 있는 언행
b′. 23:1-25:46, 그릇된 삶에 대한 경고와 그 나라를 준비하는 삶
a′. 26:1-28:20, 그리스도의 고난과 부활, 그리고 그 나라의 영속됨

1) 대치 관계의 해석

위의 그림에서 대치 관계에 먼저 주목하자.

(1) 1:1-4:25(a)는 마지막 단락인 26:1-28:20(a′)과 연관성 있는 주제로 연계되어 있다. a가 그리스도의 오심과 그의 초기 사역, 그리고 그의 나라의 시작을 내용으로 하고 있다면, a′는 그리스도의 마지막 사역과 승천하심, 그리고 그 나라의 연속되는 장면을 그리고 있다. a-a′가 서로 연계되어 있다는 것은 분명하다. '유대의 왕'이신, 그러나 아기의 모습으로 이 땅에 오신 그리스도는 하늘과 땅의 모든 권세를 가진 그의 나라의 왕과 주로 하늘에 계신다.

(2) 5:1-7:29(b)은 23:1-25:46(b′)과 대치적으로 연계되어 있다. 전자는 하나님 나라의 백성의 삶에 대한 말씀(산상수훈)을 제시하고 있고 후자는 그렇게 살지 못하는 자(바리새인들과 서기관들)의 그릇된 삶에 대해 경고하면서 인자의 날을 준비하는 자의 삶이 어떠해야 하는지를 말씀해주는

부분이다. 삶에 대한 부분이 서로 연계된다. 따라서 23장의 그릇된 삶에 대한 경고의 말씀은 5-7장의 산상수훈의 말씀과 연계해서 이해할 필요가 있다. 팔 복과 칠 화는 서로 대조된다. 물론 24-25장의 그 나라를 대비하는 삶에 대한 말씀은 5-7장의 산상수훈의 삶에 대한 말씀이 전제되고 있다는 점을 잊지 않아야 한다.

(3) 8:1-9:38(c)은 19:1-22:46(c′)과 연계된다. 두 부분 다 공통적으로 하나님 나라의 왕으로서, 주권자로서의 권세 있는 그리스도의 언행을 다루고 있다. 그는 그 어떤 병도 고치지 못하는 것이 없으시고 모든 존재를 복종시키시며 모든 이를 새롭게 하신다. 그리고 모든 것으로 가르치신다. 특히 그리스도는 자신을 섬기러 오신 왕으로 나타내신다. 그리스도의 능력과 권세에 대한 그의 언행이 부각된다.

(4) 10:1-11:1(d)과 18:1-35(d′)은 제자들에 대해 그리스도께서 말씀하신 부분이라는 점에서 공통된다. 전자는 제자들을 뽑아 사역자로 보내시는 말씀이라면, 후자는 그 제자들이 서로에 대해 어떻게 해야 할지를 말씀하신 것이다. 그리스도를 따라 세상으로 보냄을 받아 큰 사역을 감당해야 하는 제자들은 세상에 대해 담대해야 한다. 그러나 서로에 대해서는 용서와 사랑으로 대해야 한다. 그것이 주인이신 그리스도의 뜻이었다.

(5) 11:2-12:50(e)과 14:1-17:27(e′)은 그리스도에 대한 거절과 영접(또는 믿음)과 관련된 사건들을 주로 다루고 있는 부분이다. 전자는 주로 거절에 초점을 두고 있다면, 후자에서는 주로 그리스도에 대한 영접이 강조된다. 전자에서는 세상에 의해 받아들여지지 않고 거절당하는 장면이 주로 나온다면, 후자에서는 그의 제자들에 의해 그분이 누구신지 제대로 드러난다. 그리스도를 거절한 그룹이 있고 그를 영접한 그룹이 있었던 것이다. 이 두 그룹이 대조된다.

(6) 13:1-58(f)은 대치 구조의 중심에 위치한다. 일반적으로 대차 구조의 중심에 있는 부분은 그 내용의 중심을 이루는 경우가 많다. 13장도 그 위치에 걸맞게 마태복음에서 상당히 중요한 의미를 가진 장이 된다. 하나님 나라의 비유를 말씀하고 있는 13장은 예수 그리스도와 그의 나라에 대한

영접의 중요성, 그 나라의 소망, 거절한 자의 마지막 등에 대한 내용을 다룬다. 왕이신 그리스도와 그의 나라를 받아들인 자는 미래 놀랍게 성장하며 마지막 추수에 참여하게 된다. 그러나 그렇지 않은 자는 마지막 날에 불태워지는 가라지와 같을 것이다.

이 같은 대치 구조는 연결된 부분들의 상호 대비와 대조를 통해 본문의 의미를 보다 명료하게 하며 그 연계를 통해 내용을 보다 분명하게 기억할 수 있게 한다.

2) 순차 관계의 해석

이번에는 본문의 출현(배열) 순서에 따른 연계성을 살펴보도록 하자. 먼저 기록된 부분이 그 다음 부분의 이해에 어떤 영향을 주는지 생각해야 한다.

(1) 1:1-4:25(a)은 그리스도가 오셨고 그의 나라와 그 나라의 사역이 시작되었음을 보여주고 있다. 새롭게 시작된 나라는 새로운 법도가 필요했다. 5:1-7:29(b)은 그 나라의 새로운 법도를 그 나라의 백성들에게 말씀해주는 부분이다. 폐하러 오신 것이 아니라 완성하러 오신 그리스도의 말씀이 나타난다.

(2) 5:1-7:29(b)에서 새로운 나라의 법도를 가르치신 그리스도는 이젠 8:1-9:38(c)에서 그의 직접적인 사역을 통해 그 나라의 왕이심을 드러내신다. 말씀에 행동을 더하여 그리스도로서의 그의 권세가 드러난다. 숱한 병을 고치시고 많은 귀신을 쫓아내시며 심지어 죽은 이까지 소생시키신다.

(3) 8:1-9:38(c)에서 권능의 사역을 행하신 그리스도는 10:1-11:1(d)에서 그의 제자들을 사역의 자리로 보내신다. 그리스도의 사역은 그 자신의 사역에서 그치는 것이 아니었다. 그리스도의 사역 전략은 일꾼들을 불러 그들을 통해 추수의 복음 사역을 감당하게 하는 것이었다. 사역자이신 그분

(8:1-9:38)은 제자들을 불러 사역자로 삼으신다(10:1-11:1).

(4) 10:1-11:1(d)에서 보냄 받은 제자들은 세상에 나갈 때 각오해야 할 것이 있다. 그것은 세상이 그들을 영접하지 않는 데 그치지 않고, 오히려 핍박하고 끌고 가는 일까지 있을 것이기 때문이다. 이 때 목숨을 잃고자 하는 자는 얻고, 얻고자 하는 자는 잃을 것이다. 그들 제자들이 기억해야 할 것이 있다. 11:2-12:50(e)에서 보듯이, 그리스도 자신도 사람들에 의해 거절당했다는 점이다. 보냄 받은 제자들을 거절하는 것은 보내신 주님을 거절하는 것이다. 그리스도가 거절당하셨으므로 그 제자들이 거절되는 것은 전혀 이상하지 않다. 그러므로 담대해야 한다. 그리스도가 그리하셨듯이 자기 목숨을 잃는 자는 결국 얻을 것이다.

(5) 11:2-12:50(e)에서 접하는 그리스도에 대한 거절은 대단히 심각한 것이다. 예수 그리스도를 바알세불과 관계 있다고까지 하는 무서운 일이 일어났던 것이다. 주님은 그들과 관련하여 악한 일곱 귀신에 대한 말씀까지 하실 정도였다. 주님을 받아들이는가, 그를 거절하는가에 따라 13:1-58(f)의 말씀처럼 많은 결실을 맺는 삶을 사는가, 아무런 열매가 없는 삶을 사는가를 결정짓는 것이 된다. 그리스도와 그의 나라를 따르는 삶은 지금은 작지만 후에 놀라운 결과를 얻는 일이 될 것이다. 그것은 그만큼의 가치가 있다. 그러나 거절하면 가라지의 심판이 기다릴 뿐이다. 거절과 영접의 이슈가 13장에 계속되고 있음을 알 수 있다.

(6) 13장(f)의 영접 · 거절과 관련된 이슈는 그대로 14:1-17:27(e′)과 연계된다. 제자들은 예수께서 그리스도가 되심을 확실히 깨닫게 된다. 오병이어를 행하시며 바다 위를 걸으시는 등의 기적을 행하시는 그분은 그리스도셨다. 주님이 어떤 분이신지 깨닫고 고백하는 제자들은 다시 변화산의 사건으로 그리스도에 대한 확신을 얻는다. 그를 영접하는 제자들의 모습이 많이 나타난다.

(7) 14:1-17:27(e′)의 사건들을 통해 그리스도에 대한 믿음이 제자들에게 있었다. 그리스도는 모세와 엘리야와 같은, 아니 그보다 더 위대하신 분, 그리스도셨다. 그를 따르는 제자들은 이제 18:1-35(d′)에서 제자들 서

로의 문제에 봉착하게 된다. 더 높은 자리를 얻고 더 나은 인정을 받고 싶은 것이다. 주님은 이 부분에서 겸손과 섬김과 용서를 말씀하신다. 서로를 용서함으로 천부께 인정을 받을 것을 말씀하신 것이다. 이것은 서로에 대한 영접을 강조하신 것이다.

(8) 18:1-35(d′)은 이제 19:1-22:46(c′)과 연결된다. 제자들이 서로를 영접해야 하는 가장 중요한 이유 가운데 하나는 무엇보다 그리스도의 말씀과 그 자신의 본 때문이다. 그것이 19:1-22:46에서 제시된다. 다른 이들을 섬기며 사는 삶이 무엇인지 제시된다. 섬김의 중요성이 부각되고 그리스도의 섬김의 사역이 계속된다. 이와 함께 대제사장, 서기관, 바리새인, 사두개인들과의 갈등이 본격화된다. 그들은 대부분 그리스도를 거절하는 이들이다.

(9) 19:1-22:46(c′)의 대립과 갈등은 마침내 23:1-25:46(b′)의 말씀으로 이어진다. 대표적으로 서기관들과 바리새인들이 그리스도로부터 엄중한 경고와 매서운 비판을 받는다. 그들의 근본적인 문제들이 낱낱이 지적된다. 이와 함께 마지막 때에 있을 일에 대한 그리스도의 말씀이 덧붙여진다. 그리고 그리스도가 다시 오실 그 날을 대비하는 삶을 살도록 강조하신다. 깨어 있는, 충성된 종으로 살도록 요구받는다. 이 말씀은 주님의 담화 가운데 결론적으로 주시는 말씀이 된다. 마지막 때에 대한 말씀이 마지막으로 주시는 말씀인 것이다.

(10) 23:1-25:46(b′)에서 마지막 때를 말씀하신 그리스도는 이제 26:1-28:20(a′)에서 이 땅에 오신 그의 생애의 마지막을 보내신다. 그는 고난에 참여하시며 십자가에서 죽으시고 사흘 만에 다시 살아나신다. 이 땅에서의 사역은 승천하심으로 마무리가 된다. 권세 있는 그리스도의 말씀에 따라 그의 나라는 확장될 것이다. 그 날이 올 때까지 그의 제자들에 의해 그리스도의 복음이 모든 민족에게 전파될 것이다. 주님은 그를 따르는 제자들과 영원히 함께 계시며 모든 곳으로 그들을 보내실 것이다.

마태복음의 경우, 대치적 이해와 순차적 이해는 서로 보완적 역할을 한다. 마태복음 자체가 대치 구조를 가지고 있기 때문에 대치적 관계에 대한 해석이 없을 수 없다. 이를 통해 저자가 그같이 본문을 배열한 의도를 이해할 수 있기 때문이다.

그러나 대치적 관계에 대한 이해만으로 매크로 이해가 다 된 것은 아니다. 본문의 순차적 흐름에 따른 이해가 소홀히 될 수는 없다. 순차적 이해는 매우 중요하다. 본문을 써가며 배열하는 저자의 심중이 반영되어 있기 때문이다. 저자 마태는 자신이 알고 있는 본문의 데이터를 지금 우리가 갖고 있는 대로의 순서를 마음에 두고 배열해 나갔던 것이다. 그 때 그는 그 같은 순서로 복음의 내용을 독자들이 이해하게 하고 싶었을 것이다. 물론 그는 대치적 구상을 복안으로 함께 갖고 있었던 것 또한 분명하다.

이제 마태복음의 열한 개의 큰 단락들 가운데 한 부분을 선택해서 좀더 작은 단위의 매크로 해석을 시도하려고 한다. 여러 문단들이 어떻게 서로 연계되어 전체적인 해석의 틀을 제시하는지 살펴보자.

2. 마태복음 5-7장의 매크로 해석

5-7장의 산상수훈은 마태복음에서 두 번째 부분에 자리하는 본문으로 예수님의 담화 중 첫 번째로 나온다. 이 부분을 매크로 해석을 한다면, 먼저 단락을 나누고 그 단락을 요약한다. 그 다음에는 단락들의 관계에 대한 관계도를 그리고 관계도에 따라 하나씩 하나씩 해석하면 된다. (여기서는 단락 구분과 요약, 관계도를 그리는 작업을 한꺼번에 처리하겠다.)

1) 단락 구분과 요약

여러 주제의 말씀들이 나온다. 각 주제 또는 문단(또는 문장)의 패턴에 따라 단락을 나누면 된다.

다음과 같이 나눠 보았다. 표의 오른쪽에는 왜 그같이 나누었는지 이유를 간략히 적어 놓았다.

이같이 단락들을 세분화한 후, 이 단락들의 연계성을 찾아 묶어 나가자.

[단락 구분 이유]

단락	구 분	요 약	이 유
1.	5:1-2	말씀의 상황(setting)	산상수훈이 된 배경에 대한 말씀
2.	5:3-12	팔복(구복)	팔복 또는 구복이라 하는 부분
3.	5:13-16	소금과 빛	소금과 빛, 착한 행실에 대한 말씀
4.	5:17-20	율법의 성취	율법과 의에 대한 주제
5.	5:21-26	살인	'…너희가 들었으나' 패턴 1
6.	5:27-30	간음	'…너희가 들었으나' 패턴 2
7.	5:31-32	이혼	다소 변형된 패턴, '…하였으나'
8.	5:33-37	맹세	'…너희가 들었으나' 패턴 3
9.	5:38-42	선대하라.	'…너희가 들었으나' 패턴 4
10.	5:43-48	원수를 사랑하라.	'…너희가 들었으나' 패턴 5
11.	6:1-4	은밀한 구제	은밀한 중에 보시는 천부 1
12.	6:5-8	은밀한 기도	은밀한 중에 보시는 천부 2
13.	6:9-13	주기도문	기도의 모델
14.	6:14-15	용서	주기도문과 일단 분리 필요
15.	6:16-18	은밀한 금식	은밀한 중에 보시는 천부 3
16.	6:19-24	하늘에 쌓는 보물	재물에 대한 주제
17.	6:25-34	근심하지 말고 그의 나라를 구하라.	먹고 마시는 것 이슈
18.	7:1-6	판단하지 말라.	비판에 대한 구별된 이슈
19.	7:7-11	구하라.	간구에 대한 이슈
20.	7:12	대접하라.	조금 구별된 이슈, 율법과 선지자
21.	7:13-14	좁은 길	좁은 길, 생명의 길
22.	7:15-20	열매로 안다.	거짓 선지자, 나무와 열매 이슈
23.	7:21-23	아버지의 뜻대로 행하는 자	불법과 천부의 뜻의 구별
24.	7:24-27	반석 위에 지은 집	주의 말을 듣고 행하는 자 관련
25.	7:28-29	말씀의 반응	산상수훈에 대한 반응

가장 밀접한 것들끼리 먼저 묶으면 된다.

2) 관계도 그리기

가장 밀접한 것들이란 주제나 패턴에서 공통점이 많은 단락들이다. 위의 단락에서 몇 가지는 쉽게 찾을 수 있을 것이다.

(1) 먼저, '…너희가 들었으나'의 패턴이 눈에 띈다. 이들을 묶어 보자. 그런데 여기서 단락 7(5:31-32)의 '이혼'은 이 패턴과는 비슷하긴 하지만 조금 다르다. 그것은 앞의 단락 6(5:27-30)의 '간음'의 내용과 한편으로는 구별이 되지만, 또 한편으로는 다른 것보다 더 밀접히 연결되어 있기 때문일 것이다. 예수께서 말씀하실 때, '이혼'은 '간음'의 주제에 속한다고 할 수 있으면서도 조금은 독립된 주제라 생각하셔서 그같이 패턴을 바꾸셨을 것이라 본다. 그러므로 단락 6과 7을 먼저 묶는다.

그 다음으로 단락 5, 6, 8, 9, 10이 같은 패턴이라고 생각되므로 이들을 병렬로 묶으면 된다. 그런데 단락 9(5:38-42)와 단락10(5:43-48)이 다른 세 주제에 비해 너무 가까운 내용의 말씀이다. 원수 사랑과 관련된 유사한 이슈를 다루고 있다는 점을 감안하면 이 둘을 다른 것보다 먼저 묶어도 좋다. 패턴 자체로 따진다면 다섯 단락을 병렬로 놓아야 하지만, 주제의 유사성 때문에 뒤의 둘을 묶는다면 모두 네 개의 병렬 연계 단락이 생기는 것이 된다.

이것을 간략히 해설하면 다음과 같다. 주님께서는 네 가지 주제, 즉 살인, 간음(이혼 포함), 맹세(진실과 거짓 이슈), 이웃에 대한 선대(원수 사랑 포함)에 대해 특별히 말씀하신 것이다. 간음의 문제 중에 이혼의 문제가 중요한 것이었으므로 조금 다른 패턴으로 말씀을 덧붙여 부각시키셨다. 그리고 이웃에 대해 선대하고 원수를 사랑하는 주제는 매우 중요하므로 두 번에 걸쳐 다른 소재를 가지고 반복적으로 강조하며 말씀하신 것이다. 이 네 주제는 모두 사람에 대한 것들이다.

5.	5:21-26	살인	'… 너희가 들었으나' 패턴 1
6.	5:27-30	간음	'… 너희가 들었으나' 패턴 2
7.	5:31-32	이혼	다소 변형된 패턴, '…하였으나'
8.	5:33-37	맹세	'… 너희가 들었으나' 패턴 3
9.	5:38-42	선대하라.	'… 너희가 들었으나' 패턴 4
10.	5:43-48	원수를 사랑하라.	'… 너희가 들었으나' 패턴 5

(2) 다음으로 눈에 띄는 공통적인 패턴은 '은밀한…'이라는 세 가지 단락들이다. 단락 11-15까지 해당되는 내용이다. 여기서 단락 11(6:1-4), 12(6:5-8), 15(6:16-18)는 같은 패턴으로 각각 구제, 기도, 금식에 대한 주제를 다룬다. 모두 '은밀한 중에 보시는 하늘의 아버지'에 대해 바르게 할 것을 촉구하시는 말씀이다. 이 세 가지가 병렬로 묶여야 한다는 데는 이의가 없을 것이다.

문제는 단락 13(6:9-13)과 단락 14(6:14-15)인데, 이 둘은 다른 것과 같은 패턴이 아니기 때문이다. 그런데 단락 13의 '주기도문'은 본래 단락 12의 '은밀한 기도'의 부록으로 제시된 것임을 알 수 있다. 그렇게 볼 때 단락 14의 '용서'는 어떤 본문과 연계될까? 이 단락은 단락 13의 '주기도문'의 용서의 부분에 대한 보충 설명인 것이 분명하다. 그렇지 않으면 이 부분에 들어 있지 않았을 것이다.

그러니까 단락 14(6:14-15)는 단락 13(6:9-13)과 묶이고, 다시 이 둘은 그 앞의 단락 12(6:5-8)와 묶이면 된다. 그리고 단락 11, 12-14, 15가 전체적으로 병렬로 묶인 관계를 나타내면 되는 것이다. 다음과 같다.

주님은 이 부분에서 하늘에 계신 아버지, 은밀한 중에 보시는 천부께 대해 다음의 세 가지를 주의해서 행할 것을 강조하셨다. 그것은 구제, 기도, 금식이었다. 이 세 가지는 모두 하나님께 대한 것이며 하나님을 바라며 행해야 하는 것들이다. 기도와 관련해서는 기도의 모델을 제시해 주셨다. 주님의 기도 가운데 강조하고 싶으셨던 것은 용서에 대한 것이었다. 이 부분이 그 때 사람들에게 많이 부족한 것으로 보셨기 때문인 듯하다.

11.	6:1-4	은밀한 구제	은밀한 중에 보시는 천부 1
12.	6:5-8	은밀한 기도	은밀한 중에 보시는 천부 2
13.	6:9-13	주기도문	기도의 모델
14.	6:14-15	용서	주기도문과 일단 분리 필요
15.	6:16-18	은밀한 금식	은밀한 중에 보시는 천부 3

(3) 그 다음으로 연속된 단락인 단락 16(6:19-24)과 단락 17(6:25-34)은 '재물', 그리고 '먹고 마시는 것'에 대한 주제로 서로 밀접한 관계가 있다. 재물을 땅에 쌓지 말고 하늘에 쌓아 두라는 말씀과 먹고 마시는 것, 입는 것에 대해 너무 집착하지 말라는 말씀은 주제 간에 상당한 연계성이 느껴진다. 특히 둘 다 하나님을 섬기는 방법으로 제시되었다는 사실이 공통점이다. 하나님과 재물을 겸하여 섬길 수 없다는 말씀과 그의 나라와 그의 의를 구하라는 말씀이 그것들이다.

이 두 단락이 하나님과 연관되어 있다는 점에서 다시 그 앞의 11-15(6:1-18) 단락들과 하나님에 대한 주제로 연계된다는 것을 또한 알 수 있다. 다시 말해 은밀한 구제, 은밀한 기도, 은밀한 금식과 함께 재물의 문제와 먹고 마시고 입는 이슈는 하나님을 바로 섬기는가를 결정하는 표징이 된다.

그러므로 다음과 같이 묶을 수 있다.

(4) 이렇게 되면, 단락 5-10(5:21-48)과 단락 11-17(6:1-34)까지 단락 간

11.	6:1-4	은밀한 구제	은밀한 중에 보시는 천부 1
12.	6:5-8	은밀한 기도	은밀한 중에 보시는 천부 2
13.	6:9-13	주기도문	기도의 모델
14.	6:14-15	용서	주기도문과 일단 분리 필요
15.	6:16-18	은밀한 금식	은밀한 중에 보시는 천부 3
16.	6:19-24	하늘에 쌓는 보물	재물에 대한 주제
17.	6:25-34	근심하지 말고 그의 나라를 구하라.	먹고 마시는 것 이슈

의 연관성이 이미 드러난 것이다. 단락 5-10은 사람(대인관계)에 대한 말씀이고, 단락 11-17은 하나님(대신관계)에 대한 말씀인 것이다. 사람과 하나님에 대한 말씀으로 산상수훈의 중간 부분이 채워져 있었던 것이다.

이런 맥락에서 단락 18-20(7:1-14)의 세 단락을 판별해 보자. 단락 18(7:1-6)은 판단하지 말라는 말씀으로 이 역시 대인관계에 대한 말씀이다. 반면에 단락 19(7:7-11)는 대신관계에 속하는 말씀이다. 그렇다면 이 두 단락은 앞의 대인관계를 강조하는 단락 5-10과 대신관계를 드러내는 단락 11-17과 각각 연계되어 있음을 알 수 있다.

대인(a, 5-10)-대신(b, 11-17)-대인(a′, 18)-대신(b′, 19), 이런 패턴으로 나온 것이라면, 뒤에 나타난 단락 18과 19는 앞의 것들과 관련해서 어떤 기능을 할까? 왜 대인과 대신을 한 번씩 순차적으로 반복해서 나타낸 것일까? 그것은 뒤의 단락 18과 19가 앞의 단락 5-10과 11-17을 요약(정리)하는 것일 수도 있고 아니면 앞에서 거론된 내용이 충분하지 못하므로 조금 보충하는 것일 수도 있을 것이다. 어떤 것일까? 단락 18과 19의 내용을 살펴보면 그 내용들은 앞의 대인관계와 대신관계를 거론하는 단락들의 내용을 요약한 것일 수는 없다. 그렇다면 그 내용들을 각각 보충하는 것으로 보아야 한다. 보충하면서 전체적으로 대인과 대신의 주제에 대해 반복적인 효과를 낸 것이다.

보충이라는 측면에서 이해할 때 단락 18(7:1-6)의 판단하지 말라는 말씀은 살인하지 말며, 간음하지 말며, 맹세하지 말며(진실하며), 이웃을 사랑하라는 주제 등과 관련해서 다른 이들을 비판하지도 말라는 말씀을 덧붙여 주신 것이다. 단락 19(7:7-11)의 기도하라는 말씀 역시 보충되는 말씀이다. 하나님께 하듯 하고 아무것도 걱정하지 말고 하나님만을 의지하되, 필요한 것이 있으면 기도를 하라고 말씀하고 계시는 것이다. 비록 앞서 기도에 대한 주제가 한 번 나왔지만(12-14), 이 기도의 주제와는 초점이 다르다.

이제 단락 20(7:12)에 대한 판별이 남아 있다. 그렇다면 이 말씀은 대인,

대신 어떤 관계를 말씀하고 있는 것인가? 대인관계에 대한 것일 가능성이 많다. 왜냐하면 본문이 대인-대신-대인-대신 주제의 순서로 되어 왔기 때문이다. 만일 이 구절이 대인에 대한 것이라면 그것은 그 다음에 대신관계에 대한 주제 단락이 와야 한다는 뜻이 된다. 그러나 그 다음 부분(단락 21, 7:13-14)은 대신관계를 뜻하는 단락이라 하기 어렵다.

그렇다면 대인과 대신을 합친, 또는 요약한 구절일 수 있다. 즉, 대접받고자 하는 대로 대접하라는 것은 하나님에 대한 것과 사람에 대한 것 모두에게 적용될 수 있다는 것이다. 이런 해석이 가능할까? 가능하다고 본다. 특히 이 말씀이 곧 '율법과 선지자'라는 점에서 그렇다. 다시 말해, 율법과 선지자(즉, 구약 전체)에 있는 말씀의 핵심 또는 그 말씀들의 요약이라는 것이다. 하나님 사랑과 이웃 사랑을 모두 말씀하는 구절로 보는 것이 무리는 없다.

그렇게 볼 때 본문은 대인-대신-대인-대신-요약(대인/신)이라는 패턴을 단락 5-20(5:21-7:14)에서 보여주고 있는 것이다. (이 부분에 대한 도표는 생략하겠다. 뒤의 [산상수훈 관계도]를 참조하라.)

(5) 이제는 그 외에 남아 있는 부분들을 살펴보자. 우선 단락 1(5:1-2)과 단락 25(7:28-29)는 앞과 뒤에서 서언과 종언의 역할을 하는 부분이다. 5:1-2에서는 산상수훈을 시작하시는 예수 그리스도의 모습이 나왔다면, 7:28-29에는 그의 말씀에 대해 반응을 보이는 사람들의 모습이 나왔다. 이 두 단락은 앞과 뒤에 있어 서로 연결되어 있으면서 안의 내용들을 감싸고 있다.

(6) 그 다음은 단락 2-4(5:3-20)의 세 단락에 대한 이해를 할 차례이다. 단락 2(5:3-12), 3(5:13-16), 4(5:17-20)는 앞의 대인, 대신관계에 대해 어떤 연관이 있을까? 둘 중에 하나와 관련이 있을까? 아니면 둘 다에 연관이 될까? 만일 둘 다에 연관이 된다면 그것은 주제(대인-대신)로 연관이 되는 것일까? 혹은 직접적인 주제 관련은 아니고 특정한 기능적인 면에서 관련이 있는 것일까? 예컨대, 도입(서론)적인 기능 말이다.

이런 관점에서 보면 단락 2와 3, 4 모두 그런 도입적인 기능을 가지고 있음을 발견할 수 있다. 단락 2의 '팔복'('구복')은 대인-대신에 대한 모든 이슈를 망라한다. 그러면서 듣는 자(또는 독자)로 하여금 마음을 열고 주님의 말씀과 같이 복 있는 자가 되고자 하는 열망을 갖게 하는 단락이다. 심령이 가난한 자, 애통하는 자, 온유한 자, 의에 주리고 목마른 자, 긍휼히 여기는 자, 마음이 청결한 자, 화평케 하는 자, 의를 위하여 핍박을 받는 자, 그리스도로 인해 고난을 받는 자에게 복이 있다는 말씀은 산상수훈의 첫 번째 말씀으로 매우 적합하다. 이 말씀은 어떻게 해야 하는지에 대해 구체적으로 말씀하시는 것이 아니지만 하늘의 복을 얻고자 하는 마음을 일어나게 한다.

단락 3의 '소금과 빛'에 대한 말씀은 어떤가? 이 말씀은 듣는 자(또는 독자)로 하여금 자신의 정체성을 소금 됨과 빛 됨에 두게 한다. 즉, 착한 행실을 하도록 동기를 부여하는 말씀이다. 이 말씀을 들을 때 자신이 소금과 빛의 역할을 해야 한다는 사실을 깨닫는다. 그러나 구체적으로 어떻게 행하는 것이 소금과 빛의 역할을 하는 것인지에 대해선 아직 나오지 않는다. 도입의 기능을 가진 단락이기 때문이다.

단락 4의 '율법의 성취' 부분은 구약과 신약을 연결시켜 주는 말씀이다. 그리스도의 사역(또한 말씀)은 '율법과 선지자'(즉, 구약)에 연속되어 있을 뿐 아니라, 오히려 그것을 완성한다. 예수께서 제시하는 '의'의 기준은 서기관이나 바리새인보다 더 높다. 예수께서 제시할 새로운 법은 아직 구체적으로 제시되지 않는다. 그 다음에 좀더 구체적으로 제시될 내용은 바로 그리스도의 나라에 필요한 그런 완성된 형태의 새 법의 말씀이 될 것이다.

단락 2, 3, 4의 세 단락은 이처럼 그 기능에 있어 그 다음부터 이어질 그리스도의 말씀(대인, 대신에 대한)에 도입적인 역할을 한다. 복 된 자가 되기 위해 마음을 열고 그리스도의 말씀에 대해 열망을 갖게 하고(단락 2), 소금과 빛 된 자로서의 삶을 살려는 다짐을 갖고 그 다음 말씀을 기다리게 하고(단락 3), 그리스도의 새 법의 탁월성을 이해하고 이제 그 새 법을 제시받고자 기다리게 하는(단락 4) 그런 단락들이다. 뒤이어 이어지는 대인 · 대신 관계에 대한 말씀으로 이끌어 주는 역할을 한다.

각 단락이 이같이 이끌어주는 역할을 하기 때문에 이 세 단락은 모두 뒤의 대인 · 대신 관계의 말씀들과 깊이 연계된다. 팔복(단락 2)은 대인 · 대신 관계의 요약본이 될 수 있고, 소금과 빛 됨(단락 3), 즉 선한 행실의 구체적인 삶의 내용이 대인 · 대신 관계의 말씀에 담겨 있는 것이다. 한편으로 그리스도의 완성된 법의 말씀은 대인 · 대신 관계의 말씀에서 구체화된다.

(7) 마지막에 남은 부분은 단락 21-24(7:13-27)의 네 단락들이다. 이 단

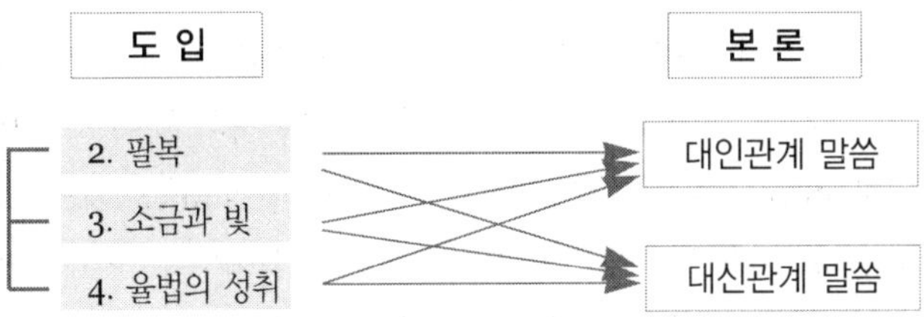

락들은 본문에서 어떤 기능을 가지고 있을까? 앞의 단락 2-4(5:3-20)의 도입부 단락들이 보여준 대인 · 대신 관계의 본문(단락 5-20, 5:21-7:12)에 대한 기능과는 어떤 차이가 있을까? 단락 2-4가 도입부의 기능을 가지고 있다면 단락 21-24는 그 반대적 기능, 즉 결론부의 역할을 하지는 않겠는가? 이런 질문들을 통해 그 내용을 검토해 보자.

단락 21(7:13-14)의 '좁은 길' 말씀은 앞의 대인 · 대신 말씀과 그 주제에 있어 직접적으로 연결된 것은 아니다. 대인, 대신 그 어떤 관계에 해당되는 말씀이 아니기 때문이다. 그러나 이 말씀이 이 부분에 있는 이유는 분명하다. 앞의 대인-대신 관련 말씀과 연관하여 볼 때, '좁은 길', '생명으로 인도하는 문'은 그 말씀들(대인 · 대신 관련)을 따르고 순종하는 길이다. 이 단락은 앞의 말씀에 대한 결단을 촉구하는 말씀이다. 그래서 결론부의 기능을 가진다.

단락 22(7:15-20)의 '거짓 선지자, 나무와 열매'에 대한 말씀은 어떤가? 거짓 선지자는 그리스도의 말씀과 다른 열매를 맺는 자이다. 그들은 나쁜

나무라서 나쁜 열매를 맺을 수밖에 없다. 이 말씀 자체만으로는 앞의 대인 · 대신 말씀과 어떤 연관성이 있는지 찾기 쉽지 않다. 좋은 열매를 맺는 좋은 나무란 그리스도의 말씀(대인 · 대신 관련)을 따르며 그 열매를 맺는 자를 말씀하는 것으로 이해는 되지만 분명해 보이지 않는다.

이 부분은 다른 단락보다 좀더 밀접히 연관된 23(7:21-23)의 '아버지의 뜻대로 행하는 자' 단락과 연계해서 이해할 필요가 있다. 단락 22의 거짓 선지자는 단락 23에서 주의 이름으로 선지자 노릇하며 결국은 불법을 행하는 자와 비교된다. 단락 22의 열매는 단락 23의 행함의 이슈와 관련된다. 결국 단락 22는 단락 23에서 귀결된다. 이를 연계해서 이해하면, 단락 22-23에서 그리스도는 '아버지의 뜻대로' 행하는 자와 그렇게 행하지 않는 자를 구분하고 계신 것이다. '하늘에 계신 내 아버지의 뜻대로' 행하는 자는, 다른 말로 하면 산상수훈에 나타난 그리스도의 말씀(즉, 대인 · 대신 관련 말씀)을 듣고 그대로 순종하여 행하는 자를 가리키는 것이라 할 수 있다. 이 두 단락 역시 결단을 촉구하는 말씀이다.

단락 24(7:24-27)의 '반석 위에 지은 집'은 이런 맥락에서 볼 때, 이 역시 결단을 촉구하는 결론부의 대표적인 단락이 된다. 어떻게 하는 것이 반석 위에 집을 짓는 것인가? 그것은 그리스도의 말을 듣고 행하는 자가 되는 것이다. 그리스도의 말은 이미 앞의 산상수훈의 대인 · 대신 관련 말씀을 통해 전해졌다. 이것을 들은 자는 이제 행하는 일만 남은 것이다. 듣고 행함이 없는 자는 모래 위에 집을 지은 어리석은 자가 될 것이다.

이렇게 보면 이 네 단락(21-24, 7:13-27)의 기능이 뚜렷해진다. 모두 주어진 말씀에 따라 행하도록 촉구하는 단락들이다. 다만, 이 중 두 번째(22, 7:15-20)와 세 번째(23, 7:21-23) 단락은 다른 두 단락(21과 24)에 비해 좀더 밀접한 연계성을 가진다는 점이 발견되었다. 그렇게 보면 이 결론부 단락 부분은 크게 세 단락(21, 22-23, 24)이 된다.

도입부 세 단락(2, 3, 4)과 비교할 때 결론부 세 단락의 수가 같다는 것이 우연한 것일까? 다시 말해, 저자는(혹은 그리스도는) 독자로 마음을 열고 바른 정체성을 가지게 하며 새로운 법을 기대하게 하는 도입부의 세 단락을 먼저 제시한 후, 구체적인 대인 · 대신 관계의 말씀을 교차적으로 제시하였고, 마지막으로 그 말씀들을 따르도록 결단을 촉구하는 세(네) 단락으로 마무리를 한 것이다.

이런 결과를 가지고 전체적인 관계도를 그리면 다음과 같다.

[산상수훈 관계도]

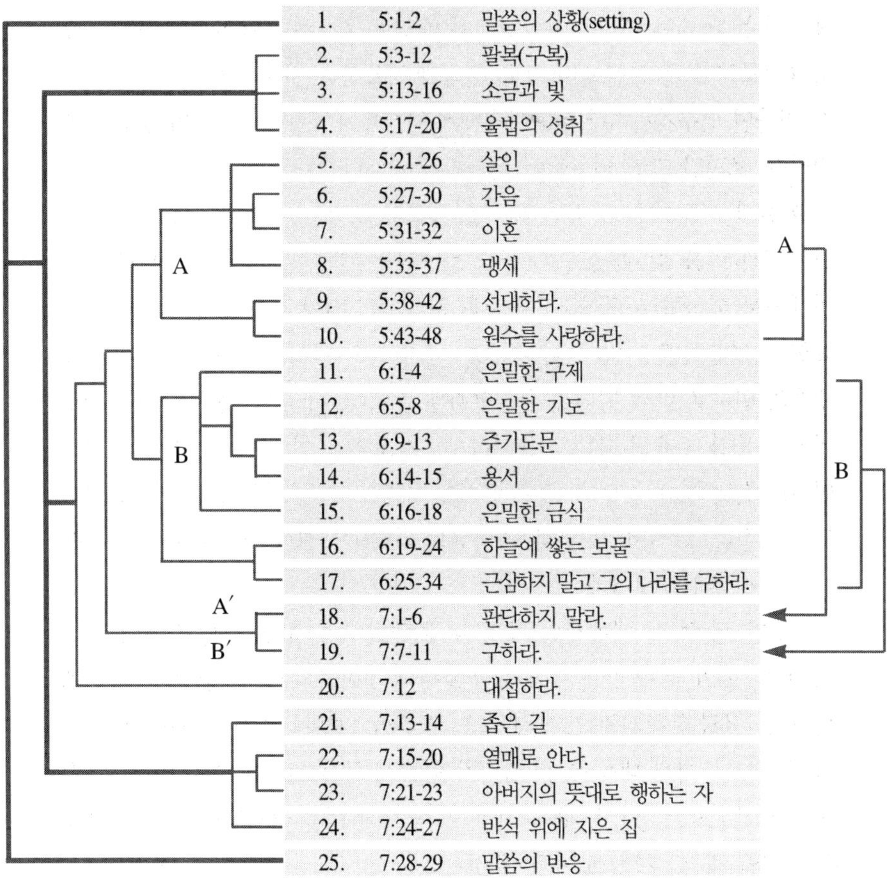

1.	5:1-2	말씀의 상황(setting)
2.	5:3-12	팔복(구복)
3.	5:13-16	소금과 빛
4.	5:17-20	율법의 성취
5.	5:21-26	살인
6.	5:27-30	간음
7.	5:31-32	이혼
8.	5:33-37	맹세
9.	5:38-42	선대하라.
10.	5:43-48	원수를 사랑하라.
11.	6:1-4	은밀한 구제
12.	6:5-8	은밀한 기도
13.	6:9-13	주기도문
14.	6:14-15	용서
15.	6:16-18	은밀한 금식
16.	6:19-24	하늘에 쌓는 보물
17.	6:25-34	근심하지 말고 그의 나라를 구하라.
18.	7:1-6	판단하지 말라.
19.	7:7-11	구하라.
20.	7:12	대접하라.
21.	7:13-14	좁은 길
22.	7:15-20	열매로 안다.
23.	7:21-23	아버지의 뜻대로 행하는 자
24.	7:24-27	반석 위에 지은 집
25.	7:28-29	말씀의 반응

9

통합된 주제 해석

마이크로(미시적) 분석 과정을 넘어서면 매크로(거시) 해석의 세계가 있다. 한 단락을 놓고 깊이 있는 연구를 했다면, 이젠 좀더 큰 단위의 연계 해석에 눈을 떠야 한다. 이런 점에서 매크로 해석은 유용한 툴이 될 수 있다. (신구약 모든 본문에 매크로 해석을 적용하여 전체적으로 해석해 놓을 수 있다면 연구자들이나 설교자들에게 참으로 유용한 자료가 될 것임에 분명하다. 조만간 그런 연구물이 나오리라 기대한다.)

이번에는 좀 다른 관점의 해석을 생각해 보자. 그것은 특정한 구절이나 단락에서 얻을 수 있는 주제(사상)를 다른 구절이나 단락의 내용과 서로 연계해서 해석하는 것이다. 예컨대, 하나님의 사랑에 대해 언급하고 있는 요한복음의 어떤 단락(구절)과 로마서의 어떤 단락(구절)을 서로 동일한 주제의 연구로 함께 병행해서 연구하는 것이다. 이 두 본문은 하나님 사랑이라는 동일 주제의 다른 본문이다. 서로 보완이 된다. 물론 그 두 부분의 연계로 끝날 필요는 없다. 같은 주제를 다루고 있는 신구약의 다른 본문과도 연계한다. 그래서 그 주제('하나님의 사랑')에 대한 성경 전체의 내용을 살피고 해석하는 것이다.

즉, 한 책(성서) 내에서의 특정 주제 해석이 아니라, 다른 성서와의 연계, 특히 동일 주제 간의 연계에 주목하는 것이다. 그래서 주제 간의 연계는 성경 전체를 통관한다. 한 단락의 본문에 나타난 특정 주제에 대한 메시지는 그 주제에 대한 성경 메시지의 한 부분이다. 그런 내용이 성경 전체에서 연구되고 종합될 때 비로소 그 주제에 대한 전체적인 내용이 된다. (종합적인 해석 방법론을 적용한 것이다.)

1. 귀납적 연구, 연역적 연구

통합적 주제 연구(해석)는 어떻게 보면 귀납적(inductive)이기보다는 연역적(deductive)으로 보인다. 이제까지 해 온 마이크로 분석과 매크로 해석은 철저히 본문의 귀납적 연구의 전형이다. 반면에 주제 연구는 대부분 연역적인 방식이라 할 수 있다. 먼저 주제를 선정하고 그 주제에 따라 자료를 찾기 때문일 것이다. 대부분 연구자의 견해가 우선되고 그 후에 성경의 본문이 일종의 근거 구절(proof-text)로 사용되는 경우가 많다. 그렇다면 이런 방식은 연역적이다.

귀납적인 연구가 성경 연구에서 중시되는 것은 해석자나 연구자의 의도가 덜 반영되기 때문이다. 다시 말해, 저자와 본문 자체의 의도가 중요하고 해석자는 주로 그 본문의 메시지에 영향을 받는다. 비록 의미를 찾는 작업은 개별 해석자가 하지만 저자의 의도를 넘어설 수는 없다. 귀납적 연구를 등한히 하는 해석자는 저자의 의도보다는 자신의 의도를 정당화하기 위해 본문에 접근할 가능성이 그만큼 많다. 그래서 본문의 뜻을 왜곡하기 쉽다. 귀납적 연구는 본문의 목소리를 제대로 듣고자 하는 데서 시작된다.

연역적 연구는 잘못된 것인가? 그런 것은 아니다. 초보자에게 새로운 길을 제시할 때 연역적 방식은 많은 도움을 준다. 귀납적 연구가 스스로 경험을 하면서 찾고자 하는 길을 찾아가는 것이라면, 연역적 연구는 알려진 길을 지도 등의 안내를 받아 가는 것이다. 어느 것이 쉬운지는 불을 보듯 분명하다.

귀납적 연구와 연역적 연구는 모두 필요하다. 둘이 서로 보완되어야 한다. 그런데 주제 연구는 다 연역적일까? 물론 그렇지 않다. 어떤 특정 주제를 먼저 선정하고 시작하는 것은 연역적이지만, 선정된 본문을 놓고 그 본문을 철저히 귀납적으로 연구(해석)하여 그 주제에 대한 결론에 이르는 방식은 또한 귀납적이다. 다시 말해, 본문 선정은 연역적이고 본문 분석은 귀납적이다. 그래서 주제별 본문을 선택하여 해석해 나가는 방식이 많이 사용된다. 강해 설교를 하는 분들이 특히 많이 활용한다.

그렇다면 통합적 주제 연구는 어떤가? 특정한 주제를 선정하는 과정은 당연히 연역적이다. 그런데 그 외의 부분은 기존 주제 연구와는 달리 상당 부분 귀납적이다. 그것은 해당 주제에 대한 내용을 먼저 전제(또는 기술)하고 그것에 대한 증거 구절이 될 구절들을 찾는 것이 아니라, 그 주제에 대한 성경 자체가 말씀하고 있는 모든 것을 가능한 찾으려 하기 때문이다. 즉, 그 주제에 대해 말씀하시는 하나님의 목소리를 듣고자 하는 노력이 우선된다. 해석자가 생각했던 주제의 내용들이 아니다. 하나님의 의도가 해석자의 연구를 이끈다.

2. 성경신학 방법론과 주제 해석

이런 통합적 주제 해석 방법론은 성경신학의 대표적인 연구 방법론에 속한다. 성경신학의 연구 방향은 적어도 세 갈래이다. 하나는 특정 성서(예컨대, 로마서), 또는 성서의 그룹(바울 서신, 또는 초기의 바울 서신 등) 내에서 특정한 주제 연구를 하는 것이다. 그 연구 결과는 그 자체로 의미가 있지만 대부분 다른 성서나 그룹의 연구와 비교될 때 가치를 얻는다. 특정 주제의 바울의 초기 서신과 후반기 서신의 비교라든지, 아니면 바울의 서신의 내용과 복음서의 내용의 비교라든지 하는 것이다. 이런 연구를 통해 바울 신학, 요한 신학, 복음서 신학 등과 같이 이름 붙여진 성경신학이 등장한다.

두 번째는 특정한 책(성서)보다는 성경 전체에서 그 주제에 대한 연구를 하는 것이다. 즉, 특정 주제에 대한 성경 전체의 언급을 모아 총괄적으로 종합하는 것이다. 그리고 그 내용을 분류해서 그 주제에 대한 하나님의 전체적인 뜻을 찾는 것이다. 이런 해석은 그 주제에 대해 전체적인 시각을 준다는 점에서 무척 유용하다. 성경 전체에 나타난 특정 주제에 대한 종합적인 이해는 한 부분의 이해에 묶여 코끼리 전체의 모습을 보지 못하는 근시안적인 문제를 해결해 준다. 마이크로 분석이 매크로 해석에 의해 보완되듯이, 특정 본문이나 성서의 이해를 넘어선 하나님의 책 성경에 대한 종합적 이해를 통해 그 주제에 대해 말씀하시는 하나님의 메시지 전체를 얻게 되는 것이다.

또 다른 하나는 전체적으로 그 주제를 찾아 연구하지만 그 주제의 특정한 흐름과 발전에 주목하는 것이다. 그렇기 때문에 단지 특정 주제에 대한 데이터를 모두 모으는 데 그치지 않고 그 데이터가 성경 어떤 부분에 위치했는지에 또한 주목한다. 그 데이터의 내용의 출처가 된 성서의 계시적 성격에 따라 어떤 특성이 그 주제에 반영되었는지를 중요하게 생각한다. 계시 발전, 사상적 흐름의 전개를 중시한다. 이 방식은 앞의 두 방법을 결합한 것이라 할 수 있다.

이 세 가지 중에 일반 연구자와 해석자가 조금은 쉽게 접근할 수 있는 방법은 두 번째 방법이다. 첫 번째 것과 세 번째 것이 아주 어렵다는 것이 아니라, 두 번째 방법의 제대로 된 이해와 연습을 통해 그 다음 발전적으로 행해질 수 있다는 것이다. 따라서 일단 여기서는 두 번째 방법에 주력하여 소개하고자 한다. (사실 첫 번째 것은 마이크로 · 매크로 해석을 통해 상당한 수준의 연구가 전개될 수 있다.)

3. 통합적 주제 연구의 전제

주제 연구는 신구약 66권의 성경이 하나님의 말씀이라는 전제를 가진다. 한 분 하나님 저자의 일관성 있는 신학이 모든 성서에 반영되어 있다고 본다. 그래서 성경의 통일성과 특정 주제의 일관성과 체계성을 전제하고 연구한다. 만일 각각 다른 인간 저자의 작품만으로 이해한다면 어떻게 그 성경 전체를 꿰뚫는, 특정 주제의 전체적인, 종합적인 짜임새가 있다고 생각할 수 있겠는가. 한 분 하나님께서 전체적으로 디자인하신 작품으로 성경을 바라볼 때 통합된 주제 연구의 의미가 있는 것이다. 통일성의 전제는 하나님에 대한 인정이다.

또한 다양성에도 주목한다. 하나님은 특정 주제를 늘 한 가지 말로만 반복해서 하시는 분이 아니셨다. 내용상 반복된 말씀이라 할지라도 상황에 따라 다른 강조점을 지니며 주어졌다. 다양한 때, 다양한 상황에, 다양한 사람들에게 주어진 특정 주제에 대한 말씀은 종합할 때 그 내용이 풍성해진다. 다양성은 통일성을 해치지 않고 오히려 풍요하게 한다. 다양한 모든 것을 합칠 때 전체의 그림이 그려진다. 다양한 특성을 가진 한 개체는 전체 그림의 한 조각이 된다. 한 조각은 그 주제의 한 부분의 의미로서 중요하며 다른 조각과 합쳐서 전체를 구성한다. 한 조각은 다른 한 조각과 같은 근본적 특질을 가지므로 서로 연계되지만, 한편으로 개체적 특성이 달라 동시에 서로 구별이 된다. 그래서 그것은 똑같은 편린의 반복이 아니라, 모자이크 전체의 한 부분이다. 모아 놓을 때 아름다운 그림이 된다.

통합적 주제 해석은 특정 주제에 대한 이 같은 편린들을 모아 종합한 그림을 내놓는 해석이다. 부분이 되는 데이터를 전체의 그림에 맞춰 끼워 넣는 작업이 조직화의 작업이 된다. 영감된 말씀으로서의 성경의 통일성은 특정 주제를 종합하는 노력을 가능하게 하며, 이 말씀의 다양성은 그 주제를 조직화(체계화)하는 작업을 지지한다.

4. 주제 해석 절차

일반 해석자도 통합적 주제 해석을 스스로 할 수 있도록 하기 위해 다음의 해석 절차를 제시한다. 먼저 주제를 선정하고 그 주제에 따른 관련 구절들을 수집한다. 수집된 구절들은 바른 이해를 위해 모두 해석(분석)될 필요가 있다. 그 다음은 해석된 내용을 종합하고, 종합된 내용을 다시 짜임새 있는(조직화된) 틀로 모으는 것이다. 그렇게 해서 통합적인 주제 연구가 가능해진다. 이를 하나씩 좀더 자세히 살펴보도록 하자.

1) 주제 선정

첫 작업은 주제를 선정하는 것이다. 주제 선정 방식은 다양할 수 있다. 성경 본문을 연구하다가 부딪혀 오는 이슈(주제)로부터 시작하거나, 이미 기존의 주제별 연구의 도움을 받거나 해도 좋다.

어떤 주제는 신앙적 가치가 상당한 반면 어떤 주제는 일반적으로많이 거론되는 주제일 수 있고 또 어떤 주제는 현재의 필요를 해결하는 실용적인 것일 수 있다. 만일 주제 연구를 계속한다면, 해석자는 주제들을 선택할 때 특정한 목적을 갖는 시리즈 형태로 선택해도 좋다. 그리스도인의 삶에 대한 주제들이라든지, 하나님의 속성에 대한 주제들이라든지 말이다. 즉흥적인 주제 선택보다는 사역과 관련된 일관성을 갖고 계획된 주제 선택과 연구가 실제적인 도움을 줄 수 있을 것이다.

2) 관련 구절(본문) 수집

해당 주제와 관련된 구절 또는 본문을 수집한다. 관주 성경, 성구 사전, 성경 사전의 도움을 받아 연관 구절을 수집할 수 있다. 이중 성구 사전(concordance)은 특히 중요하다. 특정 주제와 연관된 용어들이 직접 나오는 구절들을 뽑는 것은 해당 주제 연구에 직접적인 도움이 된다. 요즘은 일반 성구 사전보다는 컴퓨터 프로그램으로 나온 것을 활용하는 것이 훨씬 낫다. 검색이 신속할 뿐 아니라, 정확하다. 또한 용어 여러 개를 한꺼번에 검색할 수 있다는 장점도 있다. 심지어 해당되는 구절의 여러 번역도 동시에 참조할 수 있고 원어의 의미도 그만큼 쉽게 다가갈 수 있다. 바이블 웍스(Bible Works) 등 전문 성경 연구 프로그램이 있으나 한국에서 만들어진 프로그램도 좋은 것들이 많다.

관련 구절을 수집하는 데 있어 범위의 한계는 없다. 주제의 연관성(thematic relations)이 있는 한 수집할 수 있다. 관련 성구와 해당 본문이 지나치게 많은 경우에는 연구에 드는 물리적인 시간이 많을 수밖에 없을 것이다. 그러나 그런 주제는 그만큼 가치가 있는 것이다. 하나님의 말씀에 많이 반복되어 나오는 주제는 성경에서 상당히 비중이 있는 주제가 된다는 뜻이기 때문이다.

그 주제에 대한 연구를 후에 활용하려 할 때, 축적된 데이터가 많으면 많을수록 그만큼은 더 사용할 수 있을 것이다. 예컨대, 이를 설교로 활용한다면 한 두 번 이상의 설교 자료가 될 수 있다는 것이다.

특정 주제에 대해 너무 많은 구절들이 나와, 한 번에 연구하기가 어렵다고 판단되면, 적절히 선별하여 나누면 된다. 구약이나 신약으로 나눠 연구하거나, 또는 특정한 성서나 관련된 성서들의 범위로 제한하고 나눠 몇 차례에 걸쳐 연구할 수도 있을 것이다.

또 다른 방법은 그 주제의 한 부분에 해당되는 특정한 소주제와 관련된 구절들만을 우선적으로 연구해 볼 수도 있을 것이다. 이 때 하나의 큰 주제는 여러 소주제로 나눠진다는 점이 전제된다. 연구가 작은 주제별로 진행되는 것도 가능한 일이다.

어떻게 소주제로 나눌 수 있을까? 수집된 해당 구절들을 대략적으로 훑어 읽기를 해본다. 대략적으로 읽으면서 해당 주제와 관련된 점들을 간략히 적어나간다. 이 중에 한꺼번에 연구할 만한 분량의 주제를 뽑고 이와 관련된 구절들을 선택하면 된다.

연관되는 구절들을 수집할 때, 해당 주제와 가장 적합한, 또는 가장 비중이 있는 구절들을 우선적으로 선택하는 방법도 있을 수 있음을 지적하겠다. 물론 이런 수집 과정에는 해석자의 자의성이 일정 부분 개입이 된다. 조심해야 한다. 해석자의 편의성보다는 하나님과 본문의 의도가 우선할 수 있도록 노력하자.

3) 구절(본문) 분석

한 번 정도 연구될 수 있는 분량이 정해졌다면 이제는 그 구절들을 좀 더 상세히 분석하는 일이 필요하다. 분석하는 방향은 선택된 구절이 특정 주제에 대해 어떤 점을 말해주고 있는가를 찾는 것이다. 이 때 주의해야 할 것은 해당 구절(본문)을 그 '문맥'(literary context)에 따라 이해해야 한다는 것이다. (마이크로 분석과 매크로 해석을 참조하자.) 분석이 제대로 되지 않으면 오류된 해석이 나올 수 있다. 그 주제에 대해 어떤 점을 어떻게 말씀해 주고 있는가? 이것을 살펴야 한다. 연구된 데이타는 그 특정 주제의 부분적 정보가 된다. 그 부분이 합쳐질 때 전체의 그림이 그려진다.

이 부분에서 어떤 분석 방식을 적용했는가는 그리 중요하지 않을 수 있다. 또한 지나치게 세밀한 연구는 자칫 주제 해석에 대한 방향의 궤도를 이탈할 수도 있다. 물론 연구의 목적이 학문적이라면 그 같은 연구도 필요할 것이다. 그러나 일반 해석자의 경우는 그렇게까지 할 필요는 없을 것이다. 주제 연구의 목적에 맞춰 해당 구절이 제대로 해석되었는지의 여부가 중요하다.

4) 종합

각 구절이 제대로 분석되었다면 이제 해당 주제에 대한 다양한 면의 데이터들이 나왔을 것이다. 이 해석한 내용들을 토대로 해서 전체적인 이슈들을 종합한다. 종합이라는 것은 단지 끌어 모으는 작업이 아니다. 데이터를 내용(소주제)에 따라 분류하고 그 분류된 것을 다시 조직화(연계화)하는 작업을 포함한다. 분류한 것을 다시 엮어서 짜임새 있는 내용의 조직(틀)을 만드는 것이다.

먼저는 분석된 내용을 종합할 때 분류하는 일에 대해 생각해 보자. 분석된 결과물, 즉 분석 데이터는 해당 주제에 대해 여러 다양한 면을 말씀해 주고 있을 것이다. 그 다양한 면은 그 주제(또는 대주제)에 대한 각각의 부분이다. 다이아몬드로 하자면 한 면 한 면이 합쳐져 그 다이아몬드의 전체적인 모습이 드러나는 것과 같다.

분류할 때, 특히 비슷한 내용들끼리 묶는다. 그 묶어진 내용은 해당 주제의 한 면으로 인정된다. 대주제의 소주제에 해당된다. 물론 그 소주제조차도 더 작은 면으로 나눠질 수 있다. 소주제는 대주제의 한 부분이 되지만, 다른 소주제에는 종속적이지 않고 조금은 독립적인 내용을 가진다. 소주제들은 연계되어 있으나 서로 합쳐지지는 않는다. 또한 다른 소주제에 포함되거나 포함하지는 않는다.

5) 조직화

그 다음의 작업은 분류된 내용(소주제)들을 조직화하는 것이다. 즉, 해당 주제를 세부 내용에 따라 조직화하는 작업이다. 다섯 가지의 소주제가 발견되었다면, 그 다섯의 내용들은 서로 어떻게 연계할 수 있는가? 해당 주제(대주제)에 대해 각각 무엇을 말씀해 주고 있으며 그것을 연계해서 묶는다면 어떻게 묶을 수 있는가? 그 다섯 가지의 소주제는 어떤 순서로 연결되어 있는가? 이들을 묶어서 한두 개의 논리적인 문장으로 만들어 보는 것도 좋은 생각이다. 논리적인 연계를 구상하라. 주목해야 할 것은 하나님께서 그 주제에 대해 말씀을 주실 때, 왜 다섯 가지의 측면에서 말씀을 주셨을까 하는 점이다.

덧붙여 생각해야 할 점은 그 다섯 가지의 비중의 차이다. 가장 많이 나타나는 소주제가 가장 많이 강조된 내용이다. 적게 나왔다고 중요하지 않은 것은 아니지만, 많이 반복되어 나온 내용이 그 주제에서 중요한 것임에는 틀림이 없다.

요약하면, 분석되고 종합된 말씀의 데이터를 통해 전체적으로 그 주제에 대해 어떤 말씀을 하고 있는지, 또 그 주제에 대한 어떤 측면들의 강조들이 있는지, 이런 점에서 해당 구절(본문)들은 서로 어떻게 강조점의 차이가 있으며 또 어떻게 서로 연계하여 보완(또는 지원)되며 전체적으로 구성되는지 살펴야 한다는 것이다.

6) 연구 결과의 활용

주제의 선정, 구절의 수집, 수집된 구절들의 분석, 분석된 내용의 종합과 조직화, 이런 과정을 거쳐 특정한 주제에 대한 해석에 이를 수 있게 된다. 이렇게 한 주제 연구는 성경을 관통하는 것이다. 해당 주제의 통합적인 연구 결과를 얻은 것이다.

이 연구는 성경 연구 자체만으로도 가치가 있다. 그 주제에 대한 하나님의 뜻, 특히 성경 전체에 드러난 하나님의 통합적인 뜻을 얻을 수 있기 때문이다. 하나님의 귀한 뜻을 온전히 깨닫는 것, 그것은 인간에겐 놀랍고 영광스러운 일이다. 통합적인 말씀의 뜻이 해석자에게 다가오는 것은 귀한 체험이 아닐 수 없다.

연구 자체가 가치 있기 때문에 연구에 들이는 시간 등의 투자가 아깝지 않을 것이다. 그런데 연구된 내용을 활용할 방향도 많다.

첫째, 주제 설교로 사용하는 것이다. 때론 한정된 본문을 다루는 강해 설교만으로 충분하지 않을 때가 있다. 통합된 주제 설교로 보완한다면 이상적일 것이다. 둘째는 성경 세미나나 그룹 연구의 시간에 활용하는 것이다. 연구의 최종적인 결과를 나눌 수도 있지만, 연구의 과정을 함께 하는 것도 의미 있는 일이다. 많은 분들과 나눌 때는 O.H.P.나 프로젝터를 사용하여 자료를 시각화하는 것도 좋은 방법이다.

5. 통합적 주제 해석의 예, '두려워 말라'

통합적 주제 해석과 관련해서 간단히 실습을 해보는 것이 유용할 것이라 본다. (본래 이 연구는 상당한 시간을 요하며 그만큼 많은 지면을 요구한다.) 여기서는 예를 들어 보는 차원에서 접근하겠다.

1) 주제 선정

실습적인 예를 위해 '두려워 말라'(Don't fear)라는 주제를 선정하겠다. 이 주제에 대해 성경에서 무엇을 말씀해 주고 있는지 알고자 한다.

2) 관련 구절(본문) 수집

여기서는 실습을 위해, '두려워 말라'는 주제와 관련된 구절을 다 찾아 열거하지는 않겠다. 관련된 자료(The Bible Promise Book, A Barbour Book)의 도움을 받아 30절 내외의 구절들(20개의 본문)을 선택했다. 이 정도 분량이 한 번의 연구로 적절한 분량이다.

시편 23:4-5; 27:1-3; 46:1-2; 91:1-6; 잠언 1:33; 3:24-26; 29:25; 이사

야 43:1-2; 41:13; 51:12; 54:4; 마태복음 10:28; 마가복음 4:40; 누가복음 12:32; 요한복음 14:27; 로마서 8:15; 8:37-39; 디모데후서 1:7; 히브리서 13:6; 베드로전서 3:12-14

3) 구절(본문) 분석

다음의 표는 '두려워 말라'와 관련하여 수집된 각 구절들을 요약적으로 분석한 것이다. '두려움', 특히 '두려워 말라'는 주제에 비춰 각 구절들의 내용을 살펴보려 했다.

['두려워 말라' 관련 구절 요약 분석]

구 절	본 문	분석 요약
시 23:4-5	4 내가 사망의 음침한 골짜기로 다닐지라도 해를 두려워하지 않을 것은 주께서 나와 함께 하심이라. 주의 지팡이와 막대기가 나를 안위하시나이다. 5 주께서 내 원수의 목전에서 내게 상을 베푸시고 기름으로 내 머리에 바르셨으니 내 잔이 넘치나이다.	두려워하지 않을 이유 - 사망의 음침한 골짜기에서도 주께서 나와 함께 하심으로; 주의 지팡이와 막대기가 나를 안위하므로; 주께서 나를 위하시고 영광스럽게 하시므로; 그래서 내 잔이 넘치기 때문에
시 27:1-3	1 여호와는 나의 빛이요 나의 구원이시니 내가 누구를 두려워하리요 여호와는 내 생명의 능력이시니 내가 누구를 무서워하리요. 2 나의 대적, 나의 원수된 행악자가 내 살을 먹으려고 내게로 왔다가 실족하여 넘어졌도다. 3 군대가 나를 대적하여 진 칠지라도 내 마음이 두렵지 아니하며 전쟁이 일어나 나를 치려 할지라도 내가 오히려 안연(晏然)하리로다.	두려워하지 않고 무서워하지 않을 이유- 하나님이 나의 빛, 나의 구원, 내 생명의 능력이시므로; 나의 대적이 왔다가 오히려 넘어지므로; 따라서 군대가 와서 나를 대적하여 진을 쳐도, 전쟁이 일어나 나를 치려 해도 두렵지 않고 안전하다.
	1 하나님은 우리의 피난처시요 힘이시니 환난 중에 만날 큰 도움이시라. 2 그러므로 땅이 변하든지 산이 흔들려 바다 가운데 빠지든지 바닷물이	두려워할 필요가 없는 이유 - 하나님이 '우리의 피난처, 힘, 환난 중에 만날 큰 도움'이 되시므로; 어떤 상황 속에서도 두려워할 필요

시 46:1-2	흉용하고 뛰놀든지 그것이 넘침으로 산이 요동할지라도 우리는 두려워 아니하리로다(셀라).	가 없다; 그 어떤 일이 와도 믿는 자는 두려워하지 않는 것이 당연하다.
시 91:1-6	1 지존자의 은밀한 곳에 거하는 자는 전능하신 자의 그늘 아래 거하리로다. 2 내가 여호와를 가리켜 말하기를 저는 나의 피난처요 나의 요새요 나의 의뢰하는 하나님이라 하리니 3 이는 저가 너를 새 사냥꾼의 올무에서와 극한 염병에서 건지실 것임이로다. 4 저가 너를 그 깃으로 덮으시리니 네가 그 날개 아래 피하리로다 그의 진실함은 방패와 손 방패가 되나니 5 너는 밤에 놀램과 낮에 흐르는 살과 6 흑암 중에 행하는 염병과 백주(白晝)에 황폐케 하는 파멸을 두려워 아니하리로다.	두려워하지 않을 이유 - 전능하신 자의 그늘 아래 거하므로; '나의 피난처, 나의 요새, 나의 의뢰하는 하나님'이시므로 또 그렇게 고백하고 확신하므로; 하나님께서 올무와 염병에서 건지실 것이므로; 주께서 그 깃으로 덮으시고 그 날개 아래 피하게 하실 것이므로; 그의 진실함이 방패와 손 방패가 될 것이므로; 따라서 그 어떤 것들도, 심지어 황폐케 하는 파멸이라도 두려워하지 않을 것임
잠 1:33	오직 나를 듣는 자는 안연(晏然)히 살며 재앙의 두려움이 없이 평안하리라.	주를 듣는 자가 두려움이 없이 평안해짐; 그런 이에게 재앙의 두려움이 없음, 안전하고 평안함.
잠 3:24-26	24 네가 누울 때에 두려워하지 아니하겠고 네가 누운즉 네 잠이 달리로다. 25 너는 창졸간(倉猝間)의 두려움이나 악인의 멸망이 임할 때나 두려워하지 말라. 26 대저 여호와는 너의 의지할 자이시라. 네 발을 지켜 걸리지 않게 하시리라.	하나님의 약속; 21절에서 '완전한 지혜와 근신'을 지키고 이것들을 눈 앞에 떠나지 않게 할 때 이와 같은 약속이 주어짐 두려워 말라는 명령; 두려워 말아야 할 내용 - 갑작스런 두려움이나 악인의 멸망의 때; 두려워 하지 않을 수 있는 이유 - 하나님은 '너의 의지할 자', '네 발을 지켜 걸리지 않게' 하시므로
잠 29:25	사람을 두려워하면 올무에 걸리게 되거니와 여호와를 의지하는 자는 안전하리라.	사람을 두려워 말아야 함; 두려워할 때 올무에 걸림; 두려워 말고 하나님을 의지할 때 안전함

사 43:1-2	1 야곱아 너를 창조하신 여호와께서 이제 말씀하시느니라. 이스라엘아 너를 조성하신 자가 이제 말씀하시느니라. 너는 두려워 말라. 내가 너를 구속하였고 내가 너를 지명하여 불렀나니 너는 내 것이라. 2 네가 물 가운데로 지날 때에 내가 함께 할 것이라 강을 건널 때에 물이 너를 침몰치 못할 것이며 네가 불 가운데로 행할 때에 타지도 아니할 것이요 불꽃이 너를 사르지도 못하리니.	두려워 말라는 명령; 하나님께서 구속('내가 너를 구속하였고')과 부르심('너는 내 것이라')을 주셨으므로; 또한 '너'를 창조하시고 조성(형성)하셨으므로; 물 가운데로 지나도 함께 하실 것이고 강을 건널 때 침몰치 못하고 불 가운데서도 타지 못하게 한다고 하실 정도로 함께 하시겠다고 이제 약속하셨으므로
사 41:13	이는 나 여호와 너의 하나님이 네 오른손을 붙들고 네게 이르기를 두려워 말라 내가 너를 도우리라 할 것임이니라.	하나님의 명령; 두려워 말아야 할 이유는 '내가 너를 도우리라' 하셨으므로; '너의 하나님'이 '네 오른손'을 붙들고 계시므로
사 51:12	가라사대 너희를 위로하는 자는 나여늘 너는 어떠한 자이기에 죽을 사람을두려워하며 풀같이 될 인자(人子)를 두려워하느냐.	사람을 두려워 말아야 함; 하나님은 '위로하는 자'이시기 때문; 사람은 결국 죽을 존재, 풀같이 될 존재이기 때문
사 54:4	두려워 말라 네가 수치를 당치 아니하리라 놀라지 말라 네가 부끄러움을 보지 아니하리라. 네가 네 청년 때의 수치를 잊겠고 과부 때의 치욕을 다시 기억함이 없으리니.	두려워 말고 놀라지 말라는 명령; 그 이유는 수치를 당하지 않고 부끄러움을 보지 않을 것이기 때문임; 하나님의 약속으로 주어짐; 수치와 치욕을 기억하지 않게 될 것을 약속
마 10:28	몸은 죽여도 영혼은 능히 죽이지 못하는 자들을 두려워하지 말고 오직 몸과 영혼을 능히 지옥에 멸하시는 자를 두려워하라.	두려워 말아야 할 대상 - 몸을 죽이는 자; 마땅히 두려워해야 할 분 - 몸과 영혼을 능히 지옥에 멸하실 분; 두려워 말라는 명령
막 4:40	이에 제자들에게 이르시되, 어찌하여 이렇게 무서워하느냐 너희가 어찌 믿음이 없느냐 하시니	무서워하는 것에 대한 그리스도의 안타까운 반문; 무서워하는 것은 믿음이 없기 때문이라고 하심.
눅 12:32	적은 무리여, 무서워 말라. 너희 아버지께서 그 나라를 너희에게 주시기를 기뻐하시느니라.	무서워(걱정하지) 말라는 주의 명령; 현재 아무 것도 소유하지 않은 것 등에 대해 걱정하지 말아야 할 이유는 그 나라를 주시길 기뻐하시기 때문

요 14:27	평안을 너희에게 끼치노니 곧 나의 평안을 너희에게 주노라 내가 너희에게 주는 것은 세상이 주는 것 같지 아니하니라 너희는 마음에 근심도 말고 두려워하지도 말라.	두려워 말아야 할 이유; 주께서 평안을 주시므로, 그 평안은 세상이 주는 것과 다른 것이므로; 근심도 말고 두려워 말라는 주의 명령
롬 8:15	너희는 다시 무서워하는 종의 영을 받지 아니하였고 양자(養子)의 영을 받았으므로 아바 아버지라 부르짖느니라.	무서워 말아야 할 이유; 종의 영이 아니라, 양자의 영을 받았으므로 아바 아버지라 부를 수 있으므로
롬 8:37-39	37 그러나 이 모든 일에 우리를 사랑하시는 이로 말미암아 우리가 넉넉히 이기느니라. 38 내가 확신하노니 사망이나 생명이나 천사들이나 권세자들이나 현재 일이나 장래 일이나 능력이나 39 높음이나 깊음이나 다른 아무 피조물이라도 우리를 우리 주 그리스도 예수 안에 있는 하나님의 사랑에서 끊을 수 없으리라.	두려워하지 않을 이유; 모든 일에 우리를 사랑하시는 이로 넉넉히 이길 것이므로; 그 어떤 존재라도 하나님의 사랑에서 끊을 수 없을 것이기 때문에
딤후 1:7	하나님이 우리에게 주신 것은 두려워하는 마음이 아니요 오직 능력과 사랑과 근신하는 마음이니	두려워하는 마음은 하나님이 주신 것이 아님; 두려움의 반대로 능력과 사랑과 근신하는 마음을 주심
히 13:6	그러므로 우리가 담대히 가로되 주는 나를 돕는 자시니 내가 무서워 아니하겠노라 사람이 내게 어찌하리요 하노라.	담대히 선언해야 함; 주는 나를 돕는 자시므로 무서워할 필요 없다; 사람이 어찌 할 수 없다.
벧전 3:12-14	12 주의 눈은 의인을 향하시고 그의 귀는 저의 간구에 기울이시되 주의 낯은 악행하는 자들을 향하시느니라 하였느니라. 13 또 너희가 열심으로 선을 행하면 누가 너희를 해하리요. 14 그러나 의를 위하여 고난을 받으면 복 있는 자니 저희의 두려워함을 두려워 말며 소동치 말고	두려워 말라는 명령(권면); 의를 위해 고난을 받는 것에 당당하라는 말씀; 주의 눈이 의인을 향하시고 그의 귀는 저의 간구에 기울이시되 주의 낯은 악행하는 자들을 향해 있으시므로 참으로 두려워해야 할 자는 악행하는 자들이다.

4) 종합

주제 '두려워 말라'의 분석 데이터를 가지고 종합을 시도해 보자. 이 주제에 대한 분석 내용들을 면밀히 살펴보면, 몇 가지로 분류할 수 있다. '두려워 말라'가 명령으로 제시되었다는 점, 두려워하지 말아야 할 많은 이유들이 말씀된 점, 두려워 말아야 할 대상들이 열거된 점, 어떤 이가 두려워 않을 수 있는가 하는 점, 두려워하지 말아야 할 이유와 관련이 있겠지만 하나님께서 그의 백성에게 이와 관련해서 어떤 약속을 하시고 있다는 점 등이 나타난다.

다음은 분석한 것을 중심으로 각각의 내용을 분류해 보았다.

① 두려워 말라는 하나님의 명령

잠 3:24-26	"너는 창졸간의 두려움이나 악인의 멸망이 임할 때나 두려워하지 말라."
사 43:1-2	"…너는 두려워 말라…너는 내 것이라."
사 41:13	"네게 이르기를 두려워 말라. 내가 너를 도우리라."
사 54:4	"두려워 말라. 네가 수치를 당치 아니하리라. 놀라지 말라. 네가 부끄러움을 보지 아니하리라."
마 10:28	"…두려워하지 말고…두려워하라." 두려워하지 말아야 할 자 를 두려워 말 것을 말씀하심.
눅 12:32	"적은 무리여, 무서워 말라."
요 14:27	"너희는 마음에 근심도 말고 두려워하지도 말라."
벧전 3:12-14	"…의를 위하여 고난을 받으면 복 있는 자니 저희의 두려워함을 두려워 말며 소동치 말고."

[반 문]

사 51:12,	하나님의 반문: "너는 어떠한 자이기에 죽을 사람을 두려워하며 풀같이 될 인자를 두려워하느냐?"
막 4:40	무서워하는 것에 대한 그리스도의 안타까운 반문: "어찌하여 이렇게 무서워하느냐?"

20개 본문 가운데 8개가 직접적인 명령을 담았다. '왜 두려워하느냐?' 라는 반문 형식까지 합치면 10개, 즉 본문의 반에 직접적인 명령이 담겨 있다는 것은 특별한 의미가 있다. 하나님의 사람이 하나님 외의 그 어떤 것을 두려워하는 것은 결코 하나님의 뜻이 아니다. 하나님께서 '두려워 말라', '무서워 말라'고 명하셨다. 그리고 '왜 두려워하느냐?' 하고 물으신다.

② 두려워 말아야 할 이유들

시 23:4-5	사망의 음침한 골짜기에서도 주께서 나와 함께 하므로; 주의 지팡이와 막대기가 나를 안위하므로; 주께서 나를 위하시고 영광스럽게 하시므로; 그래서 내 잔이 넘치기 때문에
시 27:1-3	하나님이 나의 빛, 나의 구원, 내 생명의 능력이시므로; 나의 대적이 왔다가 오히려 넘어지므로 (따라서 군대가 와서 나를 대적하여 진을 쳐도, 전쟁이 일어나 나를 치려 해도 두렵지 않고 안전하다.)
시 46:1-2	하나님이 '우리의 피난처, 힘, 환난 중에 만날 큰 도움이' 되시므로; 어떤 상황 속에서도 두려워 할 필요가 없다; 그 어떤 일이 와도 믿는 자는 두려워하지 않는 것이 당연하다.
시 91:1-6	전능하신 자의 그늘 아래 거하므로; '나의 피난처, 나의 요새, 나의 의뢰하는 하나님'이시므로 또 그렇게 고백하고 확신하므로; 하나님께서 올무와 염병에서 건지실 것이므로; 주께서 그 깃으로 덮으시고 그 날개 아래 피하게 하실 것이므로; 그의 진실함이 방패와 손 방패가 될 것이므로
잠 3:24-26	하나님은 '너의 의지할 자', '네 발을 지켜 걸리지 않게' 하시므로
사 43:1-2	하나님께서 구속('내가 너를 구속하였고')과 부르심('너는 내 것이라')을 주셨으므로; 또한 '너'를 창조하시고 조성(형성)하셨으므로; 그 어떤 상황에도 지켜주시고 함께 하시겠다고 이제 약속하셨으므로
사 41:13	'내가 너를 도우리라' 하셨으므로; '너의 하나님'이 '네 오

	른손'을 붙들고 계시므로
사 51:12	하나님은 '위로하는 자'이시기 때문; 그리고 사람은 결국 죽을 존재, 풀같이 될 존재이기 때문
사 54:4	수치를 당하지 않고 부끄러움을 보지 않을 것이기 때문임; 하나님의 약속으로 주어짐; 수치와 치욕을 기억하지 않게 될 것을 약속하셨으므로
눅 12:32	걱정하지 말아야 할 이유는 그 나라를 주시길 기뻐하시기 때문
요 14:27	주께서 평안을 주시므로, 그 평안은 세상이 주는 것과 다른 것이므로
롬 8:15	무서워 말아야 할 이유는 종의 영이 아니라 양자의 영을 받았으므로; 아바 아버지라 부를 수 있으므로
롬 8:37-39	모든 일에 우리를 사랑하시는 이로 넉넉히 이길 것이므로; 그 어떤 존재라도 하나님의 사랑에서 끊을 수 없을 것이기 때문에
딤후 1:7	두려워하는 마음은 하나님이 주신 것이 아니므로; 두려움의 반대로 능력과 사랑과 근신하는 마음을 주셨으므로
히 13:6	주는 돕는 자가 되시므로
벧전 3:12-14	주의 눈이 의인을 향하시고 그의 귀는 저의 간구에 기울이시되 주의 낯은 악행하는 자들을 향해 있으시므로

20개의 본문 중 16개의 본문에서 두려워하지 말아야 할 이유와 근거가 여러 가지로 제시됐다. 한마디로 두려워해야 할 이유가 없다는 것이다. 다음과 같이 두려워할 필요가 없는 이유들을 분류했다.

이유 1 :	하나님께서 함께 하시고 도와주시며, 위하시고 건져주시므로, 또한 나의 구원과 능력, 피난처가 되시므로, 하나님은 내게 그러한 분이시므로(시 23:4-5; 시 27:1-3; 시 46:1-2; 시 91:1-6; 잠 3:25-26; 사 43:1-2; 사 41:13; 사 51:12; 히 13:6)
이유 2:	사람은 결국 죽을 존재이며 풀과 같이 아무것도 아니므로 (사 51:12)

이유 3: 아버지께서는 그의 나라를 주시길 기뻐하시므로(눅 12:32)
이유 4: 주께서 세상이 줄 수 없는 평안을 주시므로(요 14:27)
이유 5: 종의 영이 아니라, 양자의 영을 받아 아바 아버지로 부를 수 있으므로(롬8:15)
이유 6: 그 어떤 것도 하나님의 사랑에서 끊을 수 없으므로(롬 8:37-39)
이유 7: 하나님께서 주신 마음은 두려움이 아니라 능력과 사랑과 근신하는 마음이므로(딤후 1:7)
이유 8: 주께서 간구에 귀 기울이실 것이므로(벧전 3:12-14)

이유 1이 아홉 번에 걸쳐 나온다. 또한 이 범주에 이유 3, 4, 5까지를 포함할 수도 있을 것이다. 결국 두려워할 필요가 없는 가장 중요한 근거는 하나님께 있는 것이다. 하나님이 내게 어떤 분이신지, 그리고 그분이 나를 도우시는지의 여부에 달려 있다. 하나님을 바로 고백하는 자는 두려워하지 않을 것이다.

이와 관련해서, 특별히 하나님께서 도우시겠다는 직접적인 약속을 주시는 구절들이 있다. 다섯 부분에서 나온다.

잠 3:24-26 "네 발을 지켜 걸리지 않게 하시리라" 약속하심.
사 41:13 "내가 너를 도우리라" 약속하심.
사 43:1-2 "…내가 함께 할 것이라…못할 것이며…타지도 아니할 것이요…너를 사르지도 못하리니" 하고 약속하심.
사 54:4 "…네가 수치를 당치 아니하리라…네가 부끄러움을 보지 아니하리라…수치를 잊겠고…치욕을 다시 기억함이 없으리니" 하고 약속하심.
눅 12:32 걱정하지 말라 하시며 그를 전폭적으로 따르는 제자들에게 아버지께서 그 나라를 그들에게 주시기를 기뻐하신다고 말씀하심.

이 같은 하나님의 신실하신 약속 때문에 그를 믿는 자는 두려워하지 않을 수 있었던 것이고 또한 지금도 그럴 수 있는 것이다.

③ 두려워 말아야 할 대상들, 상황들

시 27:1-3	군대가 와서 나를 대적하여 진을 쳐도, 전쟁이 일어나 나를 치려 해도 두렵지 않고 안전하다.
시 46:1-2	환난 중에도, 땅이 변하든지, 산이 흔들려 바다에 빠지든지…그 어떤 때, 어떤 상황이라도 두려워할 필요가 없다.
시 91:1-6	그 어떤 것들도, 즉 밤에 놀램과 낮에 흐르는 살과 흑암 중에 행하는 염병과 백주에 황폐케 하는 파멸이라도 두려워하지 않을 것임.
잠 3:24-26	갑작스런 두려움이나 악인의 멸망의 때
잠 29:25	사람을 두려워 말아야 함
사 43:1-2	물 가운데로 지나도 함께 하실 것이고 강을 건널 때 침몰치 못하고 불 가운데서도 타지 못하게 한다고 하실 정도로…그 어떤 환경, 상황이라도
사 51:12	사람을 두려워 말아야 함, 사람은 결국 죽은 존재, 풀같이 될 존재이기 때문.
마 10:28	몸은 죽여도 영혼은 능히 죽이지 못하는 자들; 반대로 마땅히 두려워 해야 할 분은 몸과 영혼을 능히 지옥에 멸하실 분
눅 12:32	현재 아무런 것도 소유하지 않은 것과 같은 상황
롬 8:37-39	사망, 생명, 천사들, 권세자들, 현재 일, 장래 일, 능력, 높음, 깊음, 다른 그 어떤 피조물들
히 13:6	사람이 어찌할 수 없다.
벧전 3:12-14	고난을 받는 것에 대해 두려워 말고 흔들리지 말라는 말씀.

믿는 자가 만나게 되는 두려워할 만한 상황에는 어떤 것이 있는가? 그리고 어떤 존재를 두려워하는가? 이런 이슈에 대한 내용이 열두 군데에서 지적된다. 이것을 분류하면 다음과 같다.

(1) 이길 수 없을 것 같은 문제

군대와 같이 많은 이들이 나를 대적하려 할 때, 전쟁이 일어나 나를 치려 할 때(시 27:1-3); 환난, 땅이 변하고 산이 흔들리며 바다에 빠지는 것 같은 상황(시 46:1-2)

(2) 만나는 어려움
밤에 놀램과 낮에 흐르는 살과 흑암 중의 염병과 백주의 파멸 등의 문제(시 91:1-6); 갑작스런 두려움, 악인의 멸망의 때(잠 3:25-26); 물, 강, 불을 만나는 상황(사 43:1-2); 고난(벧전 3:12-14)

(3) 사람의 두려움
사람의 두려움(잠 29:25; 사 51:12; 히 13:6); 나의 육체를 죽일 수 있는 사람(마 10:28)

(4) 물질 문제
현재 아무것도 없는 상황(눅 12:32)

(5) 나보다 큰 존재
사망, 생명, 천사들, 권세자들, 현재 일, 장래 일, 능력, 높음, 깊음, 다른 피조물(롬 8:37-39)

여기서 (1)과 (2)는 사실상 비슷한 내용이다. (1)이 강도가 더 센 경우로 보인다. (1)과 (2)는 사람에게 언제 닥칠지 모르는 견디기 힘든 어려움이다. 이런 부분에 대한 언급이 대단히 많다. 사실 두려울 수 밖에 없는 상황이라는 점에서는 (3), (4), (5)는 (1)-(2)와 크게 다르지는 않다. 그런데 (3)은 구체적으로 사람과의 문제이다. 이에 관해 네 절이나 나온다. 사람에 대한 어려움이 크기 때문일 것이다. 물질의 문제에 대한 것이 하나, 대단히 포괄적인 내용을 담은 사람이 두려워할 수 있는 존재 또는 그 어떤 것들에 대한 부분이 하나 나왔다.

④ 두려워하지 않을 수 있는 사람들

(위의 말씀처럼 하나님을 믿는 자, 순종하는 자들이 전제됨)

잠 1:33	주를 듣는 자가 두려움이 없이 평안해짐, 그런 이에게 재앙의 두려움이 없음, 안전하고 평안함.
잠 3:24-26	'완전한 지혜와 근신'을 지키고 이것들을 눈앞에 떠나지

않게 할 때(21절) 이와 같은 약속(두려워하지 아니할 수 있는)이 주어짐.

잠 29:25 두려워 말고 하나님을 의지할 때 안전함.

어떤 사람이 두려워하지 않을 수 있는가? 이 대답에 대해선 직접 본문에 나오지 않았다 할지라도 답을 내는 것이 그렇게 어렵지 않다. 우선 20개의 본문에 나오는 자는 하나님을 온전히 믿고 신뢰하는 자, 그리고 그 말씀에 순종하는 자일 것이다. 그것이 모든 말씀에 전제된 것이다.

그런데 본문 중에 이런 부분이 직접 다뤄진 본문이 세 군데 발견된다. 흥미롭게도 모두 잠언이다. 어떤 사람인가? 하나는 주(의 말씀)를 듣고자 해야 한다는 것이고, 또 하나는 '완전한 지혜와 근신'(하나님의 말씀과 관련해서)을 지켜야 한다는 것이며, 또 다른 하나는 두려워 말고 하나님을 의지해야 한다는 것이다. 이런 내용은 앞의 말씀들과 무관하지 않는 말씀이다.

⑤ 기타

앞의 네 범주에 넣기 어려운 내용이 세 군데 보인다. 하나는 풍랑이 일어 바다에 빠지게 되었을 때 제자들이 무서워했던 것은 결국 그들의 믿음이 없기 때문이라는 주님의 지적 내용이다. 두려움이 믿음과 관련이 있다는 말씀이다. 하나님에 대한 믿음이 있을 때 두려워 않을 수 있다는 점이 앞에 나온 많은 본문들에 전제된 사실이라면, 이 구절에는 직접 그 사실이 지적된 것이다.

- 막 4:40 무서워하는 것은 믿음이 없기 때문이라고 하심.

또 하나는 두려워하면 어떤 일이 생기는지를 말씀해 주고 있는 구절이다. 아래 구절은 두려워할 때 결국 올무에 걸리게 된다는 것을 말씀해 주고 있다. '두려워하지 말라'는 말씀을 주신 것은, 두려워하는 것이 결국 하나님을 온전히 믿고 신뢰하지 못해 일어나기 때문이기도 하지만 한편으로 두려워함으로 사탄의 올무에 걸릴 수 있기 때문이기도 하다.

• 잠 29:25 두려워할 때 올무에 걸림

마지막으로 남은 것은 히브리서의 말씀이다. 그 부분은 좀 특이하다. 믿는 자의 자기 선언적 내용이 담겨 있다. 주는 나를 돕는 자라는 사실을 인정하고 또 고백한다. 그분이 돕는 자이시므로 돈 문제 등에 집착할 필요가 없고 또한 사람이 내게 어쩔 수 없다고 믿는다. 그리고 그같이 선언한다.

• 히 13:6 담대히 선언해야 함.

이렇게 하면 20개의 본문(구절)들의 내용이 종합되었고 또한 소주제에 따라 분류가 되었다.

5) 조직화

20개의 본문(구절)을 네 개의 범주(하나님의 명령; 두려워 말아야 할 이유; 두려워 말아야 할 대상; 두려워하지 않을 수 있는 사람들)와 세 개의 기타 구절로 나눈 바 있다. 이제 이들에 대해 논리적인 조직화를 시도해 보자.

조직화한다는 것은 네 개의 소주제를 논리적인 순서로 놓는 것이다. 일단 연구된 순서로 놓고 그것을 다시 연계성을 가질 순서로 바꾸어 보았다. 이것은 이렇게 될 것이다.

1) 왜 두려워하지 말아야 하는가? (그것은 하나님의 명령이기 때문이다.)
2) 왜 두려워하지 말아야 하는가? (두려워하지 말아야 할 이유들이 있기 때문이다.)
3) 무엇을 두려워하지 말아야 하는가?
4) 누가 두려워하지 않을 수 있는가?

1)과 2)가 사실상 같은 주제가 된다. 그래서 1)을 2)에 포함시키는 것이

좋겠다. 그러면 당연히 세 가지 소주제가 나온다.

1) 왜 두려워하지 말아야 하는가?
2) 무엇을 두려워하지 말아야 하는가?
3) 누가 두려워하지 않을 수 있는가?

이 소주제를 열거해야 할 논리적인 순서는 없어 보인다. 그럴 때는 그냥 순서대로 이해해도 좋을 것이다. 그대로도 전체의 주제(대주제)를 드러내는 데 부족하지 않을 것으로 안다. 이제 이 세 소주제를 좀더 세분화해 보자.

1)의 '왜 두려워하지 말아야 하는가?'에는 세부적인 항목으로 여러 가지가 들어갈 수 있다. 위에서 두려워하지 말아야 할 이유가 여덟 가지가 제시되었고 또한 '하나님의 명령이기 때문에'라는 점이 더 첨가되었으므로 모두 아홉 가지의 세부 항목이 있는 것이다. 다시 요약해서 열거해 본다. '하나님의 명령'을 가장 먼저 넣고 번호를 하나씩 밀었다.

① 하나님의 명령이므로
② 하나님께서 구원, 능력, 돕는 자가 되시며 또 돕겠다고 약속하셨으므로
③ 사람은 별거 아니므로
④ 세상이 줄 수 없는 평안을 주시므로
⑤ 그의 나라를 주실 것이므로
⑥ 양자의 영을 받아 아바 아버지라 부를 수 있으므로
⑦ 하나님의 사랑에서 끊을 수 없으므로
⑧ 두려움을 주지 않으셨으므로
⑨ 간구에 귀 기울이실 것이므로

여기서는 이 아홉 가지를 조직화해 본다. 논리적인 조직화를 시도하는

것이므로 주제나 소재가 서로 가까운 것끼리 묶어 나가야 한다. 그리고 연계했을 때, 전체적인 논리성이 있어야 한다.

앞서 ②는 ④, ⑤, ⑥과 어느 정도 연계될 수 있다고 했다(번호가 하나씩 밀렸다). 그런데 ⑧의 '두려움'과 ④의 '평안'이란 이슈가 반대어 개념으로 연계되어 있는 점이 관찰된다. ⑤와 ⑥은 분명히 관련이 있다. 나라를 주신다는 것은 그의 후사가 된다는 뜻이며 이는 아바 아버지라 부를 수 있는 양자의 영을 받았다는 것과 연계되기 때문이다.

이렇게 순서를 바꿀 수 있을 것 같다. 다음의 다섯 가지로 정리될 수 있다.

① 하나님의 명령이므로
② 주께서 구원자, 돕는 자가 되시므로, 또 돕겠다고 약속하셨으므로
③ 양자의 영을 받아 아바 아버지라 부를 수 있고, 또한 그의 나라를 주실 것이므로
④ 세상이 줄 수 없는 평안을 주셨고, 두려움을 주지 않으셨으므로
⑤ 나의 간구에 귀 기울이시며 그 어느 것도 그의 사랑에서 끊을 수 없으므로
⑥ (사실상) 사람은 별거(두려워할 대상이) 아니므로

①은 하나님의 명령이기 때문에 두려워 말아야 한다는 점이, ② -⑤까지는 내가 두려워하지 않을 수 있도록 하나님, 그분께서 내게 뭔가(모든 것)를 해주시기 때문이라는 점이 강조된다. ⑥은 사실상 사람 등이 별거 아니기 때문이라는 사실로 요약된다. 이렇게 여섯 개의 요약이 될 수도 있고, 세 개의 요약이 될 수도 있다. 다만, 여섯 개로 할 경우에는 ② - ⑤는 서로 가까이 연계되어야 할 필요가 있다.

이제는 그 다음 소주제, '2) 무엇을 두려워하지 말아야 하는가?'에 대한 것이다. 다섯 가지로 분류된 바 있다. 사실상 다섯 내용이 서로 무관한 것

은 아니었다.

① 이길 수 없을 것 같은 문제
② 만나는 어려움
③ 사람의 두려움
④ 물질 문제
⑤ 나 보다 큰 존재

이 다섯 개를 논리적으로 조직화하기는 어렵다. 사실상 ①과 ②는 서로 결합될 수 있고 나머지 세 가지는 이에 다 포함될 수 있기 때문이다. 이를 구태여 묶어서 정리한다면, ①과 ②, 그리고 ⑤를 묶어서 '사람이 만나는 여러 난관', ③을 구별해서 '사람이 주는 난관', ④를 독립시켜 '사람에게 있는 물질의 난관'이라 해보겠다.

① 사람이 만나는 여러 난관
② 사람이 주는 난관
③ 사람에게 있는 물질의 난관

이제 '3) 누가 두려워하지 않을 수 있는가?'에 대한 조직화는 **세 구절밖에는 안되기 때문에 다른 것보다는 간단하게 보인다. 그것은 다음 세 가지이다.**

① 말씀을 듣는 자
② 말씀을 지키는 자
③ 하나님을 의지하는 자

이렇게 하면 큰 범주에 속하는 것은 대부분 조직화가 되었다. 다만, 아직 '기타'의 세 구절이 남아 있다. 이 세 구절과 관련된 내용은 어느 부분에 놓으면 좋을까? 앞의 큰 세 소주제에 넣을 수 있다면 그 안에 포함시키면 된다. 그렇지 않으면 다른 방법을 찾아야 할 것이다.

마가복음 4:40의 두려움이 믿음 없음과 관련이 있다는 말씀은 '3) 누가 두려워하지 않을 수 있는가?'에 포함시킬 수 있다고 본다. 즉, 믿음이 있는 자는 두려워하지 않을 수 있기 때문이다. 그렇다면 소주제 3)의 세 번째 항목, '③ 하나님을 의지하는 자'에 속할 수 있을 것이다.

잠언 29:25의 두려워할 때 생기는 문제(올무에 걸림)를 지적한 구절은 어떨까? 바로 '1) 왜 두려워하지 말아야 하는가?'에 포함될 수 있을 것이다. 다만, 그 이유의 여섯 가지 범주에는 들지 않는 것으로 보인다. 그렇다면, 이것은 일곱 번째 범주에 드는 내용이 될 것이다. 즉, '⑦ 두려워할 때 사탄의 올무에 걸리므로'라는 항목을 그 다음 부분에 넣어야 하는 것이다.

이제 마지막 구절만 남았다. 히브리서 13:6은 세 소주제와 직접 관련 맺기가 어렵다. 이것은 믿는 자의 고백과 선언인 부분이다. 이를 마지막 종결 부분에 넣어도 좋을 것으로 보인다. 담대히 선언해야 한다는 것이다.

6) 연구 결과의 활용

이제까지 정리된 내용을 써보면 다음과 같다. 성경 주제 연구 세미나나 주제 설교(시리즈 설교를 포함해서)에 그대로 사용할 수 있는 틀이 될 수 있다. 〈1)의 '왜 두려워 말아야 하는가?'의 이유가 일곱 가지라 너무 많으면 앞서 언급한 것처럼 ② - ⑤를 묶어 하나로 하면, 모두 네 개의 작은 단락이 만들어질 수 있을 것이다. 참고하라.〉

'두려워 말라'(Don't Fear Anything)

1) 왜 두려워 말아야 하는가?

① 하나님의 명령이므로

② 주께서 구원자, 돕는 자가 되시므로, 또 돕겠다고 약속하셨으므로

③ 양자의 영을 받아 아바 아버지라 부를 수 있고, 또한 그의 나라를 주실 것이므로
④ 세상이 줄 수 없는 평안을 주셨고, 두려움을 주지 않으셨으므로
⑤ 나의 간구에 귀 기울이시며 그 어느 것도 그의 사랑에서 끊을 수 없으므로
⑥ (사실상) 사람은 별거(두려워할 대상이) 아니므로
⑦ 두려워할 때 사탄의 올무에 걸리므로

2) 무엇을 두려워하지 말아야 하는가?

① 사람이 만나는 여러 난관
② 사람이 주는 난관
③ 사람에게 있는 물질의 난관

3) 누가 두려워하지 않을 수 있는가?

① 말씀을 듣는 자
② 말씀을 지키는 자
③ 하나님을 의지하는 자

4) (결) 믿음으로 하는 선언

① 주는 나를 돕는 자시니 내가 무서워 아니하겠노라. 사람이 내게 어찌하리요!

Bible Interpretation Manual

2

해석학 이론

Part 2

여기에는 모두 세 편의 논문이 실려 있다. 이 글들은 학문적이고 이론적이다. 현재의 활용성 보다는 학문적 계발 노력과 새로운 해석학적 시도에 초점을 두고 있다. 그런 점에서 일반 해석자가 이해하기에는 다소 용이하지 않을 수 있다. 조금은 더 이론적이고 학문적이라는 점에서 앞의 장들과 차별이 되지만, 해석학의 발전적인 방향의 가능성을 논의했다는 점에서 이제까지의 내용을 보완하는 것이라 하면 좋겠다.

2부 해석학 이론

여기에는 모두 세 편의 논문이 실려 있다. 이 글들은 학문적이고 이론적이다. 현재의 활용성보다는 학문적 계발 노력과 새로운 해석학적 시도에 초점을 두고 있다. 그런 점에서 일반 해석자가 이해하기에는 다소 용이하지 않을 수 있다. 조금은 더 이론적이고 학문적이라는 점에서 앞의 장들과 차별이 되지만, 해석학의 발전적인 방향의 가능성을 논의했다는 점에서 이제까지의 내용을 보완하는 것이라 하면 좋겠다.

10장, "영감된 하나님의 책으로서의 성경과 개혁주의 해석학적 과제"는 보수(복음주의)적 개혁주의의 입장에 있는 필자의 해석학적 고민이 반영된 글이다. "성경의 권위와 영감론이라는 신학 전제는 해석학 이론과 해석의 실제에 어떤 영향을 주는가? 복음주의 전제에서 나오는 해석학이란 어떤 것이 되어야 하는가? 개혁주의는 기존 해석학을 어떻게 평가해야 하는가?" 등의 여러 이슈들에 대한 일종의 도입적인(introductory) 논문이라 하겠다. 영감론에 근거한 해석학적 과제가 어떤 방향이 될 것인지 함께 생각할 수 있을 것이다. 더 깊고 구체적인 연구는 복음주의 해석학계에 던져진 앞으로의 연구 과제일 것이다.

11장 "성경본문 해석을 위한 언어학적 담론(본문)분석의 통합적 방법"은 현대 언어학과 해석학의 관계에 대해 그리고 현대 언어학의 방향과 언어학적 결실이 성경 해석학계에 미칠 수 있는 영향의 가능성에 대해 쓰고 있는 글이다. 현대 언어학을 해석학에 접목시키려는 독특한 시도로 보면 된다. 제시된 '관계해석'은 네 번째 글에서 보다 상세히 제시된다.

12장 "열린 모델로서의 관계해석"은 새로운 해석학적 방법의 제안으로 '관계해석'이라는 해석 이론과 모델에 대해 논하는 글이다. 언어학에 근거한 일종의 통합적 해석 방법론으로서의 관계해석은 다섯 모듈들이 제시된다. 서로 다른 해석 모듈을 통해 전체적으로 통합적인 해석 결과를 얻을 수 있으리라 본다. 각각의 모듈을 깊이 있게 연구하는 것으로도 그만한 가치 있는 해석 데이터를 얻을 수 있다. 새로운 해석적 노력은 쉽지 않다. 그러나 시도해 볼 만한 가치가 있다.

10

영감된 하나님의 책으로서의 성경과 개혁주의 해석학적 과제

들어가기

한국의 성경적 개혁주의[1]는 하나님의 말씀으로서의 성경의 영감과 무오의 신앙을 이제까지 흔들림 없이 견지해 왔다. 세계의 개혁주의가 모두 신앙적 보수적 입장은 아니지만 한국의 주류 개혁주의 교회들은 대부분 성경의 권위를 강조하는 영감 사상을 모든 신학의 기초가 되는 사상으로 이해해 왔다.[2]

한국의 개혁 교회가 주창하는 '영감된 하나님의 책'으로서의 신앙적 전제는, 성경이 하나님의 계시된 말씀이며, 참된 저자이신 하나님께서 인간 저자들을 영감(초자연적인 신적 개입)하심으로 그의 교회 백성들을 위해 쓰게 하신 것이라는 기본 입장을 담고 있다.

그것은 성경을 이해(해석)하기 위해서는 '인간 저자'(human authors)에 대한 이해만으로 충분하지 않고, 신구약 성경 전체 말씀의 설계사이신 '하나님 저자'(Divine author)에 대한 인식과 인정이 있어야만 한다는 뜻이다 (Calvin 1.7.4; 참조 Rogers 1992:55; Frame 1986:220).[3]

성경의 무오성(infallibility)은 이 성경의 영감성에 근거한다. 전능하신 하나님의 영감 역사를 전제할 때 그 계시된 말씀인 성경의 무오류성

(inerrancy)은 당연하다(권성수 1991:77-79).[4] 성경이 인간 저자의 독자적인 작품이 아니라, 하나님 저자의 초자연적인 영감을 통해 존재한다는 점은 성경의 권위와 무오성 강조라는 논리적인 귀결을 가져온다.

이와 관련하여 신앙적 개혁주의는 세 가지의 영감설을 강조한다. 만전(萬全) 영감설, 축자(逐字) 영감설, 유기(有機)적 영감설이 그것이다.[5]

만전 영감설(plenary inspiration)은 영감의 범위가 성경 전체임을 강조한다. 영감되지 않은, 즉 예외가 되는 성경의 부분은 없다는 것이다. 그 성경의 모든 부분들이 각각 영감되었다. 그것은 구약과 신약 모두에 해당된다.[6]

축자 영감설(verbal inspiration)은 성경에 쓰인 단어 하나 하나에도 영감이 있었다는 것이다. 그 어떤 단어도 영감되지 않고 성경에 기록된 것은 없다. 물론 엄격히 말해 원본의 정확무오성을 강조하는 것이다. 성경의 어떤 사상 또는 특정한 윤리적인 주제만 영감된 것이 아니라, 단어 하나 하나 모두가 영감된 것이라는 이 이론은 그 어떤 성경의 말씀도 소홀히 하지 않게 한다.

유기적 영감설(organic inspiration)은 하나님께서 유기적인 방법으로 인간 저자에게 역사하셔서 기록을 남기게 하셨다는 것이다. 하나님께서 불러주신 것을 받아쓰기한다는 식의 '기계적 영감설'과 차별이 되는 이론이다. 하나님과 인간의 유기적인 협력 사역으로 성경이 기록되었다는 것이다. 그래서 본문에서 인간 저자의 개별적 특성이 드러나는 것은 전혀 이상한 것이 아니다.

이런 영감설은 복음적 개혁주의 성경 해석학의 기초가 된다. 한국의 신앙적 개혁주의는 여전히 이 입장을 수호하고 있을 뿐 아니라, 신학의 근간과 초석으로 삼고 있다.[7]

그렇다면 개혁주의 성경해석학은 이 세 가지 영감설을 그 출발의 기초로 삼아야 한다는 점은 당연하다.[8] 그런데 이 영감설을 기초로 하되 개혁주의 해석학적 발전을 위해 어떻게 이 영감설이 가동할 수 있는지에 대한 논리적인 이해가 다소 심도 있게 진행되지 않았던 것으로 보인다.[9]

그 결과 이 영감설에 대한 신학적 전제가 교리적, 고백적 수준에 주로 강조되어 있는 반면, 실제 해석학 방법의 계발과 활용에는 그다지 고려되고 있지 않은 것으로 판단된다. 전통적인 해석 방법인 '문법적 – 역사적 해석'과 관련해서 이 영감설은 새삼 강조되고 있기는 하지만, '문법적 – 역사적' 연구의 보다 심도 있는 계발 노력이나 복음주의적인 해석 대안에 대한 계속되는 연구 노력에 있어서 개혁주의 영감설에 기초한 연구가 우리 해석학계에 더 필요하다고 본다.

신학계의 해석학적 노력이 영감과 무오에 대한 성경적 신앙과 전제 아래 이루어진다 해도, 영감설에 대한 개혁주의 입장의 고백에서 주로 그치고, 이에 근거한 실제적인 해석학의 전개와 해석 방법론의 활용, 그리고 기존 해석학들에 대한 적절한 비판과 함께 창의적인 대안 제시로까지 나아가지 않는다면 성경적 개혁주의 해석학의 발전을 논하기 쉽지 않다고 판단된다.

본 장의 내용은 개혁주의 영감설과 성경해석학을 연계하여 개혁 교회를 위한 해석학의 작은 발전을 의도해 보려는 목적에서 시도된 글이다. 초점은 개혁주의 영감설이 이 시대에 어떤 해석학적 방향을 요구하는가 살펴보려는 것이다.

1. 영감설과 무오성이 해석학에 미치는 영향

성경의 영감성과 무오성을 지지하는 그룹을 신앙적 보수주의자 또는 복음주의자라 할 수 있다. 반면에 이를 중시하지 않거나 거부하는 그룹을 자유주의자 또는 해체주의자(원래의 것과 첨가된 것이 있다고 전제하고 이 둘을 서로 구분해 내려 함으로 결국 성경 본문의 신뢰성을 떨어뜨리려 한다는 측면에서)라 본다.[10)]

이들은 각각 신앙적 전제를 달리 가진다. 보수주의자는 성경의 권위를 중시하고 또한 하나님의 초자연적인 역사를 강조한다. 전능하신 하나님의 존재와 그 역사하심을 믿는 것이다. 반면에 자유주의자는 초자연적인 세계

관보다는, 초자연적인 개입을 인정하지 않는 자연적(또는 역사주의적) 역사관을 가지고 있다.

그렇기 때문에 성경 해석학과 관련해서도 많은 부분에서 차이가 있다.

첫째, 말씀에 대한 태도가 다르다. 성경을 하나님의 계시된 말씀으로 이해하는 해석자와 그렇지 않다고 간주하는 해석자는 그 해석의 태도가 다를 수밖에 없다는 것은 너무도 당연하다. 전자는 말씀에 대한 경외심과 그 말씀을 통해 주시는 하나님의 음성(뜻)에 열심히 귀 기울이려 할 것이고, 후자는 단지 하나의 특별한 문서연구라는 태도를 가지고 특정한 개념과 주제를 파악하는 정도일 것이다. 그런 태도의 차이는 해석의 활용(표현)이라 할 수 있는 설교 작성과 전달에서도 크게 나타날 수 있는데, 전자는 하나님의 말씀(내용)과 그 표현의 방식 모두에 회중들로 하여금 주목하게 하며 살아계신 하나님의 뜻과 그 의도를 드러내고자 힘쓰는 반면, 후자는 반드시 그럴 필요를 느끼지 못할 것이다.

둘째, 연구 방법론에 대한 인식이 다를 수밖에 없다. 앞서 거론한 것처럼, 말씀에 대한 태도가 서로 다르기 때문에 당연히 연구 방법론도 다를 가능성이 많다. 과거의 역사 비평주의자들이 하나님의 말씀, 성경 자체에 대한 연구보다도 성경의 특정 본문들을 원래의 것과 첨가된 것으로 서로 구분하는 등의 가정을 세워 결국 본문의 진정성(reliability)을 훼손했던 것은 너무도 잘 알려진 사실이다.[11)]

반면에 성경적 개혁주의자와 복음주의자들은 본문 자체에 특히 주목한다. 역사적인 배경에 대한 이해는 본문에 대한 이해와 어우러져야 한다고 본다. 본문 자체의 메시지와 그 표현을 소홀히 할 수 없는 것은 그것을 하나님의 말씀으로 받아들이기 때문이다. 전체적 의미와 부분적 의미 모두를 중요시한다. 본문에 쓰인 것은 그 어느 것도 소홀히 여기지 않는다.

셋째, 그렇기 때문에 연구 결과와 이의 활용이 서로 다를 가능성이 크다.

성경의 영감설을 지지하는 해석자의 연구 결과는 당연히 본문 말씀의 권위를 지지하는 쪽으로 그 결론이 귀결된다.[12] 반면에 자유적 입장에 있는 해석자는 비신앙적 전제로 역사적 데이타와 본문의 언어-문학적 데이터를 색채화하곤 하기 때문에, 그 연구 결과에서 교회의 신앙적 입장에서 떠난 결론을 나타내게 되는 것이다.

그것은 단지 교회에 유익이 되는가 또는 유해한 것이 되는가 하는 판단의 문제가 아니다. 신앙적 전제가 신앙적 결과를 내고[13] 비신앙적 전제가 비신앙적 결과를 낸다는 사실을 주목할 필요가 있다. 그릇된 전제가 본문의 데이터를 결국 왜곡하기 때문이다.

2. 개혁주의 해석학의 기존 해석학에 대한 입장

기존 해석학[14]에 대해 복음적 개혁주의 해석학은 어떻게 대응해야 하는가? 무조건 거부하거나 무조건 수용하는 것은 바람직하지 않을 것이다. 바람직한 개혁주의 해석학의 노력은 어떤 것일지 생각할 필요가 있다.

첫째, 기존 해석학(비평학)을 단지 거부하는 것으로는 불충분하다. 기존 해석학의 어떤 부분이 문제가 있고 어떤 부분은 유용한 것인지 판별해 나가는 것이 필요하다.[15] 이와 더불어 복음주의의 해석학적 대안을 지속적으로 제공하고 계발해 나가는 작업이 필요할 것이다.

기존 해석학의 비신앙적 현상에 대한 거부가 해석학 전반에 대한 몰이해로 나타나는 것은 경계해야 할 부분이다. 그것이 복음주의 해석학의 수준 저하 현상으로 비치거나 새로운 흐름에 대응한 수구 입장의 지나친 강조로 오인될 필요는 없다고 본다.[16]

최근 복음주의 해석학이 기존 해석학에 대해 비판적으로 접근하여 그 공과 사를 밝히려고 시도하는 노력은 가치 있는 것으로 평가해야 한다고 본다. 이들은 적어도 기존 해석학에 대한 복음주의적 가이드라인을 제시했다는 평가를 받을 수 있다.[17] 한국 복음주의도 이런 부분에 대해 전향적인,

전문적인, 더 나아가 창의적인 노력이 필요하다고 본다.

두 번째로 기존 해석학의 흐름과 결과를 단지 수용만 하는 것도 바람직하지 않다. 특히, '유용성의 잣대'(어떤 점에서 해석상의 유익이 있다고 판단되는 기준)로 기존 해석학의 성과를 평가하는 것으로는 충분하지 않다는 것이다. 다시 말해서 그 어떤 해석학 또는 해석 방법론이라도 그것이 유용한 부분이 있다면 조건 없이 활용할 수 있다고 생각하거나 또는 적절한 비판 없이 그대로 수용해도 좋다고 생각하는 태도는 곤란하다. 이것은 위험한 생각이다. 유용하다고 그대로 받다 보면 빠질 수 있는 위험(pitfalls)이 적지 않기 때문이다.

그 위험은 먼저 학자들보다는 배우는 학생들에게 나타난다. 그들이 무비판적인 안목으로 기존의 학문적 노력을 받아들이다 보면 다양한 책들을 통해 나타나는 자유주의적 전제들까지 무비판적으로 받아들일 수 있다.[18)]

그렇기 때문에 기존 학자들이 어떤 전제를 가지고 연구를 전개했으며 그 결과 어떤 귀결에 이르렀는지 각각의 특정 해석 방법론(비평학)에 대한 분명한 판별을 해주어야 한다. 또한 복음주의적 접근은 동일한 방법론을 다루더라도 어떻게 달라야 하는지, 더 나아가서는 복음주의와 개혁주의의 대안이 무엇인지 제시해 주어야 한다. 이럴 때 학생들은 혼동 없이 바른 신앙에 굳게 선 채 학문적 노력을 할 수 있게 될 것이라 본다.[19)]

그러므로 기존의 특정 방법론을 사용할 때에는 그 방법론의 장점과 함께 있을 수 있는 한계와 역사적 문제점, 또한 그 방법론을 그릇되게 사용한 사람들의 문제점에 대한 분명한 이해를 가지고 그 위에서 어떻게 교회를 위해, 또 이런 접근을 어떻게 성경 본문 연구를 위해 적절하게 활용할 것인지, 그러할 때에 그 유익한 점은 무엇인지 드러내는 것이 필요하다. 성경적 전제를 분명히 한 후에 비판적으로 그 방법론을 조심스럽게 전개하는 것이 필요하다는 것이다.

다시 말해, 기존 해석학(또는 비평학)들에 대한 분명한 비판(그리고 대안적 노력)이 복음주의적 시각에서 복음주의 해석학계에 먼저 시도되어야 한다고 본다. 그런 후에 복음주의적 관점에서 이런 시각을 활용해 나가는 시도가 가능할 것이라 본다.

3. 개혁주의 해석학의 대안 노력

성경적 개혁주의 대안 노력이 필요하다. 어느 방법론도 완전하지 않고 어떤 인간의 이론도 무흠한 것이 없다는 점에서 특정 방법론(비평학을 포함해서)에 대한 개혁주의적 비판을 시도하는 것은 지극히 정당하다. 그리고 이러한 비판은 개혁주의(복음주의) 내의 지속적인 대안 작업에 대한 자극과 도전으로 나타나야 한다.

그렇다면 복음적 개혁주의 해석학적 대안은 어떤 방향을 나타내야 하는가? (이 질문은 기존 해석학의 복음주의적 판별을 가늠하는 기준이 될 수도 있다.) 적어도 다음 네 가지 질문이 던져져야 한다고 본다.

1) 성경적 신앙의 근간인 성경의 영감성과 무오성을 해석학적 전제로 할 수 있는가? 때로 해당 방법론 자체는 중립적인 것으로 보일 수 있다. 그러나 엄격한 의미에서 어떤 것을 중립적인 것이라 말하긴 어렵다. 해석 자체뿐 아니라 해석학적 접근에서도 선이해(先理解)와 신앙적 전제가 개입된다고 보아야 하기 때문이다(참조 권성수 1991:103; 정성구 1995:397).[20] 그렇기 때문에 더욱 새로운 복음주의 해석학적 대안은 성경 신앙적 전제를 기반으로 하는 것이어야 한다고 생각한다.

2) 해석 방법이 하나님과 저자의 의도에 주목하게 하는가? 해석자나 독자의 주관적인 측면의 강조보다는 본문 중심의 해석 노력을 요구하는가 하는 점이다. 독자의 입장을 부각시키는 해석학이 필요 없다는 것이 아니라, 초점의 비중(우선순위)이 저자에게 가 있는 것이 옳다는 것이다.[21] 그것은 성경의 저자가 하나님이시기 때문이다. 적어도 이런 관점의 연장선상에서 독자에게 빛을 비추는 방식이 되어야 한다고 본다.

3) 이론적, 논리적으로, 그리고 신학적으로 타당한가? 복음주의 또는 개

혁주의 해석학의 대안 계발은 학문적인 측면에 있어서도 인정될 수 있는 것이어야 한다. 그리고 신학적인 입장에서만 아니라 틀의 짜임새에 있어서도 틀림이 없는 것이어야 한다고 본다.

4) 실제적으로 활용할 수 있는 것인가? 다시 말해, 교회를 위한 해석학이 될 수 있는가? 해석학이 지나치게 학문적이거나 사변적이면, 교회에서 실제적으로 활용할 수 있는 가능성이 적어진다. 학문성(깊이)과 실제성(넓이)이 함께 있을 때 교회를 위한 해석학이 될 수 있으리라 본다. 적어도 학문적인 것을 실용화하려는 해석학적 노력을 계속해야 한다는 말이다.

이 네 가지 질문이 개혁주의와 복음주의 해석학의 대안 노력을 위한 최소한의 준거(準據) 틀이 될 수 있으리라 본다.

4. 개혁주의 영감론에 근거한 해석학적 노력 방향

성경적 개혁주의 성경관의 세 가지 영감설은 보다 구체적인 해석학적 노력을 요구한다고 본다. 이런 점에서 성경의 영감과 무오에 대한 신앙적 전제는 신앙적 개혁주의 성경 해석학의 기초로서만 아니라 개혁주의 해석학의 미래 대안을 열어가는 동력인(動力因)이 되기도 한다.[22)]

1) 만전 영감설

모든 성경은 영감에 있어 구별이 없다. 한 분이신 하나님의 영감이 불어넣어진 하나님의 작품들이다. 그렇기 때문에 만전 영감설은 해석자로 하여금 하나님 저자의 말씀 의도를 보다 주목하게 한다. 성경의 모든 부분이 하나님의 영감 없이 된 것은 없으므로 그 어느 부분을 읽거나 연구할 때마다 해석자는 하나님께서 그 부분을 정경에 담으신 의도를 찾고자 해야 한다.

그러므로 만전 영감설은 해석자로 하나님이 두신 성경의 전체적인 신학과 부분적인 의미 모두에 주목하게 만드는 해석학적 전제가 된다. '전체적'인 측면을 강조하는 신학 방법은 하나님 나라, 언약 신학, 구속사 등을 다루는 성경신학일 것이다.

성경신학은 하나님 저자로 인한 성경의 통일성과 상호연관성을 전제로 해서 전개되는 신학 작업이다. 이제까지의 모든 성경신학 작업이 늘 영감성과 무오성을 전제로 해서 제안된 것은 아니다. 예외도 있다. 그러나 복음주의 진영이 자유주의 진영보다 상대적으로 성경신학을 중시하는 이유는 저자로서의 하나님의 일관성 있는 말씀 사상을 찾고자 하는 신앙적 태도 때문일 것이다.[23]

한편, '부분적'인 의미라 할 때 그것은 본문 중심의 해석학적 노력을 지지하는 것이다. 하나님께서 특정 본문을 해당 성경 안의 맥락에 두신 이유를 찾고자 하는 본문 해석작업을 뜻한다.[24]

이렇듯 만전 영감설은 성경 모든 부분이 하나님의 영감으로 된 것이라는 고백적 신앙 교리에서 시작해서 해석자로 하여금 보다 구체적인 해석학적 노력을 기울이는 데로 나아가도록 촉구한다. 전체적으로는 성경신학적 노력을, 부분적으로는 본문 중심의 해석학적 노력을 끌어내는, 즉 복음주의 해석학을 위해 동력이 되는 신앙 이론이다.

2) 축자 영감설

단어 하나 하나의 선택에 하나님의 영감이 있었다고 말하는 축자 영감설은 본문 중심의 해석학적 노력, 특히 본문의 세밀한 부분에까지 최선의 관심을 기울이도록 해석자를 도전한다. 성경에 쓰인 말씀 중 어느 하나도, 특히 그 어떤 한 단어라도 하나님의 의도 없이 쓰인 것이 없는 것이다.

그러므로 한 단어 한 단어의 중요성을 의식하게 하고 소홀히 하지 않게 한다. 왜 그 단어가 그렇게 선택(choices)되어 쓰였는가, 왜 그 단어가 그곳에 있어 다른 단어와 결합(combination)해서 특정한 의미를 만들어 내고 있는가 하는 해석 질문의 근거에는 이 축자 영감설이 버티고 있다.

단어의 '선택'과 단어 간의 '조합'이라는 관점으로 본문의 의미 생성 과정을 찾아 가는 것은 최근 언어학적 접근의 중요한 방법이다.[25] 그러나 이런 해석학적 시도도 축자 영감설이 뒷받침되지 않고선 성경 해석적 의의가 그다지 크지 못하다. 다시 말해, 축자 영감설은 본문 중심, 특히 단어 하나 하나에 주목하는 성경 해석법(기존의 본문 묵상 방식을 포함해서)의 강력한 신앙적 전제가 된다.

그렇게 본다면, 성경은 본문의 내용, 즉 메시지만 영감된 것이 아니라, 본문에 나타난 저자의 문체(literary styles)와 표현(described ways of expression)도 영감된 것으로 이해해야 옳다. 그러므로 본문의 신학적 이해만으로는 충분하지 않다. 사상이나 주제만 아니라 단어의 선택까지 영감이 된 것이라면 본문의 언어적, 문학적, 수사적 표현도 영감의 결과라 할 수 있는 것이다. 메시지에서 하나님의 의도를 발견하는 것처럼, 표현 방식을 통해서도 하나님의 의도(특히 말씀의 뉘앙스 등의 차이와 의미를 발견할 수 있다. 같은 말도 '어'라고 말하는 것과 '아'라고 말하는 것이 다른 것처럼)를 이해할 수 있게 된다.[26)]

물론 축자 영감설에 근거하지 않고서도 본문의 표현 등에 주목할 수 있다. 그러나 왜 그렇게 주목해야 하는가 하는 근본적인 질문에서 보수주의자와 자유주의자는 판연히 달라질 수밖에 없다. 일반 문서라고 그렇게 연구하지 말란 법은 없다.[27)] 그러나 하나님의 말씀은 더욱더 세밀하고 주의 깊은 연구가 필요하다. 한 단어 한 단어, 한 부분 한 부분 그 분의 숨길에서 나오지 않은 것이 없기 때문이다.

표현 양식, 표현 스타일의 발견은 단지 본문의 권위(저작권 등)를 세우기 위해(또는 반대로 깎아 내리기 위해) 사용되는 것으로 충분하지 않다. 오히려 그런 표현의 발견과 이해를 통해 하나님 저자와 인간 저자가 당시의 독자와 오늘날의 독자에게 전하고자 하(시)는 말씀의 의도를 찾는 일에 주목할 수 있어야 한다. 축자 영감설은 바로 그 점을 우리 해석자에게 촉구한다.

3) 유기적 영감설

유기적 영감설은 한편으로 인간 저자의 특성을 강조한다. 기계적 영감설과의 차이는 인간 저자의 특성이 상당 부분 반영되었다고 보는 것이다. 그러면서 하나님의 영감과 인간 저자의 특성이 부딪치는 부분은 없다고 전제한다. 그래서 유기적이다.

그러나 한편으로 이 영감설은 하나님의 개입과 영감을 자연스럽게 강조한다. 하나님 저자는 인간 저자의 표현 내용(메시지)과 표현 방식(스타일)에 직접적으로 역사하셨거나, 최소한 그렇게 하도록 허락하신 것이 된다. 다시 말해, 하나님은 인간 저자가 '그 같은' 내용을 '그렇게' 쓰도록 역사하신 것이다. 그렇다면 왜 그 내용을 그같이 쓰게 하셨는지 주목해야 하는 일이 해석자에게 무척 중요하다. 이 말은 본문의 언어적, 문학적 특성이 인간 저자만의 특성일 수는 없다는 것이다. 그 부분에서 하나님 저자의 의도가 담겨 있다는 것이다. 저자마다의 다른 특성으로 인한 차이조차도 하나님의 허락하심과 그분의 특별하신 의도가 담겨 있는 것이다.

이 영감설 역시 신앙적 개혁주의 해석법이 본문 중심이어야 하되, 미시적(micro)이고 거시적(macro)인 본문 해석 노력을 부지런히 해내는 해석 방식이 되어야 한다는 점을 지지해 준다. 유기적 영감설은 이처럼 본문의 어느 부분에 대해 인간(인간 저자)적인 것과 하나님적인 것으로 구분하는 이분법적 사고를 거부한다. 하나님의 역사와 인간의 노력은 온전한 성경을 기록하는 사역에서 결코 구별되지 않는다. 이것이 성경적 영감성과 무오성에 대한 바른 해석학적 이해이다.

이렇게 보자. 성경의 권위와 그 영감성은 해석자로 한 단어 한 단어의 이해와 해석에 주의를 기울이게 한다. 본문의 가치와 비중이 크면 클수록 해석자는 그 어느 하나도 해석하는 데 소홀히 하지 않게 되는 것이다. 그것은 진주와 같은 귀한 보석을 꿴 것과 같아서 그 중 어느 하나라도 빠져 나가거나 놓쳐지지 않도록 주의해야 하는 것이다. 그러나 가치 없는 문서나 말일수록 우린 그렇게까지 할 필요를 느끼지 못한다. 그러므로 성경의 영감을 인정하지 않는다면 그렇게까지 철저한 연구 방법을 성경 본문 연구에 적용할 필요가 없는 것이다.

따라서 본문이 하나님으로부터 나온 것임을 인정하는 해석자는 본문을 연구할 때, 마음의 옷깃을 여미며, 본문을 통해 주고자 하시는 말씀의 의미를 하나라도 놓치지 않으려는 주의 깊음과 최대의 관심과 신앙의 열정으로 해석의 노력을 다해야 할 것이다. 철저한 본문 연구와 해석 노력은 성경 영감에 대한 바른 신앙의 표출이다.

나가며

하나님의 책으로서의 성경은 영감된 거룩한 책으로 인정되어야 한다. 이와 동시에 무오한 하나님의 계시로 인정되는 것은 당연하다.

다만, 성경의 영감성과 무오성에 대한 견해는 그 이론적 고백으로 끝나선 안된다. 실제적인 해석 전제로서 기능해야 한다는 점과 또한 성경의 해석적 과정과 그 결과에 영향을 주어야 한다는 점을 지적해야 옳다고 본다.

기존 방법론들을 재고해 보아야 한다. 바른 전제를 가지고 본문 해석에 접근하는 것이 옳다. 그것은 하나님의 의도, 저자의 의도에 초점을 주는 노력을 계속하게 한다는 것이다. 일반적으로 저자의 의도에 주목하게 하는 것이 본문을 이해하는 바른 해석법이라면(역사비평이나 이데올로기 해석 등은 이를 불가능하게 하거나 약화시켰다), 그와 함께 하나님의 의도를 주목하게 하는 것은 성경이 하나님의 계시임을 인정하는 성경적 개혁주의 해석법의 본질이라 할 수 있다.

---

1) 용어의 정의에 혼선이 없고자 한다. 필자는 본 글에서 '개혁주의'란 용어를 전통적 칼빈주의에 근거한 신학을 규정할 때 쓴다. 이 말에 '성경적'(또는 복음적, 신앙적)이란 말을 덧붙일 때에는 개혁주의 내에서도 특별히 성경의 절대 권위와 영감과 무오를 신앙하는 신학 진영을 가리킨다. 반면에 '복음주의'라는 용어는 앞의 성경적 신앙과 기본적으로 동일하되, 개혁주의에만 국한하지 않고 다른 신학적 전통을 가진 그룹을 모두 포함해 사용하겠다.

2) 한국 교회는 이런 부분에서 세계 교회에 도전하기 시작했다. 성경적 개혁주의와 신앙적 복음주의 색채를 강하게 띠고 있는 한국 교회의 신학적 입장은 세계 교회에 성경에 대한 회복적 신앙을 촉구하기 시작한 것이다. 한국복음주의신학회의 학술지 「성경과 신학」 제 31권과 당 학회의 39차 논문발표회의 자료들을 참고하라.

3) 하나님의 영감은 성경에 대한 성령의 사역으로 나타난다. 그래서 칼빈은 성경의 권위를 강조할 때 성령의 내증을 중요한 주제로 삼았다.

4) 이제까지 「신학지남」에 게재된 성경 무오와 영감에 대한 논문 저자는 다음과 같다. 신성자(1982:117-132); 박영희(1988: 6-28); 권성수(1989:34-66); Hodge & Warfield (1997:266-308)

5) 만전 영감설, 축자 영감설, 유기적 영감설에 대한 보다 자세한 설명을 위해서는, 신복윤(1983:49-71)을 참고하라.

6) 여기서 성경의 계시는 점진성을 가진다. 이 말은 구약의 계시가 그리스도의 오심으로 신약에서 완성된다는 것이다. 그러므로 구약은 신약의 빛 아래서 해석해야 한다는 것이다.

7) 예컨대, 성경의 영감과 무오에 대한 총신대학교의 신학적 입장도 분명한데 대학교 요람의 앞 부분에 '신앙고백서'를 싣고 그 첫번째의 고백으로 "우리는 신구약 성경이 영감된 오류 없는 하나님의 말씀이며, 신앙과 행위의 정확무오한 유일의 법칙임을 믿는다"고 선언한다(「총신대학교 요람 2000-2001」 2000:8). 한국복음주의신학회도 신앙고백서의 첫 항목에 "우리는 신구약성경 66권이 영감된 정확무오한 하나님의 말씀이며, 신앙과 행위의 유일한 법칙임을 믿는다"고 선언하는 고백문을 학회지인 「성경과 신학」의 매호 뒷 부분에 늘 명시해 놓는다.

8) 한국 개혁주의 성경해석학을 세우는 일에 가장 중요한 인물로 평가되는 박윤선 박사는 해석학에 대한 글에서 성경의 권위와 관련된 영감설의 중요성을 강조한다. 박윤선(1967:13-17)을 참조하라. 또한 권성수 박사(1995:181-183, 특히 189-190)의 박윤선 박사에 대한 평가 부분을 보라. 그런데 Greijdanus와 Grosheide의 글을 발췌 소개한 박윤선 박사의 1966년의 글(1996:14-29)에는 아쉽게도 영감설 자체에 대한 강조는 없다.

9) 박윤선 박사를 이어 한국의 성경적 개혁주의 해석학을 확립하려는 공헌에 있어 권성수 교수는 특별하다. 그의 「성경해석학」(1991)은 그러한 노력의 특장(特長)을 볼 수 있는 책이다. 다만, 개혁주의 영감설이 구체적으로 성경해석학에 어떻게 나타날 수 있는지에 대한 연구가 좀더 진전될 필요가 있지 않은가 한다. 그러한 시도는 그가 박윤선 박사의 후학들의 과제로 내세운 '좀더 자세하고, 좀더 포괄적이고, 좀더 깊은 해석'(권성수 1991:216)을 위한 노력들 중의 하나로 생각하고 싶다.

10) 물론 그 정도의 차이는 학자에 따라, 그룹에 따라 다양하다. 어느 부분까지 영감을 인정하는지, 또는 성경의 어느 부분까지 객관적 진리성을 부여하는지에 따라서 달라진다. Bobby Hayes는 좀더 엄격한 보수주의자를 'full inerrancy' 그룹으로, 그렇지 않은 복음주의 그룹을 'limited inerrancy' 그룹으로 분류하였다. 이에 대해선 Hayes(2000:18)를 보라.

11) 역사 비평 중에서 이 부분과 관련된 것은 특히 자료 비평(source criticism)일 것이다. 예를 들면, 이 비평을 의지했던 Bultmann([1973] 1986:2-3)은 요한일서가 최소한 두 사람의 편집으로 된 것으로 오해했다. 그는 전통적으로 받아들여져 온 요한 저작권을 공격함으로써 이 서신의 신뢰성에 심각한 문제를 제기했다. 그러나 그것은 그가 요한서신의 구조와 특성을 오판한 데 기인한 것이다. 이를 위해 김상훈(2001:23)을 보라. Bultmann의 자료 비평적 강박 관념이 다소 복잡한 요한일서의 구조와 특성에 대해 편견적 결과를 내었던 것으로 보인다.

Maier(1994:281-284)는 역사 비평이 그 출발점을 '회의주의'와 '의심'에 두고 있다고 지적했다. 계몽주의 시대 데카르트 등의 영향을 받은 이 그룹은 성경의 그 어떤 것도 당연한 것으로 여기지 않고 의심하고자 하는 회의주의적 정신을 사상적 토대로 두고 있었다.

12) 성결대 서인선 교수(2000:77-79)는 복음주의 '신약성서신학'이 '조직신학과 분리가 아닌 연합을 도모하는 작업'이어야 한다고 말한 바 있다. 또한 성경은 하나님의 말씀이라는 확신 위에 21세기를 위한 복음주의 신약성서신학의 작업을 구체적으로 수행해 나가야 한다고 강조했다. 이와 함께 아신대 허주 교수의 글(2002:9-54)을 참조하라.

13) 성경의 영감에 대한 지지를 신앙적 전제로 보자. 그것은 하나님의 초자연적 능력에 대한 믿음에 바탕을 두기 때문이다. 반면에 역사주의자는 인간 역사에 하나님의 초자연적 개입을 부인한다는 점에서 비신앙적 전제를 가지고 있다고 본다. 전제가 어떤 결과를 낳게 만드는지에 대해서는 Thomas Kuhn의 paradigm shift를 다루고 있는 Poythress (1988)를 참조하라.

14) 기존 해석학 또는 비평학이라 할 때 그것은 역사 비평과 뒤이은 문학 비평, 수사 비평, 사회학적 방법(비평), 서사 비평, 독자 반응 비평, 해체주의 비평 등을 망라한 것이다. 이들은 특정한 때 성서 해석학계의 주 흐름이 되(었)거나 현재도 다른 방법들과 함께 혼용되어 많이 사용되어 오고 있는 해석방식을 가리킨다.

15) 성경적 개혁주의는 현실 문제에 대한 도피가 아니라 현실 문제에 대한 도전적 특성을 가진다고 본다. 모든 부분에 대해 또 모든 질문에 대해 성경적(개혁적) 답변과 시대적 대안을 적극적으로 그리고 적절히 내주어야 한다. 김영한 교수를 중심으로 하는 한국개혁신학회는 끊임 없는 자기 개혁 운동으로서의 개혁 교회를 강조한다. 그의 책「개혁신학이란 무엇인가?」(1994:161-163)를 보라. 성경 해석학적 대안과 관련된 김상훈(2001:89-106)을 참조하라.

16) Carson(1986:31-34)은 복음주의자들이 문학 비평 등과 같은 새로운 해석학 흐름에 반응하는 것이 늦은 이유를 전통적인 '문법적－역사적' 해석법에 치중하기 때문일 수 있다고 지적한다.

17) Black과 Dockery가 편집한 두 권(1991; 2001)의 책이 주목할 가치가 있다. 이 두 책은 최근의 해석 방법론에 대한 복음주의적 입장 개진과 이해가 돗보인다. 주로 역사 비평에 대한 복음주의적 대안을 다룬 책으로는 Marshal이 편집한 New Testament Interpretation (1994 번역)이 있다. 고전적이긴 하지만 Ladd의 책(1967)도 상당히 가치 있다. 이들 책들을 통해 복음주의적 시각에서 기존 해석학을 바라보는 관점을 얻을 수 있다는 점에서 상당히 유익하다. 또한 Green(1995)도 참고할 만하다.

한편으로 복음주의 해석학적 대안 노력으로 꼽힐 수 있는 것은 특히 담론 분석학(Discourse Analysis)의 분야에서 나타났다. 그 중 '구문분석' 방식의 활용은 가장 큰 성과 중 하나라 할 수 있다. 이를 위해선 Stuart와 Fee(19 87)와 Kaiser(1981)를 보라. 최근 한국의 서울성경연구원(Seoul Bible Institute)에서 발간한 「SBI 문맥성경」은 본문의 구문배열을 통해 본문 해석에 도움을 주기 위해 만들어진 전문 연구서이다. 이런 것은 '문법적'(전통적인 '문법적－역사적' 방법 중에서)인 해석 방식을 보다 전문화하려는 복음주의 내의 노력의 일환으로 이루어진 것이라 할 수 있다.

18) 그 같은 책들을 읽되, 그 책이 어떤 신앙적, 철학적 전제를 가지고 있는지 제대로 파악하지 못하는 학생들에겐 저자의 논리성, 유익성 등으로만 그 책의 가치를 평가하고 빠져들어 갈 때, 심각한 해를 입을 수 있다.

19) 새로운 해석 방법론을 무조건 선호하거나 무조건 거부하는 태도를 취하는 것은 바람직하지 않다. 성경적 개혁 신앙과 복음주의적 전제를 굳게 한 후 기존 해석학과 새로운 해석학을 비판적으로 이해할 수 있어야 한다는 뜻이다. 그리고 그 위에서 개혁주의 해석 대안 노력을 할 수 있게 도와야 한다는 것이다. 최근 복음주의 대안적 노력에 대한 촉구가 그 어느 때보다 높아졌다. 무척 바람직한 일이다.

20) 칼빈 자신도 성경에 대해 바른 '선이해'를 갖는 것이 얼마나 중요한지 인식했다고 한다. 이를 위해선 Spykman(1992 : 120-122)을 보라.

21) 그것은 교수자와 학생의 경우에도 그러하다. 학생의 입장에서 '내가 무엇을 어떻게 듣느냐'의 부분도 중요하지만, 사실 더 중요한 것은 '교수자가 내게 무엇을 가르치려고 하는가'를 이해하려고 하는 것이 더 중요한 것이다. 이러할 때 효과적인 의사소통의 열매가 얻어진다. 사람 간의 의사소통이 그렇다면 하물며 하나님의 계시 전달에 있어서 어떠하겠는가.

22) 구문분석 및 주경 연구로 인해 잘 알려진 해석학자 고든 콘웰의 Fee(1991:20)는 성경의 무오와 신뢰성이 성경 본문 해석 과정에서 전제되어야 한다는 점을 강조했다.

그러나 아쉬운 점은 그의 책이 성경 영감설을 다루기에 아주 적합한 주제의 책이고 또 실제로 일정 부분 영감설과 관련된 논지를 펴나가긴 하지만(30-36쪽을 보라), 영감설을 실제적인 해석학의 동력인으로 삼고자 하는 노력을 그다지 볼 수 없다는 점이다. 이 같은 현상은 Couch (2000)의 글, 'The Evangelical Doctrine of Inspiration and Inerrancy-Restated'(2장) 'Principles of Hermeneutics' (5장)에서도 비슷하게 나타난다.

23) 협의적 의미에서의 성경 신학은 성경이 한 분의 저술(그래서 성경이 통일성이 있다고 본다)이라는 전제를 가지고 연구된다. 그렇기 때문에 성경의 온전한 영감성을 인정하지 않으려는 진영에서는 상대적으로 성경신학적 노력을 소홀히 할 수밖에 없다. 이들은 성경을 하나님의 책으로 간주하지 않기 때문이다. 다시 말해, 하나님께서 성경의 첫 부분(창세기)부터 마지막 부분(계시록)까지 성령으로 관여하셨다고 생각하지 않는 한, 성경의 통일성과 상호보완성(연계성)은 주목받을 수 없는 이론이다. 그러므로 성경의 유기적 통일성과 연관성을 강조하는 사람은 복음주의의 입장에 서 있을 가능성이 많다. 변하지 않는 한 분 하나님 저자에 대한 신앙적 전제를 가지고 있는 사람이다.

24) 만전 영감설과 관련이 있는 또 하나의 중요한 해석학적 노력은 '성경을 성경으로 해석하는 작업'이다. 박윤선 박사의 '계시의존사색'은 성경을 성경으로 해석해야 하는 원리(Scriptura Scripturae interpres)로 이해할 수 있다(권성수 1995:206).

25) Moises Silva(1983:119-120)의 paradigmatic relations과 syntag-matic relations 소개 부분과 Louw (1982:67-89)를 참조하라. 또한 Wells가 개혁신학자 B. B. Warfield에 대해 거론하면서 단어의 '조합'에 대해 강조한 부분(1990:162)을 참조하라.

26) 예를 들자. 성경 본문에 자주 나타나는 문학 형식인 a b b′ a′ (대치구조) 패턴을 보는 시각의 차이는 어떤가? 영감론자는 하나님과 인간 저자의 특별한 의도로 그렇게 표현한 것으로 본다(물론 해석자가 본문의 패턴을 정확히 판별했다는 점이 전제될 때에 한해서 그렇다). 즉 독자와의 커뮤니케이션을 효과적으로 하려(하시)는 하나님과 인간 저자의 동시적 노력이다. 반면에 비영감론자는 이것을 단지 저자의 인간적, 문학적 노력으로 이해할 것이다. 인간적인 기술(기교)이라고 주장함으로써 그 패턴을 허락하신 하나님의 영향력을 배제하려 할지 모른다.

이런 패턴과 문학(언어) 형식을 하나님과 무관한 것, 오직 인간 저자의 기술적인 것으로 생각해선 안된다. 축자영감설은 문자의 선택과 함께 그 배열에까지 영감의 역사가 있는 것으로 전제하기 때문이다. 실제로 하나님은 모든 말과 언어를 만드신 분이 아니신가. 사람과 사람의 커뮤니케이션의 기원은 하나님, 그분으로부터 나오는 것이 아니던가. 그분이 가장 효과적인 언어 수단을 활용하실 수 있는 분이 아니시던가.

주님의 예에서도 그렇다. 그 분이 왜 '비유' 등의 특별한 문학 수단을 사용하셨는가? 주님의 경우에, 그분의 말씀의 능력이 오직 주님 자신의 내적 권위에서만 비롯된다고 보긴 어렵다. 말씀의 외적인 측면, 즉 주님의 메시지의 독특한 내용과 독특한 표현 방식 등도 탁월했음을 인정하지 않을 수 없다. 예컨대, 그분의 비유 활용이 얼마나 특별했는가 이해해야 한다.

그러므로 혹 a b b′ a′ 등의 언어 패턴을 단지 인간적인 문학 패턴을 보고 그것을 인정하지 않거나, 혹 반대로 이 부분에서 하나님의 역사를 배제하는 시도는 자연스럽지 않다. 당시의 히브리적인 문학 표현 방식이었던 대치 구조는 히브리인에겐 가장 자연스러운 의사소통의 한 방안이었다. 잠언과 시편 등에서 그런 패턴이 자주 나오는 것을 쉽게 볼 수 있다. 그 언어적, 문학적 패턴은 의사소통을 효과적으로 하기 위한 목적을 가진다. 그리고 그런 방법은 인간 저자와 하나님 저자로부터 함께 나온 것임(하나님의 허락 또는 의도적 역사로 인해)을 이해해야 한다는 것이다. (앞서 강조한 것처럼 해석자가 본문 표현의 형식을 제대로 파악한 것이란 점을 전제할 때 그렇다. 때로 해석자의 그릇된 판별이 적지 않기 때문이다.)

27) 그렇지만 누가 소설이나 시를 그렇게까지 연구할 필요를 느끼는가. 그런 인간의 문서들이 그렇게까지 연구할 만한 가치가 있겠는가.

11

성경본문 해석을 위한 언어학적 담론(본문)분석의 통합적 방법

1. 해석학의 업그레이드

해석학과 해석 방법론은 지속적인 업그레이드가 실현되고 있다. 계발이 멈추지 않는 학문의 영역이다. 그것은 성경 본문 연구에 대한 새로운 통찰력이 계속되고 있기 때문이 아닌가 한다. 또한 기존의 해석 방법론이 모든 해석학적 문제를 풀 수 있는 유일한 대안은 아니기 때문일 것이다. 그러므로 새로운 해석 방법론의 계속적인 제기는 발전적으로 이해해야 한다. 그 방법론이 겨냥하고 있는 해석학적 목표를 유념하고 이를 활용하거나 또는 비판해야 함이 옳다. 새로운 것이 다 옳을 수 없다는 상식은 이들에 대한 신중하고 면밀한 평가 위에 또 다른 새로운 방법론의 추구와 계발의 문을 열어 놓았다 할 수 있겠다.

한 가지 분명한 것은 새로운 해석 방법론(비평학)의 발전은 해석학이라는 학문의 영역을 확대시켰고 해석자로 하여금 과거와는 다른 부분을 더 이해하고 관심을 기울이도록 요구한다는 것이다. 예컨대, 1968년에 시작된 '수사 비평'[1)]은 헬라-로마 시대의 고대 수사학에 대한 보다 전문적인 연구를 요구하게 되었고, 해석학의 사회적 접근[2)]은 현대 사회학과 인류학의 연구에 많이 의존하고 있다.

2. 현대 언어학과 해석학

이런 현상은 언어학에 의한 해석 방법론 연구 분야에도 동일하게 일어난다. 언어학은 그 어떤 분야보다도 신학 연구, 특히 성경해석학(또는 해석 방법론)의 연구에 많은 영향을 주어왔다.[3] 새로운 언어학적 성과는 해석학과 그 방법론 연구에도 지대한 영향을 주고 있다. 헬라어 연구에 있어서 피[Fee (1983) 1993]나 마운스(Mounce 1996), 월레이스(Wallace 1996) 등의 새로운 연구에 주목할 필요가 있다. 그 동안 헬라어 연구는 주로 문법적 연구였다. 그러나 요즘의 연구는 보다 구문론(문법적 접근과 구문론적 접근을 구분한다면)에 근거한 연구를 강조하기 시작했다. 그것은 헬라어 연구에만 그러한 것이 아니다. 히브리어 연구에도 그러한 노력이 나타나고 있음을 볼 수 있다.[4] 이런 현상은 교회 일반의 실천적인 성경 연구 방법론인 귀납적 성경 연구 분야에도 일어났는데, 1980년도까지는 주로 문학적 방법론이 주를 이루었으나 1990년도 이후에는 구문 분석(syntactic analysis) 방식의 연구 방법론이 세를 얻어가고 있다. 구문 분석 방식은 기본적으로 언어학적 연구의 성과물이라 할 수 있다.[5]

이런 점에서 언어학과 연관된 해석학적 노력은 현대 언어학의 새로운 연구와 그 결과에 주목해야 하는 것은 당연한 것이다. 특히 그 연구 결과의 원리적 적용[6]이 본문의 해석 연구에 활용될 때 성경 본문 연구의 발전적 성과로 나타날 수 있는지 기대해 봐야 한다. 다시 말해, 현대 언어학의 연구와 발전적 결과가 새롭게 해석학과 해석 방법론에 접목되고 적용되어야 할 필요가 있다.[7]

3. 현대 언어학의 네 가지 변화

지난 20세기는 현대 언어학에 큰 변화가 있었던 시대였다. 현대 언어학의 변화는 적어도 다음의 네 가지 부분에서 일어났다고 할 수 있다.[8)]

1) 통시적(diachronic) 연구에서 동시적(synchronic) 연구로의 전이

20세기 언어학의 가장 큰 변화는 19세기의 통시적 연구에서 동시적 연구로의 패러다임의 변환이 일어났다는 점이다(de Beaugrande 1991:7, 16; Sampson 1980:13-33). 통시적 또는 역사적 관점의 언어학은 동시적 관점의 연구로 크게 바뀌었다는 것이다. 그것은 소쉬르(de Saussure)의 통시적 연구에 대한 비판으로부터 비롯되는데[de Saussure(1916) 1966:79-90; 참고, Silva 1983:35-38], 그 후 20세기에 일어난 대부분의 언어학파들이 이 동시적 관점을 지지해 온 것은 널리 알려진 사실이다.[9)] 반면에 통시적 연구는 어원학 등의 역사적 언어학(문헌학, philology)에서 연구되고 있을 뿐이다(참고, Gleason 1974:199-212).

성경 해석학의 분야에서 동시적 관점을 불러일으킨 이는 제임스 바(James Barr 1966)와 실바(Moises Silva 1983, 1994)이다. 그전까지는 통시적 연구가 선호되었다고 봐야 한다. 이 방법의 대표적인 연구 결과는 키텔(Kittel)의 TDNT(1965)일 것이다. 비록 실바 등이 통시적인 측면과 동시적 측면을 함께 강조한다 해도 소쉬르와 현대 언어학의 영향을 받고 있는 그들은 근본적으로 동시적 관점을 더 강조한다.

해석학 분야에서의 동시적 연구의 활성화는 언어학과 관련된 헬라어 연구(Silva의 경우처럼)에서만 찾을 수 있는 것은 아니다. 그보다는 구조주의적 접근(structuralism)[10)]과 문학적 접근(literary approaches) 방식의 보급과 또한 밀접한 관계가 있다고 하겠다. 이러한 접근 방식은 기본적으로 '동시적'인 것으로, 본문 자체의 연구에 큰 비중을 둔다. 본문의 뒤(behind the text)에 초점을 두고 있는 역사 비평학의 반동적 성격이 짙은 것이 사실이다. 최근의 '서사 비평'(narrative criticism)도 본문의 동시적 성격을 강조하는 문학적 접근 방식의 하나로 이해하는 것이 옳을 것이다.

이렇게 보면 언어의 통시성에서 동시성으로 그 관심이 전이된 언어학의 발전과 20세기 성경 해석학의 전개 상황은 그 초점에 있어서 상당 부분 일치한다는 것을 알 수 있다. 물론 본문 자체의 역사적 성격이 강한 성경 본문의 연구에 있어 통시성의 연구가 소홀히 될 수 없는 것은 당연하다. 그렇기 때문에 전통적 방식의 문법 · 역사적(grammatical-historical) 연구의 상당한 사용이나 역사 비평학 분야에 대한 관심의 지속, 또 최근의 사회학적 접근 방법의 등장 등은 통시적 연구의 맥과 관계가 있다고 볼 수 있다. 또한 '수사 비평'은 통시성(고대 수사학 연구와 관련해서)과 동시성(본문 자체에 초점을 둔 연구라는 점에서)을 동시에 강조하는 해석 방법론이라 할 수 있다. 그럼에도 20세기 초까지 해석학의 주류를 이뤘던 역사 비평학적 관심이 20세기 중후반 상당 부분 문학 비평적 관심으로 전이된 데에는 언어학 변천의 흐름과 같은 시대적 조류와 무관하지 않다고 생각해야 한다.

2) 언어의 '능력'(competence)과 '수행'(performance)

'통시 · 동시'라는 소쉬르의 용어에 이어, 20세기 언어학에 있어 최대의 화두가 되었던 이분적 용어가 있다면 그것은 언어 이해에 대한 촘스키(Chomsky)의 '능력과 수행'이라는 말일 것이다.[11] '능력'이 언어의 지식 체계를 말한다면, '수행'은 언어의 실제적인 사용을 의미한다. 능력은 언어의 '잠재성' 또는 '체계'라 불릴 수 있고 수행은 언어의 '실제성' 또는 '활용'이라 말할 수 있다.[12] 촘스키는 언어의 본질적인 능력을 특정한 수행보다 우선하여 '보편 문법'(universal grammar)의 개념을 이끌어 냈다. 20세기 언어학에 있어서 그의 공헌은 참으로 지대했다. 그로 말미암아 구문론과 의미론의 실제적인 발전이 일어났다. 그로 인해 시발된 '변형 생성 문법'은 현대 언어학의 구문론에 있어서 가장 중요한 교과서적 지침이 되었다.[13]

촘스키 등의 '능력' 우선 주장과 대조되는 입장이 유럽 등지에서 생겨났다. 소위 언어 행위에 있어서 '수행'에 비중을 두는 학파이다. 이 학파는 주로 언어의 용례와 언어의 기능에 초점을 두는 그룹이라 할 수 있다. 가장 대표적인 그룹은 퍼쓰(J. R. Firth)와 할리데이(M. A. K. Halliday)를 중심으로 하는 런던 학파일 것이다.[14] 이 학파의 가장 중요한 용어는 '선택'(choices)이다. 많은 언어적 데이타에서 어떤 용어(단어나 구)를 선택했는지, 또 그 선택한 용어들이 어떤 관계를 갖는지, 즉 언어적 기능을 언어 이해의 핵심으로 이해했다는 것이다.[15]

수행에 보다 많은 비중을 두는 언어학 분야는 20세기 중반 이후에 발전된 사회언어학(sociolinguistics)이다. 언어와 사회의 관계를 다루는 이 학문은 1970년대 이후에 본격적으로 등장한 학문이다.[16] 특히 언어의 '보편성'(universality)에 반해서 언어의 '특수성'(particularity)을 강조한다 는 점에서 앞의 언어의 기능을 중시하는 프라하 학파나 런던 학파와 맥을 같이 한다고 할 수 있다. 미국의 사회언어학파는 본래 경험주의에 근간을 두던 학파(예컨대, American descriptists와 Sapir-Whorf 그룹)의 영향을 받아 '특정 언어의 실제적인 묘사'(참고 Sampson 1980:59, 81-102) 연구에 주력했다.[17]

1980년에 이르기까지 대부분의 언어학자는 촘스키 계열로 언어의 능력에 비중을 둔 학자들이었다고 한다. 그러나 그 이후에는 런던 학파와 같은 기능주의자들의 수가 세를 얻어 가고 있는 추세이다.[18] 언어의 수행성을 강조하는 그룹이 언어학에서 런던 학파만이 아니다. 사회언어학, 화용론(pragmatics), 담화 행동 이론(speech act theory), 새로운 문체론(stylistics) 등이 바로 이런 그룹이라는 점에서 20세기의 후반 언어학 관련 이론들은 언어적 수행에 보다 많은 비중을 두는 경향을 보인다고 할 수 있는 것이다.

21세기 후반 성경 해석학계에도 이 바람이 불기 시작했다. 점차 언어의 수행성에 비중을 두는 언어학 이론들의 자극을 받은 연구들이 나타나기 시작했다(참고, Louw 1986; Wilder 1991 등). 이런 경향은 씨셀톤(Thiselton)의 유명한 두 권의 책을 비교해 보아도 알 수 있다. *The Two Horizons* (1980)와 *New Horizons*(1992)는 각각의 책이 다루는 내용에서 시대적 차이를 보인다. 전자는 하이데거(Heidegger)와 가다머(Gadamer), 그리고 불

트만(Bultmann)과 비트겐슈타인(Wittgenstein) 등이 주를 이루고[19] 후자에는 최근의 여러 해석 이론들이 등장하는데 그 중에는 '담화 행동 이론'과 '사회 · 화용 이론' 등이 나온다. 씨셀톤의 새로운 책은 이런 점에서 해석학의 새로운 조류를 상당 부분 반영하려고 노력한 것이다.

해석학 개론서에서 언어적 효과, 즉 수행성에 초점을 두는 해석 방법론의 소개는 1980년대 후반을 기점으로 해서 나타난다.[20] 특히 언어의 수사적 효과를 연구하는 일에 환기를 불러일으킨 수사 비평의 등장과 그 외의 언어학과 관련된 여러 이론들이 소개되기 시작한 것이다(참고, Epp and MacRae 1989; Black and Dockery 1991; McKenzie 1993; Dockery and Matthews and Sloan 1994). 최근 문학 비평적 접근을 강조하는 학자들의 책에서도 이런 경향이 반영되고 있다(Aune 1989; Powell 1990; Wilder 1991; Charles 1993; McKnight and Malbon 1994).

수사 비평은 현존하는 해석 방법론 가운데 언어의 수행성 이해와 가장 깊은 관련이 있는 방법론이라 할 수 있다. 수사 비평의 출현이 언어학의 수행적 이론들의 부침에 영향을 받은 것이라 볼 수 없지만, 흥미롭게도 언어학에서 일어난 언어 수행성에 대한 관심의 증가와 수사 비평 연구의 등장과 그 중흥의 시기가 상당 부분 그 궤를 같이 한다는 점은 주목할 만한 점이라 하겠다. 두 분야가 모두 언어의 기능적 효과에 깊은 관심을 두고 있다는 점을 간과해선 안 된다.

그렇다고 언어적 능력이 소홀히 다뤄져야 할 이유는 없다. 촘스키의 언어학적 성과는 그 자체로 본문 연구에 있어 구문론과 의미론에 근거한 해석 방법에 상당한 연구 성과를 내고 있기 때문이다. 언어적 능력과 수행에 대한 언어학적 이해는 서로 보완적인 것이지 배타적인 것일 수 없는 것이다. 21세기의 언어학의 방향은 이 둘의 대립보다는 상호 보완과 통합의 형태로 나타날 것이라고 전망해 본다.

3) 문장(sentence) 연구에서 문단(paragraph) 연구로의 전이

촘스키 이전의 언어학은 주로 그 형태(morphology)나 음성 또는 음운(phonology)을 이해하려는 단어 중심 연구에 보다 집중했다면, 촘스키의 보편 문법이나 변형 · 생성 구문론 연구는 주로 문장 단위의 분석에 치중했다고 본다. 이에 반해, 좀더 넓은 범위의 텍스트를 연구하는 학문적인 노력이 담론 분석(DA, discourse analysis)이라는 형태로 나타나게 된다.[21] 담론 분석학은 언어학에서 비롯된 학문이다. DA는 1952년 해리스(Zellig Harris)에 의해 담화나 텍스트의 연속된 단락을 분석하기 위한 방법을 묘사하기 위해 처음 사용되었다(Hatt 1976:56).[22] 이 방법에 따르면, 본문 연구는 하나의 문장을 넘어서서 더 큰 단위(문단 또는 장, 크게는 전체의 문서)의 의미를 추구하는 것을 강조한다.[23] 물론 담론은 담화와 문서를 모두 포함하기 때문에 반드시 쓰인 글, 즉 문서일 필요는 없다.

상대적으로 DA는 다른 분야에 비해 역사가 짧다. 그러나 이 분야는 다른 분야와 깊은 관계를 가지고 많은 연구를 진척해 오고 있다.[24] 연관된 분야는 다양하다. 이 방법론이 다른 해석 접근 방식에 대해 열려 있다는 그린(Green)의 말은 옳다(1995:177).

DA는 실제 사용된 본문이나 담화를 분석하는 작업이기 때문에 그 어떤 연구보다 언어의 실용성, 즉 수행성에 많은 비중을 둔다. 그래서 리드(Reed)의 '담론 분석학의 사회언어학, 그리고 소위 화용학과의 강한 연계'에 대한 주장은 옳다(1996:233; 참조, Coulthard 1977; Cotterell & Turner 1989:231).

비록 성경 해석학에서 있어서 DA의 활용은 그 역사가 상당히 짧지만,[25] 이 분야에 대한 연구가 여러 대륙에서 진행되고 있음에 주목해야 한다. 영어권의 나이다(Nida), 포터(Porter), 리드(Reed), 블랙(Black) 그리고 스칸디나비아의 요안슨(Johanson), 올슨(Olsson) 또 남아프리카의 로우(Louw) 등이 이 분야를 주도해 가는 학자들이다. 이 부분의 공헌은 본문 연구가 한 단어 한 문장을 넘어서 더 큰 단위의 연구를 통해 본문에 대한 문맥적(연계적) 이해를 가능하게 했다는 것이다.

4) 한(specific) 분야에서 통합적(integrated or multi-dimensional) 연구로의 전환

언어학 연구가 주로 음성학과 어형론에 머물 때가 있었다. 그러다가 촘스키 이후에는 구문론과 의미론이 언어학에 있어 그 상당한 가치를 인정받았다. 최근에는 담론 분석, 화용론 등이 새로 대두되어 새로운 언어학의 영역을 구축하고 있다. 언어학계에서 이제 어떤 한 가지 분야만의 중요성을 강조하거나 고집하는 것은 큰 의미가 없는 것이라 할 수 있다. 그것은 최근의 담론 분석학이나 화용론 자체가 그 자체 내에 구문론과 의미론 등의 언어학 영역을 포함하고 있다는 점에서도 찾을 수 있다.

언어학의 각 분야가 그 외의 다른 분야를 모두 포함해야 되는 것은 아니지만, 어떤 특정 분야의 독립성을 지나치게 강조할 수 없는 저변에는 그 특정 분야만으로 언어학이나 언어에 대한 이해를 완전하게 할 수는 없다는 의식이 있는 것이다. 어떤 한 분야는 다른 분야의 협력(적어도 포괄적인 언어 이해와 관련해서)과 보완이 필요한 것이다. 그렇게 해야만 보다 총체적인 언어 이해에 도달할 수 있다는 것이다.

이렇게 볼 때, 여러 분야에 대한 통합적 노력과 연구에 대한 필요는 생겨날 수밖에 없다. 그것은 앞서 강조하였듯이 언어적 능력과 수행에 대한 통합적 연구가 필요한 것과 같다.[26] 그것은 해석학계에서 새롭게 등장한 다차원 접근 연구의 필요 이유와 비슷하다.

특히 언어학의 이론들을 해석학 또는 그 방법론에 접목할 때, 해석학계는 기존의 한두 이론보다는 좀더 종합적인 이론을 활용하고자 했다. 본래 오랫동안 성경 해석학은 한두 가지의 분야에 초점을 두고 그 방법론을 전개해 왔다. 그러나 점차 다차원적인 해석 접근 방식이 주목을 받기 시작했다.[27] 그것은 한두 방법론이 주도적일 수 없는 해석학적 상황과 현실 때문이기도 했다. 어떤 특정 방법론의 부침은 그 자체로 장점만큼이나 한계를 가지고 있음을 보여주는 것이다. 그렇게 볼 때, 그 같은 여러 시각과 방법론을 종합한 통합적 방법론, 다차원적 접근 방식이 등장하는 것은 자연스런 이치이다. 물론 '다차원적'이라 해도 이 방식을 진행해 나가는 이들 간의 차이는 적지 않다.

요안슨(1987)은 DA의 입장에서 본문을 해석하는데 언어학적 입장만 아니라 수사학적 입장을 혼합했다. 그의 관점은 본문을 '본문-구문론적', '본문-의미론적', '본문-화용론적'인 차원으로 각각 보는 것이다. 또 각각의 차원은 '본문-확장', '본문-한계', '본문-일관성'의 관점에서 나열된다. 이렇게 두 가지의 다른 축이 어우러져 본문을 종합적으로 보려고 한 것이다. 언어학과 수사학의 성과를 결합하고자 했고, 언어학 내의 구문론, 의미론, 화용론을 각각 구분하고 다시 통합하려 했다는 점은 그의 다차원적 시각이 어떠한지 보여주는 부분이다.

루소(Rousseau, 1986)도 좀 다르면서도 비슷한 시도를 했다. 그도 요안슨과 유사하게 구문론, 의미론, 화용론의 축을 통해 본문을 보려고 했다. 그런데 그는 구문론을 수사적인 측면으로, 의미론을 회상적인 측면으로, 화용론을 표현과 수용의 관점에서 보려고 했다. 그 위에 '본문 내적'(intratextual), '역사적'(historical), '메타본문적'(metatextual) 차원으로 나누어 살폈다.

흥미로운 연구는 패루낙(Parunak 1992)의 예일 것이다. 그는 공학도로서 본문 연구를 어떤 기술자가 익숙하지 않은 기계를 조사하는 것과 같은 개념으로 이해했다. 본문의 구조적인 측면을 부각시켰는데, '대칭(symmetric) 구조', '의미(semantic) 구조', '구문(syntactic) 구조' 이렇게 나누어 연구했다.

앞의 네 가지 현대 언어학적 방향(동시적, 능력-수행의, 문단 중심적, 통합적)은 이미 해석학계에 깊은 영향을 주고 있다는 점을 앞서 살펴보았다. 그러나 각 부분별로만 아니라 이 네 가지 분야의 특징이 고루 망라된 연구는 계속될 필요가 있다. 이런 방향은 신학 연구와 해석 방법론 계발에 상당히 유익하게 사용될 수 있다고 본다.

이렇게 보자. '동시적'이란 기본적으로 본문 중심의 의미를 살피는 것이다. '능력-수행의'이란 언어적 구성('능력')과 함께 그 표현의 효과('수행')

를 염두에 두는 것이다. '문단 중심적'이란 문장의 독립적 의미보다는 문단을 통한 또는 연계된 의미를 강조하는 것이다. 이것은 DA 연구의 기본 전제라 할 수 있다. 한편, '통합적'이란 한 가지 측면보다는 여러 가지 측면의 해석 가능성을 살피는 것이다.

그러므로 성경 본문 연구를 위한 언어학적 분석의 통합적 방법론의 제안에는 이러한 네 가지의 방향(언어학적 통찰력)이 포함되어 있으면 좋을 것이다.

해석학적 제안 : 관계 해석

새로운 방법론을 계발해 내는 일은 쉬운 일이 아니지만 결코 불가능한 일은 아니다. 그렇기 때문에 서구 학자들은 이제까지 새로운 시대에 따라 대안적인 새 방법론을 지속적으로 계발해 왔던 것이다. 만일 그렇게 하려고 한다면, 포터가 제시한 것처럼 '분석자로 하여금 본문을 생산적이고 창조적으로 보게 하는, 분명하고 실행할 수 있는 이론적 해석 방법론 계발'(1995:34)이 되어야 할 것이다. 또한 '실제로는 분석할 수 없는 총체적 이론이나 이론이 없는 피상적인 분석'(Reed 1997:403)이 되어서도 안 될 것이다.

'관계'(relational)란 용어를 선택한 이유는 이 용어 자체가 가지는 포괄적인 특성과 연계적인 특성 때문이다. 특히 해석에 있어서 연계적인 측면의 의미 추구를 강조하기 위해 이 용어가 선택되었다. 어떤 것 자체로의 의미보다는 그것의 다른 개체와의 상관적인 관계를 통한 의미의 파악을 중요시하겠다는 것이다. 또 각 개체(또는 해석 모듈) 간의 보완과 통합을 통한 총체적인 의미를 함께 추구하겠다는 것이다.

글 쓰기와 글 읽기 과정

저술을 쓰기로 한다면 해석을 읽기로 할 수 있을 것이다. 본문 연구라는 것은 결국 쓰인 글을 제대로 읽는 작업이다. 이 때, 해석 즉 읽기 작업은

저술 즉 쓰기 작업의 역순이 된다. 쓰인 순서는 읽는 순서를 거꾸로 하면 된다는 것이다.[28)]

이런 점에서 어떻게 하나의 글이 쓰이는지 생각해 볼 필요가 있다. 성경본문이 쓰일 때, 저자(인간 저자와 하나님 저자로 나눌 수 있지만 기본적으로 분리할 순 없다. 그러나 여기서는 인간 저자의 입장에서 쓰도록 하겠다.)는 먼저 독자에게 어떤 목적의 글을 쓸 것인지 염두에 둘 것이다. 복음 전도, 권면 또는 책망 등의 목적을 담고 그는 글을 쓰려 할 것이다.[29)] 그와 함께 저자는 독자와의 인격적인 관계를 염두에 둘 것이다. 그들과 하나님과의 관계, 저자와 독자와의 관계 등이 그것이다. 현재 그 관계는 어떻게 되어 있는지, 그리고 앞으로 어떻게 되어야 하는지를 생각했을 것이다.

세 번째로 생각해야 할 점은 저자가 본문을 쓸 때, 그 목적에 맞는 주제들을 마음에 두었을 것이라는 점이다. 본문의 목적에 맞는 주제들은 어떤 것이 되어야 할지, 또 그 주제들을 어떻게 배열할지를 생각하며 본문을 집필했을 것이라 생각한다.[30)] 네번째로 그 주제들을 풀어가는데 있어 표현의 논리성(논리적 짜임새)에 신경을 썼을 것임에 틀림없다. 어떤 주제를 설명하기 위해 어떤 로직을 사용해서 할 것인지 특별히 고민하지 않는 이라도 그 글에는 그 같은 짜임새가 일반적으로 드러난다. 그로 인해 저자(화자)와 독자(청자) 간의 상호 이해 작용, 즉 커뮤니케이션이 일어나기 때문이다. 다섯 번째로는, 쓰고자 하는 내용을 논리에 맞춰 쓸 때 문체에 마지막 신경을 쓰는 것이다. 소위 "'어'가 다르고 '아'가 다르다"고 표현하듯이 어떤 어구를 사용하는가, 그 어구의 배열을 어떻게 하는가 등에 따라 표현과 의미의 차이가 파생된다.

이런 점들이 성경을 기록한 저자의 입장에서 생각해 볼 수 있는 '쓰는 과정'의 내용이 될 것이다.[31)] 다시 말해, 쓰는 과정에선 목적성, 인격 관계성, 주제 연계성, 논리적 짜임새, 문체적 표현(구성)을 염두에 둔다는 것이다.[32)]

그렇다면 읽기 즉 해석 작업은 이 순서를 뒤바꾸면 좋다. 이것을 바꿔 관계적인 측면에서 각각의 해석 모듈을 세우면 다음과 같다: 문체 관계(SR, stylistic relations), 논리 관계(LR, logical relations), 주제 관계(TR, thematic relations), 인격 관계(IR, interpersonal relations), 관계 목적(RG, relational goals).

관계 해석(relational reading)은 이처럼 다섯 가지의 해석 모듈을 가지고 해당 본문을 연구하는 방식이다. 이것을 간단히 정리하면 다음과 같다.[33)]

첫째, 문체 관계(SR)는 성경 본문을 해석할 때, 먼저 문체의 특징과 표현 방식(어구 간의 연계성)을 살피는 것이다. SR은 특히 저자의 어구 표현의 선택과 배열의 이유에 주목한다. 그렇기 때문에 본문의 문법과 문학적 특징들을 세밀히 살피게 된다.

둘째, 논리 관계(LR)는 어구와 문장들이 어떻게 서로 논리적으로 연계되어 있는지 살피면서 좀더 간단한 논리적 배열을 찾고자 한다. 여러 문장과 문단을 논리적으로 함축, 요약할 수 있을 때, 본문의 논리 구조를 전체적으로 이해할 수 있게 된다.

셋째, 주제 관계(TR)는 해당 본문 전체의 주제의 흐름에 주목한다. 앞의 LR에 근거를 두지만 논리적 짜임새보다는 주제의 흐름(맥)을 강조한다. 이때 점진적인 흐름뿐 아니라, 주제 간의 상호 연계적 역학 부분에도 초점을 둔다.

넷째, 인격 관계(IR)는 본문 내에 나타난(또는 잠재된) 인격들(하나님, 저자, 독자 등)의 상호 관계의 방향을 살피는 것이다. 이 부분은 하나님 – 저자, 하나님 – 독자, 저자 – 독자 등의 관계를 통해 본문이 어떤 정보를 주며 어떤 목적을 향해 나가는지에 주목하는 것이다.

다섯째, 관계 목적(RG)은 앞의 모듈의 연구 결과를 토대로 본문이 궁극적으로 지향하는 수행적 목적과 목표가 무엇인지에 주목하는 것이다. 앞의 관계적 데이타를 종합적으로 연계해, 본문을 통해 성취하고자 하는 저자의 목적을 찾고자 하는 것이다.

이 다섯 가지 해석 모듈은 각기 독자적으로 본문 해석 연구에 적용될 수 있고 그럴 때 유용한 해석 결과를 얻을 수 있다고 본다. 그러나 함께 결합되었을 때, 좀더 총체적인 본문 연구의 연구 결과를 제시할 수 있을 것으로 안다.

현대 언어학의 네 특징과 관계 해석

그러면 이 해석 모듈들이 앞서 강조한 네 가지 언어학의 시대적 변화(shift)와 어떤 연계성이 있을까 생각해 보자.

첫째, 이 방법론은 모두 본문 자체 연구를 강조하는 '동시적' 연구를 기반으로 한다. 그렇다고 통시성이 완전히 무시되는 것은 아니다. 예컨대, SR(문체 관계) 연구에서는 비록 해석자가 현재의 문학적 정보(지식)를 가지고 그 본문을 본다 할지라도 본문 당대의 문학적 특성이 드러날 수 있기 때문이다. 또한 IR(인격 관계)도 그 연구에서 통시성이 어느 정도 드러나는 것은 당연하다. 그것은 등장 인물 자체가 당시의 역사적 정황과 특성을 떠나 이해할 수 없기 때문이다. 그런 측면은 TR(주제 관계) 연구에서도 나타난다. 성경 본문의 주제의 성격은 하나님의 말씀으로 본래 '신학적'이고 서로 관련된 다른 성서들과 완전히 분리할 수는 없다(intertextuality). 그렇지만 관계 해석은 본래 동시적인 접근 방식으로 시작되었고 이 관점을 주로 하는 방법인 것만은 분명하다. 그것은 각각의 모듈이 고전적 연구보다는 현대의 타학제 연구 분야와 보다 밀접한 관계가 있기 때문이다(뒤의 '넷째'를 보라).

둘째, 관계 해석은 '능력-수행'의 이슈와 관련해서 기본적으로 언어 이해의 이 두 가지 초점을 모두 담고 있다. SR은 구문론과 의미론, LR은 구문론과 의미론(그리고 논리학), TR은 주로 의미론, IR은 화용론, GR은 화용론(그리고 수사학) 등이 핵심적인 이론 근거가 된다. 그러나 사실은 IR과 GR에서만 언어의 수행성을 강조하려 하지 않고, 앞의 세 단계인 SR, LR, TR 모두는 그 연구 결과(내용)의 실제적, 수행적 목표를 주의 깊게 찾으려 하기 때문에 언어의 수행적 측면과 무관한 해석 모듈이라 할 수 없는 것이다. 다시 말해, 관계 해석은 능력과 수행의 양 축을 긴밀하게 연계해서 본문을 해석하려고 노력한다는 것이다.

셋째, 관계 해석은 기본적으로 문단 중심적이다. 한 단어나 자구의 연구는 주로 SR의 차원에서 이뤄진다. 그러나 SR조차도 특정 문장의 연구에서 그치는 것이 아니다. 문장과 문장의 관계인 문단 안에서의 SR 이해는 매우 중요하다. 이 점은 LR도 유사하다. 그런데 TR과 IR과 GR은 근본적으로 문단(또는 단락) 중심적인 해석 모듈이다. 한 문장에 대한 연구가 아니다. 관계 해석을 DA 방법론의 하나로 이해해야 하는 이유가 바로 여기에 있다.

본래 관계 해석은 특정 본문(주제 단락)을 여러 가지 관점에서 통합적(또는 연계적)으로 이해하려는 목적으로 만들어졌다. 그런데 해석 단위가 더 커지면(예컨대, 단락과 단락의 관계를 연구하려면) 어떻게 해야 할까? 이것을 '매크로 해석'이라 해보자.

매크로 해석은 두 가지 목적을 가진다. 하나는 단락과 단락의 연계를 통해 특정한 책(권)의 전체적 구도와 주제의 맥(흐름)을 이해하는 것이다. 또 하나는 이러한 전체적인 맥 가운데 특정 단락을 이해하는 것이다. 이 일을 위해선 TR-(IR)-RG의 총체적(보다 큰 단위의) 연구를 필요로 한다.[34] 이 일을 통해 전체적인 로직 체계(logical system throughout the text)를 발견해야 한다. 이 로직은 전체적 주제 흐름(thematic flow)을 보여주는 동시에 단락과 단락 간의 연계성(connectivity between the paragraphs)이 어떤지 드러내 주어야 한다. 특정 단락 간의 연계성을 제대로 설명할 수 있을 때, 그 단락의 의미 이해가 더욱 선명해질 수 있을 것으로 본다. 그렇기 때문에 매크로 해석은 단락별 주제 제시(요약)와 그 단락의 수사적 목적이 나온 후 이를 각기 연계하는 방법으로 나타나야 한다.

넷째, 관계 해석이 통합적인 점은 확실하다. 다섯 가지 묘듈이 각기 독특한 관점의 해석 방법론을 지향하고 있을 뿐 아니라, 각각의 방법 내에는 여러 가지 연계적, 통합적 사고와 이론들이 반영되어 있다. SR은 문학적 방식과 수사학적 방식, 그리고 언어학(grammar 같은)이 섞여 있다. LR은 논리학과 수학적 관점, 그리고 언어학의 구문론과 의미론 등이 담겨 있다. TR은 신학적 이해, 의미론 등이 포함되어 있다. 또 관계 해석의 IR은 사회언어학, 서사 비평의 인물 연구, 또한 수학적 개념이 유용되고 있다. 이런 점은

RG의 경우도 그렇다. RG는 수사학과 화용학의 학문적 자극을 받고 있다.

그렇다고 해서 관계 해석이 모든 학문과 어우러질 수 있는 해석 방법론이라거나 그 모든 연구 결과를 담고 있는 것은 물론 아니다. 본문 자체 연구를 중시하는 해석 방식일 뿐 아니라 언어학에 기반을 두고 있는 방법론이기 때문이다. 그러나 포괄적 연구 방식을 추구하는 관계 해석의 특성상 다른 분야와의 또 다른 연계성을 기대해 볼 수 있다.[35)]

---

1) 수사 비평의 기원은 일반적으로 1968년 SBL 대회에서 Muilenburg가 행한 제안일 것이다. 그의 글(1969:1-18)을 보라. 이 때 그는 역사 비평(양식 비평 등과 같은)의 대안이 필요하다는 점을 역설했다.

2) 사회학적 접근과 관련해서 sociological, social scientific, socio-(예컨대, socio-rhetorical과 같은) 등의 용어들이 사용된다.

3) 전통적으로 신학에 영향을 준 분야는 철학, 역사학, 언어학, 사회학 등이다.

4) 이 분야에서 잘 알려져 있는 분은 Kaiser(1981)와 Stuart (1980)일 것이다. 이들은 신약학의 Fee(1983)와 함께 구문론적 시각을 해석학(주경학)에 도입한 분들이다.

5) 서울성경연구원에서 신약 전권을 구문 분석으로 배열한 책이 나왔다. 이 책은 구문 분석의 결과를 제공하고 있지는 않으나 독자의 구문 분석을 위한 신약 본문의 구문 배열을 시도한 것이다. 이 기관은 1989년부터 언어학에 근거한 구문 분석 방식의 새로운 귀납적 성경 연구 방법론을 소개해 왔다. 이 방법론은 Kaser, Fee, Stuart의 선도적인 영향과 Chomsky의 구문론-의미론 연구의 접목, 그리고 기존 귀납적 성경 연구 방법들의 실제적인 경험들이 함께 어우러져 한글 성경에 맞는 방법론으로 나타난 것이다.

6) 실제 적용은 두 가지 형태로 나타날 수 있다고 보는데, 하나는 언어학적 연구 방법론의 실제 그대로 적용하는 경우이고 또 하나는 언어학적 통찰력을 적용하는 경우이다. 전자의 경우는 언어학적 용어와 틀에 지나치게 얽매이게 되므로, 그것을 그대로 수용했을 때 일반 해석자들이 그 사용법에 접근하기에 용이하지 않다. 반면에 후자의 경우는 활용에 있어 좀더 탄력성이 있는데 언어학적 틀과 용례를 일부 사용하되 기본적으로는 언어학적 성과의 유용한 시각과 방향을 해석학에 도입하는 것이다. 본인의 글은 후자를 선택하고 있다.

7) 물론 언어학의 모든 방법론이 무비판적으로 적용되거나 새롭게 형성된 모든 방법론을 적절한 것으로 이해해선 안 된다. 그것은 기존의 다른 해석 방법론의 경우도 마찬가지다. 기존 방법론 자체의 방법적 모순도 있을 수 있고 방법론의 신학적 전제의 문제가 있을 수 있기 때문이다. 그러므로 성경적 복음주의자는 이런 점에 각별히 주의해야 한다.

8) 본인의 논문은 현대 언어학의 모든 것을 수용하는 것은 아니다. 다만, 가치 있는 연구 성과에 주로 주목하고자 한다.

9) 이 학파에는 American descrip-tivism, the Sapir-Whorf hypo-thesis, the Prague school, Chomskyism, the London school 등이 있다

10) 일종의 문학적 방법으로 이해해야 한다. 실제로 이 방법은 Saussure, Russian formalism, the Prague school, French structuralism의 영향을 받았다(참고, Dan Via in Patte 1990:vii).

11) 이것은 기본적으로 Saussure의 parole과 langue에서 나온다. 그러나 그 개념이 다소 다르다. Saussure에 있어서 langue는 관습적 시스템이고 parole은 사용하는 말이다. 그는 parole에 구문론을 두었으나 후에 Chomsky는 구문론을 competence의 영역에 두었다(참조, Sampson 19 80:131; Beaugrande 1991: 23; Crytal 1981:18 fn20).

12) 이것은 Beaugrande의 용어이다(1991:357-358).

13) 그의 책 *Aspects of the Theory of Syntax*(1965)을 참조하라. Smith와 Wilson은 Chomsky의 *Syntactic Structures*(1957)를 언어학의 혁명적인 책으로 소개한다 (Smith & Wilson 1980:iiv). Harris도 Chomsky의 공헌을 '혁명'으로 소개한다 (1993:35-73). Chomsky의 '변형 생성 문법'에 대한 기초적인 소개를 위해서는 Carl Baker의 *Introduction to Generative-Transformational Syntax* (1978)를 참조하라.

14) Halliday는 호주에 거주했으므로 호주, 특히 영연방을 중심으로 하는 그의 학문적 영향력은 대단하다.

15) 그들은 Prague 학파의 기능 이론, 즉 'why they are the way they are'와 같은 관점에 도움을 입고 있다.

16) 이 부분에 대해 S. Romaine, Sociolinguistics (1994:4005-4014)을 보라. 이 분야는 지난 세기말 이후의 사회학의 융성과 밀접한 관계가 있는 것이 분명하다.

17) Chomsky는 경험주의를 강하게 반대했다(Chomsky 1965:204). 그런데 그의 배경이 본래 경험주의를 강조했던 post-Bloomfield 라인이었다는 점은 흥미로운 일이다

(Newmeyer 1994:536).

18) 이 그룹은 특히 영연방을 중심으로 한 지역들에 학문적 영향을 주고 있다(Sampson 1980:235).

19) Palmer의 Hermeneutics (1969)와 비교하는 것도 흥미롭다. 그는 Heidegger와 Gadamer를 다루는 것은 같으나 Bultmann과 Wittgenstein 대신에 Schleiermacher와 Dilthey를 다룬다.

20) 1980년까지 해석학 책은 본문 연구에서 화용적, 또는 수행적 측면의 이론들을 거의 반영하지 않았다(참고, Kearley and Myers and Hadley 1986; Morgan and Barton 1988).

21) Beaugrande는 음성학, 어형론, 사전학, 구문론, 의미론, 화용론으로 구분했으나 (1991 :354), Turner는 언어학을 분류하면서 음성학, 어형론, 구문론에 구조 분석, 담론 분석을 추가했다(1995 :146). Turner의 분류는 그가 언어학적 담론 분석의 성경 본문에 대한 해석학적 공헌을 바르게 인지했기 때문이 아닌가 한다. Green의 글(1995 :146-174)도 참조하라.

22) Reed는 개척자로 Harris 보다 Mitchel(1957)를 더 꼽길 원한다. 그것은 Harris가 의미론과 형식적 구조 단위를 분리시켰기 때문이라 한다(Reed 1997:19).

23) Louw가 의미론은 문장들의 의미 이상이다 라고 할 때, 그것은 단어나 문장의 의미를 넘어선 담론 형태의 의미 추구를 뜻하는 것으로 이해할 수 있을 것이다(1982 :91-158). 본래 Harris도 한 문장을 넘어서는 본문의 의미를 추구하기 위해서, 또 본문을 언어 외적 상황과 연결시키려는 목적으로 사용했다고 한다(Hatt 1976:56).

24) 실제로 Snyman은 DA의 분야를 세 가지로 구분했는데, 그것은 본문 · 언어학(text-linguistics), 사회 · 언어학(socio-linguistics), 문학적 언어학(literary linguistics)이었다(1991:83-86). 이중 성경 해석학에 있어서는 본문 · 언어학이 가장 활성화된 분야이다(Green 1995:176). 그러나 Snyman이 말한 DA의 범위는 그것으로 한계가 정해진 것은 아니다. 단지 현존하는 DA 연구가 이 세 가지 분야에서 주로 연구되어 왔다는 것이다. 그러나 앞으로는 이 세 가지 분야 외의 분야에서도 연구 성과가 나타날 것이고 또한 이 세 가지 분야의 서로 간의 병합 또는 통합적 노력이 일어날 것으로 예견한다.

25) Reed는 이렇게 말한다, '담론 분석의 활용은 다른 방법론에 비해 역사가 짧고 이제까지 덜 주목받아 왔다'(1996:227; 참고, Green 1995:175).

26) 실제로 화용학, 사회언어학, 그리고 DA 분야에서 이와 같은 통합적 노력이 계속되고 있음을 쉽게 볼 수 있다. 화용학 분야에서 가장 중요한 학자로 꼽히는 Leech는 화용학을 전개하면서 구문론과 의미론의 중요성을 강조하고 있다(1983:3-4). 그는 언어를 두 개의 영역으로 구분하는데 그것은 '문법'(grammar, the abstract formal system of language) 과 '화용론'(pragmatics, the principles of language use)이다. 그런데 그는 특히 의미론과 화용론의 지나친 구별 보다는 서로 간의 연계성을 강조한다(1983:5-7). 한편, Halliday의 사회언어학적 방법을 도입한 Blount 등은 이미 본문에 대한 여러 가지 측면(ideational, interpersonal, textual 등)을 함께 보려 하고 있다. 다만, 그에게는 interpersonal의 측면이 가장 중요하긴 하다(1995:vii, 8).

27) Combrink는 여러 다른 방법론들을 함께 시도해야 할 필요를 강조한 바 있다(1988:9).

28) 이것은 Nida(1986:46)의 견해지만 상당히 상식적인 논리가 아닐 수 없다.

29) 복음서의 목적이 다르고 서신서의 목적이 각각 다르다. 성경 저자가 어떻게 쓰다 보니 그런 글이 나타난 것이 아니라, 어떤 방향의 글을 쓰고자 했던 '저자의 집필 의도'가 먼저 있었다는 얘기다.

30) 마태복음이나 로마서 등의 본문이 얼마나 짜임새 있게 배열되어 있는지 생각해야 한다. 예컨대, 마태복음은 A(1-4장) - B(5-7장) - C(8-장) - D(10-11장) - E(12장) - F(13장) - E(14-17장) - D(18장) - C(19-22장) - B(23-25장) - A(26-28장)의 대구 교차 구조로 구성되어 있다고 본다.

31) 여기서 첫 번째 것과 두번째 것 어느 것이 더 먼저일까 하는 측면에선 다소 이견이 있을 수 있다. 그것은 쓰는 자의 쓰는 성향이나 그 때의 상황 등에 의해 달라질 수 있다. 그러나 앞의 다섯 가지 작업 그 자체는 글 쓰기 과정에 일반적으로 포함되어 있다고 볼 수 있다.

32) 컴퓨터의 워드 프로세서의 기능이 발달된 오늘날의 시대에는 앞 과정의 어떤 모듈이든 저자의 마음에 들지 않으면 새로 편집하거나 수시로 자구 수정을 시도했을 것이지만, 작성과 편집이 쉽지 않았던 신약 시대의 저자는 상당히 신중한 마음과 자세로 저술에 임했을 것이 틀림없다. 특히 성경 저자는 꿇어 기도하고 또한 깊게 묵상하면서 하나씩 하나씩 양피지 등에 글을 써나갔을 것이다.

33) 각 모듈(SR, LR, TR, IR, RG)에 대한 보다 자세한 내용은 이 책의 13장을 참조하라.

34) 다른 모듈들도 전체적인 데이터는 본문에 대한 중요한 정보를 제공한다. 그렇지만 그 중에 가장 실제적으로 전체적인 조망을 줄 수 있는 것은 TR-(IR)-RG의 매크로 이해라 본다.

35) 관계 해석은 기본적으로 '열린 모델'이다. 이 책의 13장을 보라. 다른 분야, 다른 관점과 연계하려 할 때 필요한 전제 조건은 연구자와 성경적 전제가 같거나, 아니면 적어도 향후 신학적 전제에 합할 수 있는 그런 이론(방법론)이어야 한다는 것이다.

12

열린 모델로서의 관계해석

모든 것이 관계적(relational)이다. 관계적이지 않은 것은 하나도 없다. 다니엘 데포의 로빈스 크루소조차도 비관계적인(non-relational) 사람이라 말할 수 없다. 그는 기억으로 고국 영국과 연계되어 있을 뿐 아니라 실재에 있어서는 새로운 터전과 주변과 연결되어 있다. 인간의 존재는 하나님과 사람과 환경에 대한 '관계적 인간됨'(relational humanness, Patton의 용어 1983, Graham이 인용 1995)에서 발견될 것이다.

기독교는 어느 종교보다도 특히 관계적이다. 삼위일체 되신 하나님께서 유일한 관계를 가지고 계신다. 정경(正經)은 일반적으로 하나님과 인간 저자의 상호연관적인 작업의 결과로 믿어지고 있다. 그 메시지의 본질(하나님 사랑과 이웃 사랑)은 특히 관계적이다. 그리스도인의 삶의 스타일은 그 어떤 종교에 비해서 관계적이라 할 수 있다. 신자들은 관계적인 공동체, 즉 교회에 머물러 있어야 하고 또 관여해야만 하며, 그럼으로 해서 삼위일체이신 하나님과 친밀한 관계를 가져야만 한다. 신자들은 복음전도, 선교, 사회적 행동(또는 관심)을 통해 세상에 대한 사랑과 관심을 보이도록 명령 받고 있다.

1. 관계적 오리엔테이션

해석에 있어서 무엇이 '관계적'인 시각인가? '관계적'(relational)이라는 용어는 언어적 능력(competence)과 수행(performance)의 포함과 통합이라는 면에서의 '포괄성'(comprehensiveness), 구문적 또는 구조적 상호연계성이라는 면에서의 '결합성'(cohesion), 주제 간의 조화와 계속된 일치의 면에서의 '일관성'(coherence), 본문 내 요소들의 상호의존적인 면에서의 '상관성'(correlation), 본문 내 요소들이 서로 간에 영향과 작용을 가진다는 면에서의 '상호작용'(interaction) 등을 포함한다. 따라서 해석할 때의 관계적 시각은 이와 같은 것들을 모두 포함한다는 것을 의미한다.

1) 언어적 능력과 수행과 연결된 관계적 시각

로우(Louw 1986:114)는 언어의 모든 특징과 요소들을 거론하는 '분석의 포괄적 이론'(comprehensive theory of analysis)을 촉구했다. 그러나 그는 '만일 그것이 불가능하지 않다면'이라는 단서를 달았다. 해석을 할 때 언어의 다른 측면들에 대한 이해나 고려가 없이 단지 한두 가지의 초점만을 강조하는 경향들에 대해 로우는 비판하고자 했던 것이다.

언어에 있어서 '능력'(competence)이라는 용어는 그것이 구문론과 의미론 등을 주특징으로 하는 언어의 형식성(formalness)과 관계된다는 점에서 '기술적'(記述的, descriptive)이라는 말로 이해할 수 있다. 반면에 '수행'(performance)은 '수행적'(performative)이라 할 수 있는데 이는 상호인격적(interpersonal)인 측면과 수사적 특성들이 주로 부각되기 때문이다. 또 다른 이원론적인 개념들인 '형식적'(formal) 또는 '형식주의적'(formalistic)이라는 말과 '기능적'(functional) 또는 '기능주의적'(functionalistic)이라는 용어들은 언어의 통합적 사용을 위해 적합하다고 보지 않는다. 그것은 이들 간에 대립적인 개념들이 본래 내재되어 있기 때문이다. 그러므로 통합적 해석의 방법은 반드시 이 두 가지 측면, 즉 '기술적' 그리고 '수행적'인 면이 함께 고려되어야 한다. 이 두 가지 개념의 통합은 앞서 언급한 대로 '포괄성', '결합성', '일관성', '상관성', '상호작용성' 등을 고려하는 것이다.

2) 의미질문에서 관계질문으로의 대체

관계해석은 해석과정에서 초점의 패러다임을 바꿀 것을 요구한다. 그것은 해석과정이 다르기 때문이기보다는 질문을 다른 방향으로 하기 때문이다. '의미질문'(meaning-question)에서 '관계질문'(relation-question)으로 바꾸는 것이다. '의미질문'은 본문에서 어휘, 또는 구, 또는 문장의 의미를 찾는 질문이다. 따라서 이 질문의 형태는 '어떻게 그것이 묘사되고 있는가?', 그 다음에는 '그것이 무엇을 뜻하는가?' 등과 같다. 반면에 '관계질문'은 '어떻게 이들이 관계되었는가?', 그 다음에는 '왜 그같이 관계되었는가?' 하고 묻기 때문에 앞의 질문들과는 방향이 달라진다. (여기서 '이들'이라고 복수로 사용하는 이유는 요소들의 관계성을 강조하기 위해서이다.) 관계해석은 의미를 찾으려 할 때 필요한 앞의 '의미질문'의 중요성을 무시하는 것이 아니다. 그보다는 '의미질문'을 기반으로 하되 그 질문의 초점을 더 발전시키는 것이다. 즉, 서로 분리할 수 없는 기술적인 상호관계성과 수행적인 상호작용성을 찾기 위한 것이다.

요약하면, 관계해석은 각 해석 단계에서 관계적인 어떻게-질문에서 관계적인 왜-질문으로 진행된다. 그렇게 해서 관계해석은 본문으로부터 또 본문 안에서 기술적 · 수행적 특성과 관련된 포괄성, 결합성, 일관성, 상관성, 상호작용성을 성취한다.

3) 기호화(encoding)와 해득화(decoding) 과정

본문을 기호화하는 작업의 순서와 관련해서 나이다(Nida 1986:46)는 여섯 단계를 언급한다: (1) 어떤 자료(source)에 의한 개념화 (2) 수신자와 배경과 관계된 결정 (3) 어떻게 영향을 주고 호소할까와 관련된 전략들 (4) 언어의 여러가지 기능들의 사용 (5) 특색 있는 표현들의 선택 (6) 본문을 생성하는 것. 해석 또는 해득화 과정의 순서는 역이 되면 된다. 즉, '본문에서 시작해서 여러 가지 언어적 특색들을 분석하고, 언어적 기능들이 어떻게 사용되었는지 결정하고, 의사소통의 배경과 수신자 타입 등에 의해 영향을 받는 본문에서 사용된 언어전략들을 살펴봄으로써, 처음에 저자가 가졌을 법한 개념에 이르는 것'이다. 나이다의 기호화 과정(쓰기에서)과 해득화 과정(읽기에서)에 대한 말은 대부분 옳다. 무엇보다도 본문의 개념을 재생시키는 해득화 과정이 본문을 생성하는 기호화 과정의 역순을 반영해야 한다는 그의 단언은 참으로 중요하다.

나이다의 해득화 과정을 따르는 데 있어서 한 가지 문제점은 이 과정의 복잡성인 것으로 보인다. 특히 본문에서 언어적 기능들을 찾는 일은 꽤 복잡하다. 다시 말해서, 나이다가 제시한 여덟 가지의 기능들(Nida 1986:15-16, 47), 즉 표현적(expressive), 인식적(cognitive), 상호인격적(interpersonal), 정보제공적(informative), 명령적(imperative), 수행적(performative), 감정적(emotive), 심미적(aesthetic)인 측면에서 본문들을 분석한다는 것이 쉽지 않다는 것이다. 이 단계에서 적절한 데이터를 뽑고 또 이 데이터에 근거를 둔 후에, 어떻게 해서 그 다음 단계인 저자와 본문의 전략에 이를 수 있는가?

할리데이(Halliday 1973:96-112)는 언어의 기능을 세 가지의 메타기능(metafunction), 즉 관념적(ideational), 상호인격적(interpersonal), 본문적(textual) 기능으로 요약해 준다. 관념적 기능은 다시 경험적(experiential) 기능과 논리적(logical) 기능으로 나뉜다. 따라서 그는 실제로는 언어의 네 기능을 제시하고 있는 것이다. 어떤 사람이 의사소통의 행위를 할 때, 그의 경험과 논리적인 개념에서 비롯된 생각 또는 관념이, 상호인격적인 역학관계를 통해서(와 함께), 말 또는 기록이라는 형태의 본문으로 나오는 것이라 이해하면 쉽다.

리치(Leech 1982:56-58)는 할리데이의 용어들을 채택할 때, '관념적'을 음운론, 구문론, 의미론 등의 문법으로 이해했고, '상호인격적'(입력 억제요소)과 '본문적'(출력 억제요소)을 수사법으로 이해했다. 리치는 할리데이가 세 가지 언어적 기능을 문법 안에 통합하려고 시도했다고 생각했기 때문에 '과다문법화'(overgrammatici- zation)라고 비판했다(:73-76). 그러나 리치는 문법의 개념을 관념적 영역에만 제한함으로써 오히려 '과소문법화'(undergrammaticization)라는 실수를 범한 것으로 보인다. 만일 문법이 음운론, 구문론, 의미론을 다루는 것이라 한다면, 적어도 '본문적'의 기능 중의 하나는 문법이라는 것과 관계된 것으로 다뤄져야 했었다고 본다. 리치가 할리데이와 일치하지 못했던 것은 할리데이의 메타 기능들이 리치의 기능에 대한 언어개념과 사실상 달랐던 데에 기인한다. 리치는 주로 언어의 세 가지 차원인 구문론(syntax), 의미론(semantics), 실용론(pragmatics)에 관심을 두고 있는 것이다.

할리데이의 네 가지 기능들(경험적, 논리적, 상호인격적, 본문적)을 실제의 해석 과정에 적용할 때, 문학분석에 체제문법(systemic grammar)을 적용했던 크리스 케네디(Christ Kennedy 1991:82-99)의 경우에서처럼 그 순서는 중요하지 않은 것으로 보인다.

할리데이의 언어기능에 대한 개념들로부터 필요한 것들을 적절하게 활용하기 위해서 우리는 이것들을 우리의 필요에 맞춰 재배열할 필요가 있다. 그리고 본문을 생성하는 과정을 형식화하는 데 이들 개념들이 활용될 것이다.

이렇게 생각해 보자. 어떤 사람이 그 딸에게 편지를 쓴다고 할 때, 그는 먼저 마음에 어떤 목적(왜 쓰려고 하는지)을 가질 것이다. 두 번째로 그의 편지가 위로, 꾸짖음, 뭔가 중요한 것을 기억나게 하는 것 등을 하게 함으로써 딸 애에게 의도한 영향을 줄 것을 기대할 것이다. 세 번째로 그는 그러기 위해 어떤 주제와 내용들을 편지에 담을 것인지 생각할 것이다. 네 번째로 그 주제와 내용들을 분명하게 전달하기 위해 이들을 어떻게 논리적으로 연결시킬지 생각할 것이다. 다섯 번째로 이에 필요한 구체적인 단어들과 어구들을 선택하여 한 줄씩 써나갈 것이다. 그러고 나서, 그는 한 번 읽고 또 읽고 하면서 이 편지가 그의 생각을 적절히 담고 있는지 확인할 것이다. 적절치 않다는 생각이 들면 고치거나 다시 쓰려고 할 것이다.

이 다섯 과정의 순서는 유연성이 있어 두 번째 단계가 첫 번째의 것으로 될 수도 있을 것이다. 더 중요한 것은 이 다섯 단계는 실제에 있어서 서로 분리되어 있지 않고 본문을 생성하는 데 서로 영향을 주며 상호적인 작용을 한다. 그러므로 실제 해석의 과정에서는 각 단계의 상호작용성 또는 연계성을 염두에 두어야 한다.

해득 과정은 기호화 과정을 역순으로 하면 된다. 즉, 해석의 첫 번째 단계는 구체적인 단어들과 어구들이 어떻게 본문에 선택되어 있고 또 관련되었는지 그리고 왜 그렇게 되었는지 살피는 일이다. 두 번째 단계는 어구 또는 문장 표현들 간에 논리적인 연계성을 찾는 것이다. 그래서 본문이 어떻게 논리적으로 또는 논리적인 관계로 형성되었는지 이해하는 것이다. 세 번째 단계는 주제의 흐름과 관계를 찾는 것인데 어떻게 사상들이 일관되게 흘러가는지 또 서로 연계되어 있는지에 주목한다. 네 번째 단계는 어떻게 본문내의 인물들이 서로 작용하는지(영향을 주는지) 살피기 위해서 상호인격적인 측면을 찾는 것이다. 마지막 단계는 앞의 단계들로부터 얻은 데이터들을 연결시켜 본문을 통해 이루고자 하는 본문의 목적 또는 저자의 목적을 드러내는 것이다. 본문의 수사적 '수행'과 관련되어 있다.

4) 관계해석의 단계와 순서

관계해석은 '전문적인'(specialized) 해석이다. 그것은 본문을 분석하는데 있어 학문적인 진지성과 함께 일관된 형식(model)을 갖추고 있기 때문이다. 관계해석은 언어적 특성, 기능, 전략, 수신자의 상황 등을 고려하는 나이다의 단계를 감안한다. 그러나 '관계적' 강조점을 가지고 이들을 다시 묶고 재구성했다. 관계해석은 상당 부분 할리데이의 네 가지 메타 기능들(경험적, 논리적, 상호인격적, 본문적)의 모델과 어울린다. 그러나 관계해석의 순서는 본문적, 논리적, 경험적, 상호인격적으로 바뀐 것이다. 또한 관계해석의 용어들과 할리데이의 용어들이 의미상 반드시 일치하는 것은 물론 아니다.

언어학의 삼분법적인 용어, 즉 구문론, 의미론, 화용론과는 어떤가? 제프리 리드(Jeffrey Reed)는 이렇게 말한다.

구문론, 의미론, 화용론의 범주라 할 수 있는 점은 실제의 본문에서는 깔끔하게 나눠지지 않고 역동적으로 서로 연관이 된다. 해석자는 의미론적 기능들을 찾기 위해 구문론적 요소들을 조사해야 하고 실용적인 효과를 추구하기 위해 의미론적 요소들을 살펴야 한다.

관계해석의 첫 번째 두 번째 단계들은 본질상 구문론적인 것이지만, 의미론과 또 부분적으로는 화용론과도 관계가 있다. 세 번째 단계는 주로 의미론적이다. 그러나 이 역시 실용적인 측면을 반영한다. 네 번째와 다섯 번째 단계들은 상호인격적인 상호작용과 수사적인 목적을 강조한다는 점에서 본래 실용적이라 할 수 있다. 그러나 이들도 구문론과 의미론의 측면을 주로 반영하는 앞의 단계들에 근거하고 있다는 점을 주목해야 한다. 관계해석을 이 삼분법적인 용어로 엄밀하게 분리할 수 없는 이유는 관계해석이 본문을 '관계적' 방식으로 보려고 하는 데 있다. 앞서 언급한 대로 관계해석은 포괄성, 결합성, 일관성, 상관성, 상호작용성 등을 포함한다.

관계해석의 다섯 단계들은 '문체관계'(stylistic relations), '논리관계'(logical relations), '주제관계'(thematic relations), '상호인격관계'(interpersonal relations), '관계목적'(relational goals)으로 구성된다. 이 단계들은 구문론적 또는 논리적 결합성, 의미론적 일관성, 본문 내 요소들의 상관성, 본문 내 요소들과 인격들 간의 상호작용성, 더 나아가 본문의 목적을 추출하기까지 여러 요소들을 통합해 나가는 해석법으로서의 포괄성을 반영한다.

5) 콜론 배열과 구문 배열

관계해석의 각 단계들을 살피기 전에, 이 단계들을 적용할 본문을 선택할 필요가 있다. 요한일서 2:18-19을 택하려 한다. 이 때 본문배열의 이슈를 먼저 다룰 필요가 있다. 배열 그 자체는 해석 행위이다(Snyman 1991:98 참조). 배열하는 방법에는 본문을 적절히 다루려는 해석 정신이 요구되기 때문이다.

본문 배열의 방식은 그 특징에 따라 다섯 가지의 범주로 나눌 수 있다. 첫째는 전통적인 방법으로 절별로 나누는 것이다. 이것은 일반적인 성경연구에서 흔히 사용된다. 둘째는 18a, 18b, 18c…19a, 19b, 19c… 등으로 하는 것인데, 절 구분을 기본으로 하되 더 세분화하여 순차적으로 배열하는 것이다. 이런 구분과 배열은 대부분의 주석서에서 볼 수 있다. 세 번째, 줄별로 늘어 세운 뒤 1, 2, 3 등으로 번호를 붙이는 방법이다. 크롬비(Crombie

1989:114-115) 등과 같은 문학비평가들이 즐겨 사용하는데, 소설이나 시 같은 문학물들이 일반적으로 절별로 구분되어 있지 않기 때문에 이렇게 하는 것이다.

첫번째, 두 번째, 세 번째 방법들은 배열 그 자체는 쉽지만, 본문의 구문적 구조들이나 단어, 어구, 문장과 같은 본문 내 구문적 요소들의 관계를 보여주기는 어렵다.

네 번째, 소위 구절법(phrasing)이라고 하는 구문론적 구분과 배열이 있다. 이 방법은 분석자로 하여금 본문의 구문적 구조, 구와 절의 관계, 논지의 기본적 흐름 등을 시각화하는 데 도움을 준다(Mounce 1996:xv). 이런 배열타입을 마운스(Mounce 1996)와 피[Fee (1983) 1993], 그리고 카터렐과 터너(Cotterell & Turner 1989)에게서 볼 수 있다. 이 방법은 여러 단어들과 단어군들의 구문적 관계를 분명하게 하고, 문장이나 단락 안에서의 사상들의 도식적인 흐름을 찾아내는 데 도움이 된다. 한 단락을 정해 절(clause)을 고려하면서 각각을 구(phrase) 단위로 분할해서 배열하는 것이 가장 기본적인 방법이다(더 자세한 것은 Mounce 1996:xv-xxiii와 Fee 1993:65-80을 보라).

다섯 번째, 소위 콜론(colon) 배열인데 로우의 논문 'Discourse Analysis and the Greek New Testament'가 1973년에 발표된 이후 남아공에서 주로 발전해 왔다. 여기서 콜론은 고대 헬라 문법학자들이 사상 단위를 언급할 때 쓰던 용어였다(Louw 1982:95-96). 콜론 구조는 본질적으로 구문론적인 것이라 여겨지지만, 구문론과 의미론을 실제로는 쉽게 분리할 수 없기 때문에, 본문을 의미론적으로 해석하기 위해 만족할 수 있는 기반을 제공하는 것을 콜론 분석의 실용론적 목적이라 말할 수 있다. 로우(1982:106)에 따르면, "헬라어 단어 콜론은 고대 헬라 문법학자들과 문체론자들에 의해 서로 관련을 갖는 문법적 구문 또는 하나의 일관성 있는 사고(a coherent thought)를 표현하는, 일정한 분량의 구문을 가리키기 위해 사용되었다."

관계해석은 '콜론 배열'('콜론 분석'이 아니라)을 기초로 채택하지만 또한 그 위에 구문론적 구분의 특징을 덧붙인다. 그래서 콜론 배열에서의 구문론적 구조와 콜론 사이의 의미론적 상호 관계성을 더 효과적으로 찾고자 한다.

2. 관계해석과 관계분석

관계해석은 다섯 단계의 해석과정으로 구성된다: 문체관계, 논리관계, 주제관계, 상호인격관계, 관계목적. 이들 단계들은 기본적으로 소위 두 가지의 '관계 – 질문'과 관계가 있다. 즉, '어떻게 이들이 연계되어 있는가?', 그 다음에는 '왜 이들이 그같이 연계되어 있는가?'

1) 문체관계

문체관계(stylistic relations, SR)는 단어-단어 관계, 구-구 관계, 절-절 관계 등의 어구관계(phrasal relations)와 같은 문체적 관계를 찾기 위해 본문을 살핀다.

① 선택과 문체

'문체적'이라는 용어는 저자의 문체 선택(choice)과 관련이 있다. 즉, 어구의 선택(selection), 배열(arrangement), 위치(location) 등이 저자의 문체적 선택에 의해 이뤄진다(참조, Kennedy 1984:25-30; Watson 1988:22-26). 저자는 정확한 또는 적절한 단어들을 선택하며(lexis 또는 diction), 이들을 구, 절, 문장으로 배열하거나 결합시킨다(synthesis 또는 composition). 이 과정에서 저자는 이들을 역시 본문 내의 적절한 위치에 배치한다. 이렇게 함으로, 저자는 그의 글을 자신의 목적에 보다 적합하게 제시할 뿐 아니라 이를 통해 가능한 최대한의 언어적 효과를 내고자 한다. 이렇게 하는 것이 본문 내에서 문체를 형성시키는 과정이라 할 수 있다.

따라서 이러한 문체 선택은 단지 구문론적인 것이 아니라, 어구들의 비교대조적인(paradigmatic) 선택과 연합적(syntagmatic) 배열 또는 위치를 두는 것과 관련해서, 의미론과도 근본적인 관계가 있다. 크롬비(1989:113-

120)는 "구분된 부분들은 서로 연결되어 있고 이들 관계들이 얼마나 문체적으로 중요하게 여겨질 수 있는지의 한계를 정한다"라고 옳게 지적한다.

② **문체요소**

로빈스(Robbins 1994:164)는 현대 문학비평가들이 수사학을 네 가지의 기본 문채(文彩, trope, 즉 은유, 환유, 제유, 역설)로 축소시켰을 뿐 아니라, 이 '제한된' 수사학의 맥락으로만 본문을 연구하고 있다고 비판했다. 그런데 수사법의 모든 방법들을 고려하려 한다면 이것들은 얼마나 될까? 수사(修辭, figure)와 관련해서만 200개가 넘는 것을 목록으로 뽑을 수 있고 이를 다시 비슷한 것끼리 30개 또는 40개씩 묶으면 더 큰 단위의 수사법으로 분류할 수 있다[Bullinger (1898) 1968:ix]. 그러면 저자의 문체선택(choices of styles)을 분별하기 위해 어떻게 이 수사법들을 선별할 수 있겠는가?

이렇게 생각해 보자. 뭔가 하고 싶은 말을 하려고 할 때 어떻게 하는가? 예컨대, 뭔가 중요한 것을 강조하려 한다면 그것을 '반복'(repetition)하거나, 반복의 효과를 내려고 그것을 많은 분량으로 말하거나 할 것이다. 또 뭔가 분명한 개념을 주거나 이해를 하게 하고 싶을 때는 다른 비슷한 것들과 '비교'(comparision)할 것이다. 그러나 뭔가 중요한 것을 명백하게 하기 위해서는 반대적인 개념을 사용하여 '대조'(contrast)하려 할 것이다. 만일 뭔가 어떤 말을 줄이거나 아낌으로써 듣는 자에게 깊은 인상을 주고 싶을 때는 어떤 말을 '생략'(omission)한다. 때로 뭔가 분명하게 말하고 싶지 않거나 전략적으로 두 가지 의미 이상을 전하고 싶을 때는 '모호한 표현'(ambiguity)을 사용한다. 말하고자 할 때, 또 무엇을 말하고자 하는지 듣는 이들의 주목을 특별히 끌고자 할 때 그들의 이름이나 호칭(designation)을 따로 부르거나 한다. 때로 많은 주의가 필요한, 심각한 내용을 말하고자 할 때 그 내용을 '강화'(극화, intensification)시킨다. 좋은 소식이나 나쁜 소식을 표현하고자 할 때는 그것들이 우리의 '어조'(tone)나 '기색'(mood)에 반영된다. 뭔가를 단언하며 강조하고자 할 때 '은유'(metaphor)나 '직유'(simile)를 사용하기도 한다. 때로 듣는 이들에게 전체적으로 깊은 인상을 주며 한동안 말하고자 한 것을 마음에 두게 하려 할 때, 전체적인 내용을 짜임새 있는 개요로 구성하고 일관성 있는 내용과 형식으로 만들려 할 것이다. 이것은 '병행법'(parallelism)과 관련이 있다.

위의 것들은 서로 중복되거나 또 다른 목적으로 사용될 수도 있다. 또한 이것들 외에도 문체와 관련된 수사법들이 있다, 예컨대, '수사적 질문', '인용', '예를 드는 것' 등이다. 그렇지만 위의 것들은 실제로 뭔가 전하려 하거나 쓰려 할 때 그 내용을 효과적으로 하기 위해서 일반적으로 사용하는 언어의 기능적인 수단들임을 주목하자. 이들은 말하거나 쓸 때 필요한 '문체적 선택'(stylistic choices)이다. 요약하면, 다음의 문체적 선택들을 주목해야 한다는 것이다: (1) 반복 (2) 비교 (3) 대조 (4) 생략 (5) 모호한 표현 (6) 호칭 (7) 강화 (8) 기색 또는 어조 (9) 단언 (10) 병행법 (11) 그외의 수사법들.

그런데 또 다른 문제가 있을 수 있다. 즉, 본문에서 어떻게 이것들을 찾을 것인가 하는 점과 또 그들이 기능적인 또는 수사적인 효과를 그같이 발휘하는지 어떻게 알 수 있는가 하는 점이다. '어떻게 그들이 연계되었는가?' 질문함으로 찾아보자. 특히 이 질문을 단어와 단어, 구와 구, 또 문장과 문장의 관계를 추적해가며 찾아보자. 그런 다음 '왜 이들이 그렇게 연계되어 있는가?' 하는 질문으로 넘어가자. 이런 질문을 함으로써 본문 내의 문체관계를 찾을 수 있다. (관계질문을 하기 전에, 의미를 찾는 질문, 즉 '그것이 뜻하는 바가 무엇인가?'와 전거를 찾는 질문, '그것이 가리키는 것이 무엇인가?'는 기본적으로 전제되고 있음을 이해하자.)

요약하면, 반복, 대조, 비교, 생략, 모호한 표현, 특정한 용어들의 사용 등의 문체적 강조들은 모두 본문을 통해서 관련된 부분들(또는 단위들)이 서로 작용하며 서로 영향을 행사함으로 나타난다는 것이다. 그럼으로 해서 이들은 관계적 현상을 분명하게 보여준다.

2) 논리관계

논리관계(logical relations, LR)는 어떻게 구와 문장을 서로 연계해서 보다 짧은 논리적 진술로 만들어질 수 있는지, 또 콜론 간에(또한 콜론 내에서) 어떤 논리적인 연결성이 있는지 찾아내는 작업이다. LR은 구문론적 구조에 기초하지만 역시 의미론적 내용과 연계되어 있다.

① 의미론적 관계와 분류법

로우의 Semantics of New Testament Greek(1982:91-158)은 '의미론은 문장(들)의 의미 그 이상'이라고 설명한다. 저자가 글을 쓸 때 의미론적 내용에서부터 구문론적 형태로 나아가듯이, 분석은 그와 반대로 '구문론적 형태'에서 '의미론적 내용'으로 나아가야 한다고 로우는 제안한다. 이와 관련해서, 구문론과 의미론은 서로 분리될 수 없기 때문에, 로우는 구문론적 구조에 근거하여 본문을 의미론적으로 분석하기 위한 목적으로 '콜론 구조'(colon structure)를 제안했다. 그의 의도는 개별 콜론들의 내적 구조를 분석하는 데에만 있는 것이 아니라 '의미 단위들(units)의 집합(cluster)된 방식(manner)'을 의미론적으로 분별하기 위한 목적으로 콜론 간의 관계들을 분석하는 것이다. 이렇게 해서, 로우는 그의 초점을 구문론적 관계 뿐 아니라 의미론적 관계에도 둔다.

구문론적 구조에서 의미론적 관계를 찾기 위해서, 나이다, 로우, 슈나이만, 크론예(Nida, Louw, Snyman, and Cronje 1983:101-109; Nida 1984:82-90)는 '핵'(nuclear) 구조들 사이의 '의미 있는' 또는 의미론적인 관계들을 분별하는 법을 제안했다. 이들은 핵 구조들 사이에 있을 수 있는 의미들의 영역을 분류하기 위해, 20가지의 부차적 형태(subtype)의 관계형(型)들을 제안했다. 비슷하긴 하지만 조금 다른 방식과 초점을 가지고 카터렐과 터너(Cotterell and Turner 1989:205-217)는 22개의 범주로 분류했다. 의미관계에 대한 이 같은 분류법들은 콜론들이나 명제들의 상호관계를 규명하고자 할 때 많은 도움을 준다. 그러나 이런 식으로 본문 내에서 의미관계를 찾는 일은 꽤 복잡하다. 의미관계가 단지 콜론들 사이에만 있는 것이 아니라 절(節)들 또는 구(句)들 같이 더 작은 단위에서도 있고 또한 더 큰 단위들 사이에서도 존재하기 때문이다.

아무튼 이 방법과 관계해석을 구별해야 한다. 왜냐하면 관계해석이 문체관계(SR)를 찾는 작업에서 이미 이들 내용들의 일부(예컨대, 반복, 대조 등)를 내포하고 있기 때문이고, 더 나아가 논리관계(LR) 연구가 구문론적 구조와 이와 관련된 의미들의 결집된 네트워크를 찾는 데 좀더 쉬운 방법을 제공할 것이라 기대하기 때문이다. 덧붙여 말하자면, SR과 LR은 가급적 구절관계에 초점을 맞추고자 한다.

② 수학적 논리학

언어학자들이 수학적인 표현이나 개념들을 사용하는 일은 비록 제한적일 경우가 많으나 이례적인 것이 아니다. 베오그란데(Beaugrande 1991:348-350)에 의하면, 소쉬르(Saussure)와 사피어(Sapir)는 언어와 대수(代數, algebra) 사이의 대비점들을 찾고자 했다. 브룸필드(Bloomfield)는 수학을 '언어의 이상적인 사용', 또 '특별히 정확한 담화의 형태'라 여겼다. 예름스레프(Hjelmslev)는 언어의 내재적인 대수(immanent algebra)를 만들어가는 것을 언어학의 주요 과제라고 단언했다. 그 밖에 촘스키(Chomsky)가 그의 이론을 내놓을 때에 수학과 대수로부터 기호들과 표기법들을 차용했다는 것은 잘 알려진 일이다.

표면에 드러나는 구문론적 구조는 '논리적 형태'를 구현한다. 논리적인 형태는 구문론적 구조의 틀이라 바꿔 말할 수 있다. 구조의 논리적인 형태를 명료하게 하기 위해서 일종의 계산법(calculus)을 적용하는 것이 필요하다. 논리관계의 계산법은 단축형을 표현하기 위해 '함수'(functions, 예컨대 X, Y, Z 같은)와 '연결어'(connectives)를 사용한다. 예를 들어, 다음과 같은 문장을 생각해 보자.

서울은 아름답고 깨끗하다.
그래서 서울은 살기 좋은 곳이다.
그러므로 그는 서울을 좋아한다.

함수를 사용하면 다음과 같이 단축할 수 있다.

S는 T이다.

그래서 S는 U이다.

그러므로 S를 V한다.

만일 이들 문장들을 하나의 문장으로 병합시킨다면 다음과 같이 말할 수 있다: T와 U 때문에 S를 V한다. 첫 번째와 두 번째 문장의 주어 S가 세 번째 문장에서의 목적어와 같기 때문에 보다 단축된 형태로 융합시키기 위해 생략하는 것이 가능하다. 여기서 T와 U는 'S를 V한다'의 이유가 된다. 따라서 이 패턴은 구문론적 형식과 함께 의미론적인 측면도 드러내고 있음을 알게 해준다. 이렇게 논리적으로 형식화하는 방법으로 '논리공식'(logical formula)을 나타내는 데는 어느 정도 융통성이 있다. 예를 들어, 하나의 문자나 '함수'를 어떤 문장 전체를 나타내는 것으로 쓸 수도 있는데 이 때는 S1, S2 등으로 일련번호를 붙여 나갈 수 있는 것이다. 위의 문장들을 다음과 같이 요약할 수 있다: S1 그래서 S2 그러므로 S3. 이 경우에 S1, S2, S3는 서로의 의미론적 연관성을 보여준다.

③ 논리관계의 절차

이제 논리관계(LR)를 찾기 위한 절차를 실제적으로 밟아 보자. LR은 다섯 단계를 갖는다: (1) 콜론의 기능적 요약 (2) 기능적 단축 (3) 기능적 관계 (4) 논리적 연결 (5) 관계적 설명. 첫번째 단계에서 어구(語句)들을 X, Y, Z 등과 같은 함수로 대체한다. 이렇게 해서 콜론들을 간략한 형태로 단축한다. 그런데 이 단계에서 이전의 콜론과 연계시키기 위해 필요하다면 부가적인 연결어(또는 접속사)를 추가한다. 그런데 '-' 표지는 부정을 가리킨다. 두 번째 단계에서 함수들이 무엇을 가리키는 것인지 나타내는 것이 필요하다. '이들이 어떻게 연계되었는가?'라는 질문과 관련해서, 이 두 단계에서 함수 간에 어떤 의미론적 연계성이 있다면, 이들 서로 연계된 함수들은 일련된 번호를 붙여 서로의 연계성을 드러낼 필요가 있다.

세 번째 단계에서는 함수들 간에 어떤 논리관계들이 보이는지 설명한다. 이에 더해서, 특정 함수들의 출현 횟수(얼마나 많이 나타나는지) 등을 찾으면, '왜 이들이 그같이 연계되었는가?'라는 질문의 관점에서 볼 때, 이들 함수의 내용이 얼마나 본문에서 강조되었는지 알 수 있을 것이다.

네 번째 단계에서는 콜론들을 연계시키거나 융합시킴으로 더 짧은 문장으로 재배열한다. 가급적 구문론적 측면과 의미론적 측면을 무시하지 않고 병합시키려는 노력을 통해, 구문론적 그리고 의미론적 가능성들이 이 과정에서 진지하게 고려된다. 요약하면, 이렇게 만든 것들은 콜론 간의 논리적 연계성을 보여줄 것이다. 마지막 단계는 '왜 이들이 그같이 연계되었는가?'라는 질문을 마음에 담으면서 압축된 논리관계의 식을 이해할 수 있는 말로 다시 풀어내는 것이다.

LR은 하나의 단락이나 문장의 집합(cluster)은 대개 미발달된 초기 단계의 착상 또는 '원개념'(原槪念, original concept, Nida 1986:46)에서 비롯되었을 것이라 추정한다. 본래 더 간단한 착상(그것이 단어든, 구든, 문장의 형태든 간에)이 저자의 마음에서 싹이 터서 저자의 의도를 보다 더 적절히 드러내기 위한 목적으로 좀더 길게 설명된 것이다. 따라서 바꿔 말하면, 더 긴 문장 또는 문장들(multi-sentences)은 더 간결한 단위로 축약될 수 있을 뿐 아니라, 이 축약된 것은 바로 생각의 첫 싹을 반영하는 것이라 말할 수 있다. 어떤 의미에선 이것은 역으로 에뮬레이팅(emulating)하는 과정이라 할 수 있겠다.

3) 주제관계

본문을 통해 주제나 착상들의 일관된 흐름을 파악하려 할 때 주개념과 부개념들이 어떻게 서로 상관적으로 관계를 갖는지 결정해 가는 노력이 요구된다. 더 나아가 주제 간의 상호작용은 상당히 중요한 역학구조를 보여줄 수 있다.

① 논리관계와의 관계

주제관계(thematic relations, TR)는 주제 간 또는 사상 간의 관계를 찾는 것이다. 따라서 TR은 주제들 사이에 있는, 의미론적 연계성 또는 주제들의 연계성이 우선적으로 고려된다. 질문은 역시 '어떻게 이들이 연계되었는가?', 또 '왜 이들이 그같이 연계되었는가?'이지만, 이번에는 특별히 주제적인 근거를 묻는 쪽에 더 초점을 둔다. 본문에서 주제관계의 흐름도를 먼저 찾은 후에, '왜'라는 질문을 함으로 수사적 효과나 결과를 찾을 것이다.

TR은 여전히 이전의 LR과 관련 있다. TR이 플로우 차트 외에는 분석과정에서 LR이 썼던 '함수'들을 거의 사용하지는 않지만 이들 함수들의 의미론적 연계성을 계속 살핀다는 점에서 LR과 관계를 갖는다. TR은 함수 대신 콜론 구문배열을 더 사용한다. 그렇지만 LR에서 본 함수들과 TR분석은 완전히 분리되는 것은 아니다. LR은 주로, 부각되는 표면적인 표현들과 콜론 간의 구문론적 네트워크로부터 사상들의 진수를 의미론적인 측면에서 뽑아내는 작업에 초점을 둔다. 반면에 TR은 본질상 의미론적인데 그것은 주제나 사상 간의 의미론적 네트워크를 찾고자 하기 때문이다. 그러나 TR은 이전의 관계분석들(특히 LR)의 결과에 기초를 두고 있음을 이해하자. 분석과정에서 TR은 주제의 일관성과 주제 간의 상관성에 중점을 둔다.

② 주제 흐름의 개념

주제 간의 전체적인 상관성을 분명하게 하기 위해서는 먼저 '플로우 차트'와 관련해서 주제 흐름의 개념을 이해하는 것이 필요하다. '플로우'(flow)라는 용어는 '플로우 차트'와 관련해서 컴퓨터 프로그래밍 분야에 주로 사용된다. 하나의 소프트웨어를 체계적으로 개발하기 위해선, 먼저 플로우 차트의 도표를 그리는 작업이 필수적이다. 플로우 차트는 프로그래머들이 그들의 프로그램이 어떻게 되어야 하겠다고 생각하는 것을 도식적인 방법으로 표현한 것인데, 기존의 플로우차트 템플레이트(型板, template)에 근거하여 약속된 라인들과 박스들을 사용한다. 이것은 프로그래머 자신이 프로그래밍을 할 때 전체의 과정을 확인하기 위해 사용될 뿐 아니라, 해당 분야에 적절한지에 대해, 이 특정한 프로그램을 필요로 하는 의뢰인과 서로 의사소통을 하기 위해 사용되기도 한다. 더욱이 프로그램이 그 복잡성 때문에 두 사람 이상의 프로그래머를 필요로 하는 것일 때는 프로그래머들 간에 편리한 의사소통을 제공하기 위해 플로우 차트가 반드시 있어야 한다. 플로우 차트의 기능은 전체과정이 어떤 것인지 드러내는 것이다.

따라서 주제 흐름과 관련해서 이 개념을 채택하고자 한다면, 그것은 전체 주제나 사상의 흐름을 이해하는 것, 즉 본문을 통해 주제들이 어떤 흐름을 갖는지를 파악하는 것을 위해 플로우 차트라는 도표적 방식을 사용하는 것이지, 컴퓨터 프로그래밍과 템플레이트에서 사용된 플로우 차트의 세부적인 형식을 원형대로 수용하는 것은 아니다.

③ 점진성과 상호작용성

로우(Louw 1992:20)가 '흐름'(flow)이라는 용어를 쓸 때는 의미론적 개념, 즉 본문 내의 논증과 관련해서 사용했다. 그는 본문분석의 필수적 요건으로서 구문론적 배열과 의미론적 흐름을 말했다. 만일 누군가 본문을 다루는 데 능하게 되면 본문의 흐름이 쉽게 그에게 분명해질 것이라 말한다. 로우가 구문론적 배열(이것은 콜론 구문 배열과 비슷한데)과 의미론적 흐름을 언급하는 것은 본문을 구문론적으로 배열하고 또 그 가운데 의미론적 흐름을 찾는 것이 본문을 해석하는 과정에서 중요하다는 점을 강조하는 것이다.

피터 넬슨(Peter Nelson 1994:131-136) 역시 비슷하게 '사고의 흐름'(flow of thought)이라는 용어를 쓴다. 그는 사고의 흐름은 일반적으로 사건-반응의 일련의 과정이 논리적 점진성을 가진 것이라 했다. 이런 의미에서 넬슨은 '점진적' 특성을 그의 '내적 조직'(inner texture) 연구의 요소 중 하나로 지적할 때의 로빈스(Robbins 1995:50-54, 73, 76-79)와 일치한다. 주제의 흐름 또는 사고의 흐름은 순차적이고 점진적인 측면을 갖는 것이 사실이다.

그러나 주제의 흐름의 점진성은 또한 주제나 사상 간의 상호작용성도 필요로 한다. 그것은 주제 간의 상관성이 순차적으로만 아니라 서로간의 상호작용으로도 나타나기 때문이다. 따라서 주제 흐름의 두 측면(순차성과 상호작용성)을 모두 고려하는 것이 필요하다. TR의 다음 질문은 다음과 같다: '어떻게 주제들이 순차성과 상호작용성의 측면에서 서로 관계되어 있는가?', '왜 그들이 그같이 관계되었는가?'

(본문 요일 2:18-19의 TR분석에서 주제의 플로우 차트의 예가 제시될 것이다. 이의 상세한 분석 내용들이 플로우-차트의 그림과 실제적으로 연계된다.)

4) 상호인격관계

이 부분은 본문에 나타나는 저자, 독자, 다른 주체 – 객체들 또는 인물들, 그리고 하나님 사이에 역동적으로 나타나는 상호인격관계(interpersonal relations, IR)를 찾는 것이다. 예컨대, '나' – '너희' – '그들'(저자 – 독자 – 반대자)의 삼각관계 등과 같은 대명사 관계에 나타나는 관계역학을 살핌으로써 본문의 관계 목적을 알 수 있게 되는 것이다.

① 상호인격 연구

최근에, 언어적 수행에 초점을 두는 실용적 측면의 영향들(예컨대, 담화-행위이론, 사회언어학, 화용학 등) 때문에, 문학 비평가들은 그들의 해석학적 과정이나 모델에 상호인격적인 측면을 채택하기 시작했다. 헤르만(Vimala Herman 1989:213-233)은 홉킨스(Hopkins)의 시를 분석하면서 '나'(I, 열등한 위치에 놓인 자아)와 '그대'(Thou, 역할이나 힘에 있어서 우월한 위치에 있는 존재)의 상호인격관계를 시에 나타난 대명사 형태를 연구하는 방식을 통해 찾아보려고 했다. 이를 위해 헤르만은 담화-행위이론과 사회언어학의 이론들과 개념들을 이용하였고, 언어학자 벤페니스테(Emile Benveniste)의 '대명사와 주관성'의 개념을 주로 의존했다.

요한복음의 인물들의 상호인격관계를 가장 포괄적으로 연구한 필립 하너(Philip Harner 1993)는 '관계분석'(relation analysis)을 제안했는데 그것은 요한복음에서 중심 인물(personae)들의 관계를 서술하는 것이다. 그의 분석은 인물들(세상과 교회를 포함해서)의 역할을 평가하고 신앙, 선교, 계시와 같은 개념들의 본문 내의 기능들을 묻는 것이다. 하너는 인물들이 서로간에 갖는, 복합적이고 복잡한 관계의 중요성을 부각했다. 그의 관계분석은 독자 반응 비평(reader-response criticism)과 보완할 것을 요구한다. 전자는 관계의 네트워크를 확인하는 작업이고 후자는 독자들이 확인하도록 초청 받는 '내래티브 세계'를 구성한다. 따라서 그의 분석 스타일은 먼저 상호인격적 또는 관계적인 요소에 초점을 둔 후에 이들을 다시 독자 반응 비평의 관점에서 재해석하는 것이다.

하너의 상호인격관계 연구방식은 그의 책의 주제들에서 보듯이 상당히 쌍관적(雙關的, dyadic)이다: (1) 아버지, 아들, 그리고 성령 : 믿음의 근원 (2) 하나님과 신자들 : 믿음의 실제성 (3) 신자와 신자 : 믿음의 공동체 (4) 신자와 세계 : 믿음의 선교. 하너는 관계들 사이의 복잡하고 상관적인 관계도 살핀다. 예컨대, 예수와 아버지의 관계가 어떻게 예수와 신자들의 관계와 연계되는지 설명하기도 한다(1993:89-91). 이렇게 해서 요한복음에서의 상호인격 관계들의 상관성을 뚜렷하게 드러낸다.

그러나 하너는 관계의 상호작용을 통한 수사적 또는 수행적 효과의 중요성에 주목을 하지 못했다. '설득하는'(persuading) 또는 '효과를 내는'(effecting) 등과 같은 수사적 용어를 사용하지 않는다. 그보다는 독자 반응 비평에서의 전형적인 용어들로 본문을 실제화하고 완성시키는, 전체적 과정을 끝내기 위해 쓰이는 '초청하는'(inviting), '확인하는'(affirming)이라는 말들을 사용한다. 그런데 하너(1993:160-161) 자신이 마지막에 밝혔듯이, 이 독자 반응 비평이론은 결국은 주관성와 개인주의라는 해석학적 의문을 일으킨다.

이렇게 해서 하너는 헤르만의 경우에서처럼 '주관성'이라는 똑같은 문제에 직면하게 된다. 물론 헤르만은 분석의 전제로서 주관성을 채택한 반면, 하너는 독자 반응 비평이론이라는 수단에 의존한 결과로 주관성의 문제에 봉착했다는 면에서 두 사람의 차이는 있다.

② 상호인격관계의 도형

상호인격관계(IR)의 분석도 다른 관계 질문들과 유사하다: '어떻게 인물들, 관계자들이 관계되었는가?', 그리고 '어떻게 그들이 그같이 관계되었는가?' 이들 질문에 답하기 위해서 먼저 추가적인 질문이 필요하다: '본문 내에는 어떤 인물들 또는 관계자들이 있는가?'

요한일서에서는 여섯 인물들을 볼 수 있다: (1) 삼위일체, '그'(He: 아버지, 아들, 성령) (2) 저자, '나'(I) 또는 저자와 더 깊은 연관을 갖고 있는, 저자를 포함한 내적 그룹, '우리'(we) (3) 독자들, '너희'(you) (4) 반대자들, '그들'(they) (5) 악한 자(the Devil or evil one) (6) 세상(the world). 삼위일체 안에 삼각의 관계를 가지고 있고 더 나아가 각각이 다른 인물들(예컨대, '나', '우리', '그들' 등)과 독특한 관계를 갖고 있지만, 여기서는 삼위일체 간의 하나 됨에 강조를 두는 대문자 '그'(He)를 사용하겠다. 요한일서는 다른 인물들과의 관계에 있어서 삼위일체의 하나 됨의 측면을 많이 강조하고 있기 때문이다. 그러나 구분하는 것이 필요할 때는 '아버지이신 분'(He the Father), '아들이신 분'(He the Son), '성령이신 분'(He the Spirit)이라 구별하면 좋을 것이다.

저자와 관련된 그룹이나 저자의 경우에도 이 원리는 비슷하게 적용된다. 저자 '나'와 저자 관련 그룹인 '우리'의 구별이 거의 없는 것처럼 보인다. 대부분의 경우에 이 둘은 서로 합쳐져 있다. 그러나 '나'가 사용될 때는 저자가 독자들과의 개인적인 관계를 강조할 때이다. 독자들은 '너희'인데, 저자가 '나'와 '너희'의 '우리 됨'(weness)을 강조할 때는 이 둘이 모두 '우리'라는 대명사 안에 포함된다.

요한일서에서 반대자들은 언제나 '그들'(they)로 나타난다. 때로 '그들'이라 명백하게 쓰이거나 혹은 '그'라는 불특정인 대명사의 형태로 쓰이거나 간에 '그들'이라는 대명사로 요약할 수 있다. 때때로 악한 자, 사단은 '그들'의 주요 후원자(patron)이다. 세상은 때론 부정적으로 때로는 긍정적으로 또는 중립적으로 사용된다.

상호인격 역학을 다룰 때 하나님(신적 존재)을 먼저 다뤄야 한다는 점이

요한일서와 같은 정경본문의 가장 독특한 특징이 될 것이다. 저자 – 독자 관계는 이들과 삼위일체의 관계와 분리할 수 없다. 요한일서에서 저자 – 독자 – 하나님이라는 삼각의 관계는 항상 긍정적이다. 그러나 이들 중 한 존재가 다른 부정적인 인물들(예컨대, '그들'이나 악한 자)과 연계되면 그 관계는 부정적으로 바뀐다.

'어떻게 이들이 관계되었는가?'라는 질문과 관련된 본문 내의 관계역학을 찾기 위해서 '관계원'(relational circuit) 안에서의 '육각모델'(hexagon model)이라는 도형을 소개한다. 이것은 어떻게 여섯 인물들이 꼭지점을 통해 서로 연계되었는지 보여준다. 육각모델을 '관계원'과 연결시킨 이유는 모델이 실제로는 원 안에서 만들어지기 때문이다. 여섯 개의 꼭지점을 곡선으로 연결시키면 이 모델을 둘러싸는 원이 보일 것이다. 그 원형이 원이기 때문에 그 외에 다른 많은 인물들을 이 원 안에 포함시킬 수 있다.

③ 육각모델의 수학적 공식

모델을 그리고 그것을 '어떻게 이들이 연계되어 있는가?'라는 측면에서 설명하는 것으로 충분하지 않다. 이 모델 안에 얼마나 많은 관계들이 있는지 알 수 없기 때문이다. 거기에는 쌍방향(dyadic) 관계들과 삼방향(triadic) 관계들이 있다. 그렇지만 그것들만이 있는 것은 아니다. 이 모델이 육각형 구도를 갖고 있기 때문에 사방향(quadadic), 오방향(quintadic), 육방향(hexadic) 관계까지 가능하다. 그렇다면 얼마나 많은 쌍방향 관계들이 형성될 수 있는가? 삼방향과 사방향과 오방향은 어떤가? 육각형이므로 육방향은 하나만일 것이다. 이 질문에 답하기 위해선 수학적인 등식이 필요하다. 다음과 같이 수학적인 방식으로 생각해 보자.

서로 다른 수의 원에서 순서를 고려하지 않고 r개를 택할 때 이 r로 이루어진 각각의 집합을 n개에서 r개를 택한 조합(Combination)이라 하고, 이 조합의 수를 nCr로 나타낸다(고병찬 목사의 제안).

nCr의 공식은 다음과 같다.

$$nCr = \frac{nPr}{r!} = \frac{n!}{r!(n-r)!}$$

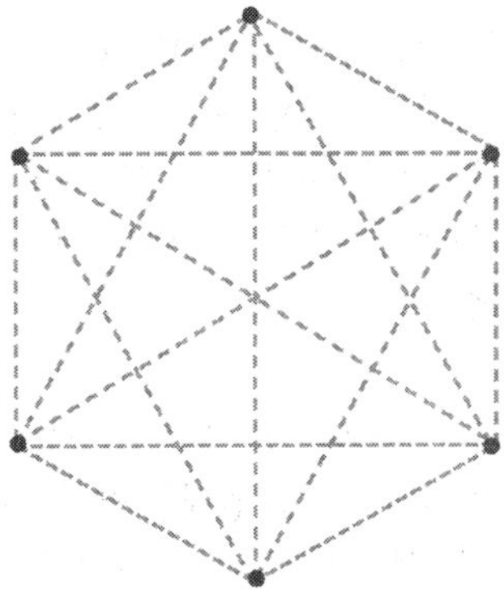

$$nCr = nCn\text{-}r \ (n \geq r)$$
$$nC0 = 1$$

A, B, C, D, E, F 중에서 2개가 서로 관계하는 경우의 수는 6개 중에서 2개를 선택하되, 순서를 생각하지 않고, 중복을 허락하지 않는 경우이다. 3개에서 6개의 수도 다음과 같다.

$$n = 6, r = 2 \Rightarrow 6C2 = \frac{6!}{2!(6-2)!} = \frac{6\times5\times4\times3\times2\times1}{2\times1\times4\times3\times2\times1} = 15$$

$$n = 6, r = 3 \Rightarrow 6C3 = \frac{6!}{3!(6-3)!} = \frac{6\times5\times4\times3\times2\times1}{3\times2\times1\times3\times2\times1} = 20$$

$$n = 6, r = 4 \Rightarrow 6C4 = \frac{6!}{4!(6-4)!} = \frac{6\times5\times4\times3\times2\times1}{4\times3\times2\times1\times2\times1} = 15$$

$$n = 6, r = 5 \Rightarrow 6C5 = \frac{6!}{5!(6-5)!} = \frac{6\times5\times4\times3\times2\times1}{5\times4\times3\times2\times1\times1} = 6$$

$$n = 6, r = 6 \Rightarrow 6C6 = 6C0 = 1$$

그러므로 관계의 모든 수는 총 57가 된다.

위에서 보듯이 육각모델에서 관계들의 모든 집합은 57가지가 생길 수 있다. 물론 요한일서 내에서 이 같은 모든 관계를 고려하는 일은 쉽지 않다. 다행히 특정 본문(예컨대, 요일 2:18-19)은 이들 관계 모두에 초점을 두고 있지 않고 제한적인 관계를 부각시킨다. 특정 본문이 우선적으로 강조하는 관계들이 어떤 것인지 찾는 것이 필요하다. 이제 육각모델과 관련해서 요점들을 정리하는 것이 필요하다.

1. 관계원에서의 육각모델(HMRC)은 포괄적이어서 요한일서를 상호관계적인 측면에서 다룰 때 문학적 관점에서의 저자–독자 관계나, 신학적인 관점에서의 하나님–신자 관계나, 이원론적 관점에서의 선과 악의 관계 등에서 보이는 한 가지 측면을 넘어서 전체를 포괄하고 있다고 말할 수 있다.

2. HMRC는 다른 모양(삼각형, 사각형, 오각형, 칠각형, 팔각형 등)으로 바꿀 수 있을 정도로 관계원 안에서 융통적이다. 그러나 팔각형을 넘어가면 너무 복잡해질 것이다. 육각형 구도가 가장 적절한 모델인 듯하다.

3. 삼위일체의 관계들, 즉 아버지, 아들, 성령 사이의 관계와 또 다른 존재들과의 관계들은 이 모델에서 특별히 고려되지는 않는다. 만일 이들 하나 하나를 포함하려 한다면 HMRC는 팔각형 이상의 구도를 보여야 할 것이다. 모델 안에서 관계역학 구조를 단순화하기 위해서 이에 연관된 관계들은 삼위일체의 관계로 함축하기로 한다.

4. 독자와 독자 간의 관계나 이에서 비롯된 관계의 경우에도 위와 비슷한 이유로 독자들의 관계 안에 내포시키는 것으로 한다.

5) 관계 목적

저자는 수사적인 상황(rhetorical exigency)에 대처하기 위해서 수사적 또는 언어적 목적을 완성하고자 본문을 의도적으로 창안하고 디자인한다.

즉, 저자가 본문을 의도적으로 만듦으로써 그의 수사적인 목적을 성취하려 한다는 것이다. 관계해석의 이전 단계들을 종합하는 일이 관계목적을 규명해 내는 데 필요하다. 본문의 목적(goals)들과 수사적 전략을 발견하는 것이 관계목적(relational goals, RG) 작업의 할 일이다.

① 목적 중심의 수사학

케네디(Kennedy 1984:3)가 수사학을 '화자나 저자가 그의 목적을 성취하기 위해 추구하는 담화 자질'이라 정의하는 것은 리치(Leech 1983:15-17)가 수사학을 '목적중심'의 것이라 간주한 것과 같은 맥이다. 부쓰(W. Booth 1982:441, Wuellner 1987:449에서 인용)는 '수사적 연구는 활용의 연구, 목적을 추구하는 연구'라 했다. 페럴만과 올브레히츠-타이테카(Perelman and Olbrechts-Tyteca 1969)로 인해 힘을 얻은 '현대수사학'('설득의 기술'이라는 측면에서)의 공헌은 본문의 수행적 측면을 명료하게 한 것이다. 그것은 문체의 연구로만 이해했던 수사학에 대한 이전의(오래된) 정의에 도전한 것이었다(Mack 1990:15-16 참조). 현대수사학은 독자에게 주는 수사적 영향과 강도라는 측면과 관련해서, 특히 수사적인 상황(즉, 독자의 상황)의 문제를 풀기 위한 목적과 관련해서, 설득성(persuasiveness)과 논증성(argumentativeness)에 초점을 둔다.

이런 점에서, 본문은 특정한 목적들을 성취하기 위해 고안된 수사적 본문이다. 특별히 정경본문인 성경이 믿음-구원의 세계관이라는 틀 안에서 독자들을 적절하게 설득하고 영향을 주기 위한 목적들을 명백히 가지고 있다는 것은 너무 분명하다. 정경본문의 목적성(purposefulness)은 독자들로 하여금 그 수사학에 적절한 주의를 기울이도록 이끈다.

② 관계 데이터의 관계적 통합

문제는 본문 내에서 어떻게 수사적(또는 본문적) 목적들을 찾느냐 하는 것이다. 관계목적을 찾기 위해 SR, LR, TR과 IR의 분석결과들을 연계시켜 보자. 목적들은 이전 단계의 분석작업과 분리되어 있지 않다. 이들 결과들은 관계목적(RG)을 찾는 데 반영되어야 한다. 모든 세부적인 것들을 다 반영해야 한다는 것이 아니라 정수가 되는 초점들을 부각시킴으로써 반영해야 한다는 것이다. 그러므로 RG는 이전 단계들에서 추출한 의미 있는 데이터들을 통합하여 수사적(또는 수행적) 목적을 찾기 위해 다시 정리해 보는 '종합'(synthetic complex)이다.

'관계적'인 측면과 '목적중심적'인 특징을 따라 RG를 적절하게 살피지 않는다면 본문의 수행성(performativeness)의 중요한 측면을 놓칠 수 있을지 모른다. 여기서 '관계적인'이란 말은 본문의 데이터의 상관성(이들을 서로 연계시키는)과 통합(이들을 일관된 수사학으로 병합시키는)을 의미한다. '목적'과 관련해서는 수행적인 결과들을 추구한다.

③ 승리 본문으로서의 정경성

이 과정에서 진지하게 고려해야 할 것은 성경의 정경성(canonicity)이다. 그 이유는 정경본문은 실로 '수사적 승리성'(rhetorical victoriousness)을 전제하기 때문이다. 이것은 이데올로기 중심의 파워 개념(Robbins 1995; Elliott 1990; Weber 1989를 참조)으로 말하는 것이 아니라, 본래의 독자들(implied or real readers)인 신자들로부터 이미 그 진정성과 권위의 보증을 얻었다는 점에서 말하는 것이다. 정경본문은 일반 독자들(특히 교회의)을 설득하는 데 성공했고(was), 성공하고 있으며(is), 성공할 것이다(will be).

여기서의 관심은 요한일서 등의 정경성의 역사를 살피는 것이 아니다. 초대교회 독자들이 권위 있는 사도본문으로서의 진정성을 수용했던 것과 이 성서가 정경성을 획득한 것 등은 요한일서의 수사적 목적이 성공했었음을 반증하는 것임을 말하고자 하는 것이다. 요약해서 말하자면, 요한일서의 수사적 성공과 승리는 충분히 검증되어 있다. 이 책의 수행적 효과를 의심할 필요가 없다. 요한일서는 '관계적인' 또한 수사적인 목적을 성공적으로 성취했다. 그것은 초대 독자들에 의해 요한일서의 에토스(ethos), 파토스(pathos), 로고스(logos)가 검증되었다는 뜻이기도 하다.

정경본문의 승리성을 전제하는 일은 우리의 관심을 좀더 본문의 설득성과 수행적 목적에 두게 한다. 더 나아가 오늘날의 현대 독자들에게 갖는 본문의 설득력을 적절히 주목하게 한다. 이것이 건설적인(constructive) 해석의 방식이다.

결론 : 열린 모델로서의 관계해석

로빈스(Robbins 1995:48)가 지적한 '그 어떤 해석적 접근도 다른 모든 것들과 전적으로 다를 수는 없다. 그 어떤 해석적 접근도 전적으로 새로운 것은 없다. 모든 해석과 분석의 방식은 다소간 다른 것들과 관계가 있다'는 말은 옳다. 관계해석도 상호영향(interinfluence)과 상호관련(interrelatedeness)의 해석학적 네트워크 안에 존재한다. 백힌(Bakhin)과 같이 '인간의 상호작용과 문화적 언어적 행위의 모든 형태들이 다른 이들과의 대화관계에 의해 결정적인 영향을 받는 것으로' 컴브링크(Combrink 1996:193)가 본 것은 옳은 것이다. 관계해석은 관계적으로 지향하는 '열린 모델'(open model)로서 다른 접근 방법들과 대화적인 상호작용을 통해 서로 연계되며 보완할(될) 필요가 있다.

따라서 관계해석은 지속적으로 계발되는(on-going-process) 해석모델로 다른 해석방법들과 관심들에 관계의 문을 열어 놓는다. 해석학적 접근이거나 다른 학문적 접근이거나 간에 이들이 다소간 관계적 초점을 견지하는 한 그렇다. 개방성(openness)은 관계에 초점을 두는 모델들과 이에 관계된 이론들 사이의 상관성, 보완성, 상호작용성의 호혜성을 목표로 한다.

관계해석은 세 가지 방식으로 다른 접근방법들에 대해 열린 모델이 되길 기대한다. 첫째, 대화를 통한 다른 해석학적 접근과 해석법에 대해 열려 있다. 관계해석은, 그 자신의 관계적 전제들과 하나님의 말씀으로서의 성경에 대한 신학적 전제를 유지하는 한도 내에서, 다른 해석법들(문법적, 間텍스트적, 역사적, 사회적, 문화적, 심리학적, 인류학적, 정치적 접근 등)과 연계할 수 있다.

둘째로, 관계해석은 다른 상관된 분야(특히 신학연구분야)들에 대해서도 열려 있다. 예컨대, 신학원 안에서의 교리(조직)신학, 기독교 윤리학, 교회사 또 상담, 교회사역, 교회성장, 선교 등과 같은 실천신학 등과 연계성을 가질 수 있다.

예컨대, 실천신학자인 뮐러(Müller 1986:96-102)는 사회적 관점에서의 '집단 내(intergroup) 관계'라는 주제를 발표한 적이 있다. 관계해석은 성경의 상호인격적인 역학과 관련된 '육각모델' 등과 같은 상응되는 모델을 제공함으로써, 뮐러의 주제와 대화적인 상호작용을 통해 서로에게 영향을 주고 또한 받기를 희망한다. 이렇게 해서 '우리는 함께 갈 수 있다.'

셋째로, 관계해석은 직접 또는 간접으로 교회의 사역을 위해 함께 열려 있기를 소망한다. 왜냐하면 실제성(practicality)은 더 이상 실천신학 분야의 학자들만의 독점적인 소유물이 될 수 없기 때문이다. 특히 후현대주의와 같은 시대에서는 '순수한' 학문으로서의 해석학이나 실천과 동떨어진 학계로 남아 있을 수 없다. 그보다는 교회를 섬기기 위한 사역에 함께 협력해야 할 필요가 있다. 따라서 학자들은 교회를 위해 손을 잡고 더 적용적이고 협력적인 도움을 제공해야 할 큰 책임이 있는 것이다.

요약한다면, 우리는 교회를 위해서 상호관련성(interrelatedness), 통합성(integrateness), 상호영향성(interinfluence), 상호의존성(interdependence), 그리고 상호지원성(inter-assistance)이 필요하다. 왜냐하면 모든 것이 한 주님 안에서 연계되어 있기 때문이다.

참고문헌

고영민 1998. '신약성서 신학의 과제와 미래적 전망', 「한국개혁신학 논문집 제 3권」.

권성수 1991. 「성경해석학」. 총신대학출판부.

김상훈 2000a. 'Another Attempt for Integrated Linguistic Interpretation of the Biblical Text: A Relational Reading', 2000 SBLWorld Congress on Religion Paper.

김상훈 2000b, 'Some Suggestions to White and Black Theologians From Asian Theologians to Promote Cooperative Partnership', 2000 SBL World Congress on Religion Paper.

김영한 1994. 「개혁신학이란 무엇인가?」. 한국기독학생회출판부.

김영한 1999. 「개혁신학의 현대적 조명」, 한국개혁신학회. 한들출판사.

「목회와 신학」 1999년 2월호의 글(이문장, 이현모, 김정우, 스트릭랜드, 김상훈, 라이트, 칼슨)

Adam, A. K. M. 1995. What is Postmodern Biblical Criticism? Minneapolis: Fortress.

Aune, David E. 1989. The New Testament in its Literary Environment. The Westminster Press.

Baker, Carl 1978. Introduction to Generative-Transformational Syntax. New

Jersey: Prentice-Hall, Inc.

Barr, James 1961. The Semantics of Biblical Language. Oxford University Press.

Black, David Alan & Dockery David S. (eds.) 1991. New Testament Criticism and Interpretation. Grand Rapids: Zondervan Publishing House.

Blount, Brian K. 1995. Cultural Interpretation: Reorienting New Testament Criticism. Minneapolis: Fortress Press.

Bullinger, E. W. [1898] 1968. Figures of Speech Used in the Bible. Grand Rapids: Baker Book House.

Carter, Ronald & Simpson, Paul (eds.) 1989. Language, Discourse, and Literature: An Introductory Reader in Discourse Stylistics. London: Unwin Hyman.

Charles, J. Daryl 1993. Literary Strategy in the Epistle of Jude. Scranton: University of Scranton Press.

Chomsky, Noam 1965. Aspects of the Theory of Syntax. Cambridge: The MIT Press.

Combrink, H. J. B. 1986. 'The Changing Scene of Biblical Interpretation', in Petzer & Hartin (ed.), A South African Perspective on the New Testament, 9-17. Leiden: E J Brill.

Combrink, H. J. B. 1996. 'Dialogue in and with the Bible'. Scriptura 57, 193-200.

Coote, Robert B. & Coote, Mary P. 1990. Power, Politics, and the Making of the Bible: An Introduction. Minneapolis: Fortress Press.

Cotterell, Peter & Turner, Max 1989. Linguistics & Biblical interpretation. Illinois, InterVarsity Press.

Coulthard, Malcolm 1977. An Introduction to Discourse Analysis. London: Longman Group Ltd.

Cranmer, David J. and Eck, Brian E. 1994. 'God Said It: Psychology and Biblical Interpretation, How Text and Reader Interact Through the Glass Darkly', Journal of Psychology and Theology 22 (Fall), 207-214.

Crombie, Winifred 1989. 'Semantic Relational Structuring in Milton's Areopagitica', in Carter & Simpson 1989:113-120.

Crystal, David 1981. Clinical Linguistics. Wien: Springer-Verlag.

de Saussure, Ferdinand [1916] 1966, Course in General Linguistics. Baskin, Wade (trans). New York: McGraw-Hill.

Dockery, David S. & Mathews, Kenneth A. & Sloan, Robert B. (eds.) 1994. Foundations for Biblical Interpretation: A Complete Library of Tools and Resources. Nashville: Broadman & Holman Publishers.

Du Plessis, J. G. 1991. 'Speech Act Theory and New Testament Interpretation with Special Reference to G N Leech's Pragmatic Principles', in Hartin & Petzer (eds.), Text and Interpretation: New Approaches in the Criticism of the New Testament, 129-142. Leiden: E J Brill.

Elliott, John H 1993. What is Social-scentific Criticism? Minneapolis: Fortress Press.

Elliott, John H. 1981. A Home for the Homeless: A Sociological Exegesis of 1 Peter, Its Situation and Strategy. Philadelphia: Fortress Press.

Epp, Eldon Jay & MacRae, George W. (eds.) 1989. The New Testament and its Modern Intepreters. Philadelphia: Fortress Press.

Fee, Gordon D. [1983] 1993. New Testament Exegesis: A Handbook for Students and Pastors. Louisville: Westminster/John Knox Press.

Gleason, H. A. 1974. 'Linguistics and Philology', in Black, M. & Smalley, W. A (eds.), On Language, Culture, and Religion: In Honor of Eugen A. Nida, 199-212. The Hague: Mouton.

Graham, Larry Kent 1995. 'From Relational Humanness to Relational justice: Reconceiving Pastoral Care and Counseling', in Couture, Pamela D. & Hunter, Rodney J. (eds.), Pastoral Care and Social Conflict: Essays in Honor of Charles V. Gerkin. 1995:220-234.

Green, Joel B. 1995. Discourse Analysis and New Testament Interpretation, Hearing the New Testament: Strategies for Interpretation. Green, J.B. (ed.), 175-196. Grand Rapids: Eerdmans.

Halliday, M. A. K. 1973. Explorations in the functions of language. London: Edward Arnold.

Halliday, M. A. K. 1985. An Introduction to Functional Grammar. London: Edward Arnold.

Harner, Philip B. 1993. Relation Analysis of the Fourth Gospel: A Study in Reader-response Criticism. New York: The Edwin Mellen Press.

Harris, Randy Allen 1993. The Linguistics Wars. New York: Oxford University Press.

Hatt, Frank 1976. The Reading Process: A Framework for Analysis and Description. London: Clive Bingley.

Hein, David 1980. 'Crisis and Identity' (Psychological Interpretation of Prodigal Son Parable). Scottish Journal of Religious Studies 1 No (Aut) 2, 119-131

Herman, Vimala 1989. 'Subject Construction as Stylistic Strategy in Gerard Manley Hopkins', in Carter & Simpson 1989:213-233.

Innis, Robert E. (ed.) 1985. Semiotics: An Introductory Anthology. Indiana University.

Johanson, Bruce C. 1987. To All the Brethren: A Text-linguistic and Rhetorical Approach to 1 Thessalonians. Coniectanea Biblica New Testament Series 16. Almqvist & Wiksell International.

Jonker, L. C. 1997. Exclusivity and Variety: Perspectives on Multidimensional Exegesis. Kampen: Kok Pharos Publishing House.

Jonker, L. C. 1996. 'On Plotting the Exegetical-hermeneutical Landscape', Scriptura 59, 397-411.

Kaiser, Jr., Walter C. 1981. Toward an Exegetical Theology: Biblical Principles for Preaching and Teaching. Grand Rapids: Baker.

Kearley, F. Furman & Myers, Edward P. & Hadley, Timothy D. (eds.) 1986. Biblical Interpretation: Principles and Practices. Grand Rapids: Baker Book House.

Kennedy, Chris 1991. 'Systemic Grammar and Its Use in Literary Analysis', in Carter, Ronald (ed.), Language and literature: An Introductory Reader in Stylistics. London: Routledge. 1991:82-99.

Kennedy, George A, 1984. New Testament Interpretation Through Rhetorical Criticism. The University of North Carolina Press.

Kings, Steven 1997. 'Jung's Hermeneutics of Scripture', Journal of Religion 77 (April), 233-251.

Kittel, Gerhard (ed.) 1965. Theological Dictionary of the New Testament.

Bromiley, Geoffrey (trans.). Grand Rapids: Wm B Eerdmans Publishing Company.

Lategan, B. C. 1992. 'Hermeneutics', in Freedman, D. N. (ed.), The Anchor Bible Dictionary 3, 150-151.

Leatt, James & Kneifel, Theo & Nurnberger, Klaus 1986. Contending Ideologies in South Africa. Grand Rapids: Eerdmans.

Leech, Geoffrey 1983. The Principles of Pragmatics. Longman: London and New York.

Leslie Newbigin, 허성식 역 1998.「다원주의 사회에서의 복음」. 한국기독학생회 출판부.

Louw, J. P. 1973. 'Discourse Analysis and the Greek New Testament', The Bible Translator, 24:108-118.

Louw, J. P. 1982. Semantics of New Testament Greek. Philadelphia: Fortress Press.

Louw, J. P. 1986. 'Sociolinguistics and Text Analysis', in Louw, J P (ed.), Sociolinguistics and Communication, 103-115. London: United Bible Societies.

Louw, J. P. (ed.) 1986. Sociolinguistics and Communication. London: UBS.

Louw, J. P. 1992. 'Reading a Text Discourse', in Black, David Alan (ed.), Linguistics and New Testament Interpretation: Essays on Discourse analysis. Nashville: Broadman Press. 1992:17-30.

Mack, Burton L 1990. Rhetoric and the New Testament. Minneapolis: Fortress Press.

Malherbe, Abraham 1983. Social Aspects of Early Christianity. Philadelphia:

Fortress Press.

Malina, Bruce J. 1981. The New Testament World: Insights from Cultural Anthropology. Atlanta: John Knox Press.

Marshal, Howard, 이승호, 박영호 공역 1994. 「성경해석학」. 크리스찬 다이제스트.

McKenzie, Steven L. & Haynes, Stephen R. (eds.) 1993. To Each its Own Meaning: An Introduction to Biblical Criticisms and Their Application. Westminster.

McKnight, Edgar V. & Malbon, Elizabeth Struthers (eds.) 1994. The New Literary Criticism and the New Testament. Pennsylvania: Trinity Press International.

Miller, David L (ed.) 1995. Jung and the Interpretation of the Bible. New York: Continuum.

Morgan, Robert & Barton, John 1988. Biblical Interpretation. Oxford University Press.

Mounce, William D. 1996. A Graded Reader of Biblical Greek. Grand Rapids: Zondervan Publishing House.

Muilenburg, James 1969. Form Criticism and Beyond. JBL 88, 1-18.

Müller, B. A. 1986. 'The Role of the Sermon in Intergroup Relationships: Results of a Content-analysis Program'. in Louw, J P (ed.), Sociolinguistics and Communication, 96-102.

Nelson, Peter K. 1994. Leadership and Discipleship: A Study of Luke 22:24-30. SBL Dissertation Series 138. Atlanta: Scholars Press.

Newmeyer, F. J., Chomsky's Philosophy of Language, The Encyclopedia of Language and Linguistics, v.2, 536-541. Oxford: Pergamon Press.

Nida, E. A. & Louw, J. P. & Snyman, A. H. & Cronje, J. W. 1983. Style and Discourse. Cape Town: Bible Society.

Nida, Eugene A. 1984. Signs, Sense, Translation. Cape Town: Bible Society of South Africa.

Nida, Eugene A. 1986. 'Sociolinguistics and Translating', in Louw, J.P. (ed.), Sociolinguistics and Communication. London: United Bible Societies. 1986:1-49.

Osborne, Grant 1991. The Hermeneutical Spiral: A Comprenhensive Introduction to Biblical Intepretation. Downners Grove: IVP.

Palmer, Richard E. 1969. Hermeneutics: Interpretation Theory in Schleiermacher, Dilthey, Heidegger, and Gadamer. Evanston: Northwestern University Press.

Parunak, H. Van Dyke 1992. Dimensions of Discourse Structure: A Multidimensional Analysis of the Components and Transitions of Paul's Epistle to the Galatians, Linguistics and New Testament Interpretation: Essays on Discourse Analysis. Black D. A. (ed.), 207-239. Nashville: Broadman Press.

Patte, Daniel 1990. Structural Exegesis for New Testament Critics. Philadelphia: Fortress Press.

Perelman, C. & Olbrechts-Tyteca, L. 1969. The New Rhetoric: A Treatise on Argumentation. Wilkinson, J. & Weaver, P. (trans.). Notre Dame: University of Nortre Dame Press.

Porter, Stanley 1995. Discourse Analysis and New Testament Studies: An Introductory

Survey, Discourse Analysis and Other Topics in Biblical Greek. JSNT Supplement Series 113, Porter & Carson (eds.), 14-35. Sheffield Academic Press.

Powell, Mark Allan 1990. What is Narrative Criticsm? Minneapolis: Fortress Press.

Poythress, Vern S. 1988. Science and Hermeneutics. Grand Rapids: Zondervan.

Reed, Jeffrey T. 1996. 'Discourse Aanalysis as New Testament Hemeneutic: A Retrospective and Prospective Appraisal', Journal of the Evangelical Theological Society. 39/2, 223-240.

Reed, Jeffrey 1997. A Discourse Analysis of Philippians: Method and Rhetoric in the Debate over Literary Integrity. JSNT Supplement Series 136. Sheffield Academic Press.

Robbins, Vernon K. 1994. 'Socio-rhetorical Criticism: Mary, Elizabeth and the Magnificat as a Test Case', in McKnight, E.V. & Malbon, E.S. (eds.), The New Literary Criticism and the New Testament. Valley Forge: Trinity Press International. 1994:164-209.

Robbins, Vernon K. 1995. 'The Present and Future of Rhetorical Analysis', London Conference on the Rhetorical Analysis of Scripture, July 27-30.

Robbins, Vernon K. 1996. The Tapestry of Early Christian Discourse: Rhetoric, Society and Ideology. London: Routledge.

Romaine, S. 1994. 'Sociolinguistics', The Encyclopedia of Language and Linguistics, v.7, 4005-4014. Oxford: Pergamon Press.

Rousseau, Jacques 1986. A Multidimensional Approach Towards the Communication of an Ancient Canonised Text: Towards Determining the Thrust, Perspectve, and Strategy of 1 Peter. D.Div. Dissertation. University of Pretoria.

Sampson, Geoffrey 1980. Schools of Linguistics: Competition and Evoloution. London: Hutchinson.

Silva, Moises 1983. Biblical Words and Their Meaning: an Introduction to Lexical Semantics. Grand Rapids: Academie Books.

Smith, Jonathan Z. 1990. Drudgery Divine: On the Comparison of Early Christianities and the Religions of Late Antiquity. Chicago: University of Chicago Press.

Smith, Neil & Wilson, Deirdre 1980. 「현대 언어학- 촘스키 혁명의 결과」, 이기동, 이용재(옮김), 서울:한신문화사.

Snyman, A. H. 1991. 'A Semantic Discourse Analysis of the Letter to Philemon', in Hartin and Petzer (eds.), Text and Interpretation: New Approaches in the Criticism of the New Testament, 83-99. Leiden: E. J. Brill.

Soelle, Dorothee 1974. Political Theology, by John Shelley (trans.). Philadelphia: Fortress Press.

Stibbe, Mark W. G. 1992. John as Storyteller. Cambridge: Cambridge University.

Stuart, Douglas 1980. Old Testament Exegesis: A Primer for Students and Pastors. Philadelphia: Westminster.

Theissen, G. 1978. Sociology of Early Palestinian Christianity. Bowden (trans.). Philadelphia: Fortress.

Thiselton, Anthony C. 1980. The Two Horizons: New Testament Hermeneutics and Philosophical Description with Sepcial Reference to Heidegger, Bulmann, Gadamer, and Wittgenstein. Grand Rapids: William B Eerdmans.

Thiselton, Anthony C. 1992. New Horizons in Hermeneutics: The Theory and Practice of Transforming Biblical Reading. Grand Rapids: Zondervan Publishing House.

Turner, Max 1995. 'Modern Linguistics and the New Testament', in Green, J. B. (ed.), Hearing the New Testament: Strategies for Interpretation, 146-174. Grand Rapids: William B. Eerdmans.

Van Tilborg, S. 1991. 'Ideology and Text: John 15 in the Context of the Farewell Discourse', in Hartin, P. J. & Petzer, J. H. (eds.), Text and Interpretation: New Approaches in the Criticism of the New Testament, 259-270. Leiden: E J Brill.

Wallace, Daniel B. 1996. Greek Grammar Beyond the Basics: An Exegetical Syntax of the New Testament. Grand Rapids: Zondervan Publishing House.

Watson, Duane F. 1988. Invention, Arrangement, and Style: Rhetorical Criticism of Jude and 2 Peter. SBL Dissertation Series 104.

Weber, Jean Jacques 1989. 'Dickens's Social Semiotic: The Modal Analysis of Ideological Structure', in Carter & Simpson 1989:95-111.

Wilder, Amos N. 1991. The Bible and the Literary Critic. Minneapolis: Fortress Press.

Wuellner, Wilhelm 1987. 'Where is Rhetorical Criticism Taking Us?', Catholic Biblical Quarterly, 49/34:48-463.

그리심의 교회사에 관한 도서안내

● **초대교회사**
서요한 / 664면 / 신국판 / 양장

● **중세교회사**
서요한 / 892면 / 신국판 / 양장

● **르네상스와 종교개혁**
윌리엄 에스텝 / 라은성 역 / 655면 / 신국판 / 양장

● **로마카톨릭주의와 복음주의**
가이슬러 · 맥켄지 / 라은성 역 / 746면 / 신국판 / 양장

● **교회사 안에 나타난 이단과 정통**
헤롤드 O. J. 브라운 / 라은성 역 / 704면 / 신국판 / 양장

● **역사신학 (상 · 하)**
커닝험 / 라은성 역 / 상 - 812면 / 신국판 / 반양장

● **페트루스 다미아니와 중세의 교회개혁운동**
김봉수 / 464면 / 신국판 / 양장

● **중세의 수도원 개념과 교회개혁운동**
김봉수 / 476면 / 신국판 / 반양장

● **교부들의 신학사상**
조병하 / 430면 / 신국판 / 반양장

● **한부선 평전(가장 한국적인 미국 선교사)**
박응규 / 512면 / 신국판 / 양장

● **프랑스 종교개혁사**
강남수 / 266면 / 신국판 / 양장

● **한국장로교회와 근본주의**
신종철 / 310면 / 신국판 / 반양장

● **스코틀랜드 교회사**
G. D. Henderson / 홍치모 역 / 277면 / 신국판

● **위대한 여인들의 발자취들 : 초대교회편**
라은성 / 416면 / 신국판 / 양장

● **천상의 누이들 : 중세교회편**
라은성 / 456면 / 신국판 / 양장

● **이단과 정통 (학생용 · 일반신도용)**
라은성 / 456면 / 신국판 / 양장

● **라은성 교수의 교회사 맥잡기 시리즈(학생 교재용)**
라은성 / 200면 / 신국판 / 반양장

● **하나님 마음에 합한 사람**
권태경 / 248면 / 변형사륙배판 / 반양장

● **중국기독교사**
조 훈 / 259면 / 신국판 / 반양장

● **한국기독교 통일운동사**
정성환 / 438면 / 신국판 / 반양장

● **한국근대와 기독교**
정규훈 / 242면 / 변형사륙배판 / 반양장